旅游抽样调查资料

2019

中华人民共和国文化和旅游部

中国旅游出版社

《旅游抽样调查资料》
编 委 会 名 单

编 者 说 明

本书是根据入境游客花费抽样调查和国内旅游抽样调查数据整理汇总，反映 2018 年入境游客花费和国内居民国内旅游情况的资料性年刊，主要供旅游业发展研究者参考使用。

上篇为停留 3 个月以内的入境游客抽样调查资料，主要反映入境游客的主要特征，入境外国人、港澳台同胞的花费水平和花费构成、在境内的停留时间以及入境次数、流向和对住宿单位的选择等信息。为满足各类读者需要，全国层面的入境游客在境内人均天花费和人均花费补充了停留时间为 3~12 个月游客相关花费和停留时间数据。

下篇为国内旅游抽样调查资料，汇集了 2018 年对城镇居民和农村居民的国内旅游抽样调查结果，主要反映 2018 年国内旅游基本情况及城镇居民和农村居民国内旅游抽样调查分类数据。

2018 年入境游客花费抽样调查和国内旅游抽样调查的组织实施，得到了国家统计局、国家移民管理局、国家民用航空局公安局和各省（区、市）文化和旅游部门、统计局、有关边检站的大力支持和协助，在此一并表示衷心感谢！

编 者
2019 年 12 月

目　　录

上　　篇　入境游客抽样调查资料

二、入境游客停留时间

三、入境游客来华（内地）旅游次数

四、入境游客的行程

下篇　国内旅游抽样调查资料

第一部分　综合分析报告

第二部分　分类数据

一、国内旅游基本情况

二、城镇居民国内旅游抽样调查数据

1. 2018 年城镇居民国内游客人数调查构成

2. 2018 年农村居民国内游客人均每次花费

3. 2018 年农村居民国内散客人均每次各项花费及构成

上　篇

入境游客抽样调查资料

第一部分　综合分析报告

2018 年入境游客抽样调查
综合分析报告

为科学准确地反映 2018 年我国入境旅游发展的总体情况，文化和旅游部组织实施了"入境旅客花费情况抽样调查"。现将调查有关情况、数据及结果分析报告如下：

一、2018 年入境游客抽样调查情况

"入境游客花费情况抽样调查"是纳入《旅游统计调查制度》的国家调查项目。调查工作于 2018 年 5 月至 7 月在全国 136 个城市的主要边境口岸、旅游住宿单位、长江游船和部分接待入境游客的旅行社进行。在国家统计局、公安部、民航局等有关部门的配合下，经过各地旅游统计人员辛勤工作，按计划圆满地完成了现场调查、问卷审核、数据录入、资料汇总等工作。问卷按 6 种语种（即中、英、法、日、朝、俄）印刷。

根据《旅游统计调查制度》（2019）本次调查范围及对象是，到中国（大陆）的入境游客（包括外国人、香港同胞、澳门同胞和台湾同胞），其停留时间不超过 3 个月。调查的计划样本量为 47780 人，其中：口岸调查过夜游客 12600 人，一日游游客 4000 人；各省（区、市）饭店调查 30980 人，长江游船调查 200 人。另外，还对全国 100 家旅行社的 1969 个入境团队代收代付旅游费用的构成比例进行调查。

入境旅客花费抽样调查的对象是到中国大陆境内旅游的外国人、香港同胞、澳门同胞和台湾同胞，调查内容主要包括：游客的主要特征、在境内的停留时间、在境内的旅游花费和构成、入境旅游的方式、在境内的行程和流向以及对旅游住宿单位的选择等。

二、抽样调查的基本结果

（一）抽样人数的构成

2018 年入境游客抽样调查共回收有效调查问卷 56290 份，超过计划

17.8%，其中，口岸调查表 17894 份，占回收问卷的 31.8%（其中，过夜游客 13815 份，占 77.2%；一日游游客 4079 份，占 22.8%）；旅游住宿单位（含游船）调查 38396 份，占 68.2%。2018 年入境游客抽样调查人数占当年入境旅游人数的 0.40‰，其中，外国人占当年入境外国人的 1.29‰；香港同胞占当年入境香港同胞的 0.10‰；澳门同胞占当年入境澳门同胞的 0.14‰；台湾同胞占当年入境台湾同胞的 0.87‰。具体情况如下：

1. 按客源地分

在 2018 年抽样调查的 56290 名入境游客中：外国游客 39371 人，占 69.9%；香港同胞 8001 人，占 14.2%；澳门同胞 3559 人，占 6.3%；台湾同胞 5359 人，占 9.6%。

2. 按旅游方式分

在接受调查的 56290 名入境游客中：团体游客 20261 人，占 36.0%；散客 36029 人，占 64.0%。

3. 按过夜游客和一日游游客分

在接受调查的 56290 名入境游客中：过夜游客 52211 人，占 92.8%；一日游游客 4079 人，占 7.2%。

4. 按性别分

在接受调查的 56290 名入境游客中：男性游客 30856 人，占 54.8%；女性游客 25434 人，占 45.2%。

5. 按年龄分

在接受调查的入境游客中：14 岁及以下的游客 396 人，占 0.7%；15～24 岁的 6694 人，占 11.9%；25～44 岁的 25821 人，占 45.9%；45～64 岁的 19301 人，占 34.3%；65 岁及以上的 4078 人，占 7.2%。

6. 按职业分

在接受调查的入境游客中：政府工作人员 2543 人，占 4.5%；专业技术人员 8954 人，占 15.9%；职员 12134 人，占 21.6%；技术/工人 2814 人，占 5.0%；商贸人员 9055 人，占 16.1%；服务员/推销员 2719 人，占 4.8%；退休人员 5313 人，占 9.4%；家庭妇女 3386 人，占 6.0%；军人 208 人，占 0.4%；学生 5396 人，占 9.6%；其他人员 3768 人，占 6.7%。

7. 按旅游目的分

在接受调查的入境游客中：观光游览的 21806 人，占 38.7%；休闲度假的 13442 人，占 23.9%；探亲访友的 4289 人，占 7.6%；进行商务活动的 7944 人，占 14.1%；参加会议的 3313 人，占 5.9%；宗教朝拜的 536 人，占 1.0%；文化/体育/科技交流的 2159 人，占 3.8%；购物的 1040 人，占 1.8%；医疗保健的

382 人，占 0.7%；其他目的的 1379 人，占 2.5%。

8. 外国人按国别分

在接受调查的 39371 名外国人中，来自日本的 4921 人，占 12.5%；来自菲律宾的 598 人，占 1.5%；来自泰国的 1262 人，占 3.2%；来自新加坡的 2145 人，占 5.4%；来自印度尼西亚的 457 人，占 1.2%；来自马来西亚的 1442 人，占 3.7%；来自韩国的 6127 人，占 15.6%；来自朝鲜的 363 人，占 0.9%；来自蒙古的 465 人，占 1.2%；来自印度的 708 人，占 1.8%；来自越南的 772 人，占 2.0%；来自缅甸的 333 人，占 0.8%；来自哈萨克斯坦的 227 人，占 0.6%；来自英国的 2301 人，占 5.8%；来自法国的 1896 人，占 4.8%；来自德国的 1111 人，占 2.8%；来自西班牙的 482 人，占 1.2%；来自意大利的 728 人，占 1.8%；来自荷兰的 682 人，占 1.7%；来自瑞典的 434 人，占 1.1%；来自俄罗斯的 4627 人，占 11.8% 人，来自瑞士的 371 人，占 0.9%；来自乌克兰的 328 人，占 0.8%；来自美国的 2729 人，占 6.9%；来自加拿大的 1133 人，占 2.9%；来自澳大利亚的 795 人，占 2.0%；来自新西兰的 456 人，占 1.2%；来自非洲国家的 387 人，占 1.0%；来自中南美洲国家的 165 人，占 0.4%；其他 926 人，占 2.4%。

（二）入境游客在境内花费及构成情况

2018 年入境过夜游客在境内人均天花费总水平比上年提高，其中：外国人和台湾同胞的人均天花费均有不同程度增长，香港同胞和澳门同胞人均天花费同比下降。

入境过夜游客在境内人均天花费 232.22 美元/人天，比上年增长 2.9%。其中：外国人 268.59 美元/人天，增长 4.4%；香港同胞 135.26 美元/人天，下降 7.2%；澳门同胞 152.31 美元/人天，下降 5.8%；台湾同胞 192.84 美元/人天，增长 0.2%。

入境过夜游客在境内人均花费 1619.29 美元，比上年增长 2.3%。其中：外国过夜游客人均花费 2121.66 美元，增长 5.5%；香港同胞人均花费 590.08 美元，下降 12.2%；澳门同胞人均花费 809.99 美元，下降 2.1%；台湾同胞人均花费 1135.49 美元，下降 14.1%。

入境一日游游客在境内人均花费 80.79 美元，比上年增长 8.0%。其中：外国游客人均花费 88.84 美元，增长 9.9%；香港同胞人均花费 55.80 美元，下降 8.6%；澳门同胞人均花费 67.78 美元，下降 11.9%；台湾同胞人均花费 68.20 美元，下降 13.7%。

入境过夜游客的花费构成情况：长途交通费占总花费的 32.0%，住宿费占 15.8%，餐饮费占 10.5%，游览费占 4.8%，娱乐费占 3.1%，购物费占 21.8%，市内交通费占 2.1%，邮电通信费占 1.0%，其他费用占 9.0%。与上年相比，过夜游客在住宿、餐饮、游览、购物的支出比例有不同程度的增长，在长途交通、娱乐、邮电通信、其他方面的支出比例有所下降。

入境一日游游客花费的构成是：餐饮费占 19.0%，游览费占 4.5%，娱乐费占 7.0%，购物费占 51.5%，交通费占 3.7%，邮电通信费占 1.0%，其他费用占 13.3%。与上年相比，一日游游客在餐饮、购物方面的支出比例有不同程度的增长，在游览、娱乐、交通、邮电通信和其他方面的支出比例下降。

在入境游客的花费中，不包括国际（地区）间交通费和境外旅行商（社）收取的劳务费。

（三）入境过夜游客在境内停留时间

2018 年入境游客抽样调查结果显示：

入境过夜游客在境内的停留时间为 7.0 天，与上年持平。其中，32.5% 的游客在境内停留 1~3 天，48.4% 的游客停留 4~7 天；外国人、台湾同胞停留时间较长，停留 8 天及以上的比例，分别为 23.6% 和 16.5%；香港同胞和澳门同胞在境内的停留时间较短，停留 1~3 天的比例分别为 57.0% 和 51.6%，停留 8 天以上的分别仅有 6.8% 和 7.4%。

从入境过夜游客的出游方式看，参加旅行团的团体游客在境内的停留时间短于散客。团体游客在境内平均停留 6.4 天，较上年缩短 0.2 天；散客在境内平均停留 7.1 天，较上年缩短 0.1 天。

从入境过夜游客构成看，外国人平均停留 7.9 天，较上年延长 0.1 天；香港同胞平均停留 4.4 天，较上年缩短 0.2 天；澳门同胞平均停留 5.3 天，较上年延长 0.2 天；台湾同胞平均停留 5.9 天，较上年缩短 1.0 天。

在不同性别的入境过夜游客中，男性游客的平均停留时间略长于女性游客平均停留时间，分别为 7.0 天和 6.9 天。

在不同年龄段的入境过夜游客中，15~24 岁游客的平均停留时间最长，为 9.7 天；14 岁及以下游客的平均停留时间为 6.9 天；25~44 岁游客的平均停留时间为 6.7 天；45~64 岁游客的平均停留时间为 6.5 天；65 岁及以上游客平均停留时间最短，为 6.1 天。

在不同职业的入境过夜游客中，学生的平均停留时间最长，为 11.6 天；专业技术人员、政府工作人员、家庭妇女、职员、商贸人员、退休人员，停留时间依次为 7.0 天、6.9 天、6.3 天、6.2 天、6.1 天、6.1 天；技工/工人、服务员/推销员和军人停留时间最短，均为 5.8 天。

在不同旅游目的的入境过夜游客中，以文化/体育/科技交流为主要目的的平均停留时间最长，为 11.6 天；以商务、探亲访友、观光游览、休闲度假、宗教朝拜、会议和医疗保健为主要目的的平均停留时间，依次为8.2天、6.6天、6.1天、5.8天、5.5天、5.1天和5.0天；以购物为主要目的的停留时间最短，为4.5天。

（四）入境游客来华（内地）次数

1. 入境游客以多次来华（内地）为主。入境4次及以上的过夜游客占过夜游客比例为29.2%，比上年下降了2.1个百分点，一日游游客占比为47.3%，比上年下降了3.4个百分点；第一次来华（内地）旅游的过夜游客和一日游游客所占比例分别为35.3%和24.8%，依次比上年下降了1.2个百分点和增加了2.5个百分点。

2. 初次来华（内地）的游客主要是团队游客，而多次来华（内地）的则以散客为主。调查中，团队游客第一次入境的占55.8%，比上年增加了2.1个百分点；散客入境4次及以上的占39.5%，比上年下降了2.6个百分点。

3. 从游客入境次数构成比例来看，首次入境和第2~3次入境的，以外国游客比例相对较高，分别占42.8%和38.0%；多次（4次及以上）入境的游客，以香港同胞和澳门同胞比例相对较高，分别占68.5%和59.4%。在各类入境游客中，外国游客以首次入境和第2~3次入境的为主，多次（4次及以上）入境的外国游客比例占19.1%，低于首次入境者23.7个百分点；香港同胞和澳门同胞都以多次（4次及以上）入境的为主，均超过五成，分别高于其首次入境的比例（10.1%和14.7%）58.4个百分点和44.7个百分点；台湾同胞中，入境次数分布比较均匀，即首次入境、第2~3次入境和多次（4次及以上）入境者的比例依次为26.9%、35.8%和37.3%。

4. 从全国各省（区、市）的情况看，大部分省（区、市）接待首次来本地区的入境游客比例相对较高，而经济发达、交通便利的省（区、市）和部分边境口岸省（区、市）该比例相对较低。

（五）入境游客的行程

2018年，入境游客在境内的行程有以下特点：

入境游客仍然以短程为主。游览1~3座城市的游客占被调查者的90.8%，比上年下降1.7个百分点；游览4~6座城市和游览7座及以上城市的游客分别占7.0%和2.2%。

团体游客的平均行程普遍长于散客，团体游客游览4座及以上城市的占20.7%，散客占5.9%。

在入境游客中，外国人和台湾同胞的行程相对较长，一次游览4座及以上城市的占比较高，分别为12.0%和7.5%；香港同胞和澳门同胞的行程相对较短，均有96.9%的游客一次只游览1~3座城市。

在不同性别的游客中，平均行程无差异，一次游览 4 座及以上城市的比例均为 9.2%。

在不同年龄的入境游客中，45~64 岁的游客平均行程最短，游览城市最少，一次游览 1~3 座城市的比例为 91.6%；其次是 25~44 岁、14 岁及以下和 15~24 岁的游客，一次游览 1~3 座城市的比例分别为 90.8%、90.5% 和 89.8%；65 岁及以上年龄段的游客平均行程最长，一次游览 4 座及以上城市的比例达到 10.9%。

在不同职业的入境游客中，服务员/推销员、军人、技工/工人、学生和退休人员的平均行程普遍较长，一次游览 4 座及以上城市的比例均超过 10%，分别为 13.5%、12.2%、11.2%、10.7%、10.3%；政府工作人员、商贸人员、专业技术人员、职员和家庭妇女的平均行程普遍较短，一次游览 1~3 座城市的均超过 90.0%。

在不同旅游目的的入境游客中，以休闲度假、宗教朝拜和观光游览为主要目的游客的平均行程要长于其他旅游目的的游客，一次游览 4 座及以上城市的依次占 12.6%、11.2% 和 10.6%；而以会议为目的游客的平均行程较短，一次游览 1~3 座城市的达到 96.0%。

（六）入境游客的流向

1. 入境游客出境后的流向

2018 年入境游客抽样调查资料显示：（1）在入境外国游客中，到我国的"一国游游客"和以我国为最终旅游目的地的游客居于主要地位，77.0% 的游客出境后返回各自的国家，较上年提高了 5.7 个百分点。其中，我国周边国家的游客多数是只到我国旅游的"一国游游客"，比重超过八成；欧美、大洋洲和非洲等远程市场的入境游客，离境后前往其他国家或地区的比重与上年基本持平。（2）入境外国游客出境后，除了直接返回客源地外，还有 23.0% 的游客前往其他国家或地区，这部分游客中 37.8% 的游客前往港澳特别行政区，比上年降低了 1.3 个百分点。（3）香港同胞和澳门同胞离境后返回各自地区的比重均起过 80%；蒙古、俄罗斯、韩国、日本、瑞典市场的游客，出境后直接返回来自国家的比重也均超过 80%。

2. 入境过夜游客在我国省（区、市）之间的流向

在这次全国各省（区、市）旅游住宿单位（含游船）抽样调查的 38396 名入境过夜游客中，有 13673 人不立即出境，还将前往我国其他地区游览。这些游客流向主要有两个特点：第一，在被访地所在的省（区、市）内继续游览，这部分游客占在境内继续游览人数的 33.4%，比上年下降了 0.4 个百分点；第二，前往北京、上海旅游，在各省（区、市）接待的入境游客中，选择这一流向的占 30.6%。

（七）入境过夜游客对住宿单位的选择

2018 年入境过夜游客对住宿单位的选择是：选择宾馆饭店住宿的人天数占总人天数的 70.0%，比上年增加了 3.5 个百分点；选择公寓住宿的人天数占 7.6%，比上年降低了 0.4 个百分点；在私人住所住宿的人天数占 14.1%，比上年下降了 1.4 个百分点。此外，还有 8.3% 的入境过夜游客在车船等旅游住宿单位中住宿。

2018 年对入境过夜游客选择住宿单位的调查表明：（1）入境过夜游客对住宿单位的选择主要是宾馆饭店，占被调查者的 70.0%；其次是私人住所，占被调查者的 14.1%。（2）台湾过夜游客选择宾馆饭店的比例高于外国人、香港同胞和澳门同胞，为 76.4%；外国人、香港同胞和澳门同胞选择宾馆饭店的比例较其他住宿单位高，分别为 70.1%、70.8% 和 59.1%。（3）在入境过夜游客中，团体游客选择宾馆饭店住宿的比例（92.1%）远高于散客（63.3%）；而散客选择公寓和私人住所住宿的比例（27.5%）远高于团体游客（3.0%）。

第二部分 分类数据

一、入境游客人均天花费及构成

1-1 2018 年入境过夜游客人均天花费

		人均天花费	政府工作人员	专业技术人员	职员	技工/工人
全 国	合计	**232.22**	**269.13**	**230.25**	**235.16**	**223.84**
	团体	268.94	225.13	216.37	246.53	213.65
	散客	219.99	270.00	236.63	231.19	227.73
外 国 人	小计	268.59	294.95	258.80	272.35	246.85
	团体	291.22	213.99	229.98	261.44	229.40
	散客	259.51	303.38	273.80	277.23	251.13
香港同胞	小计	135.26	162.24	155.25	139.00	168.30
	团体	147.65	129.81	110.10	104.39	141.15
	散客	133.93	169.95	157.88	140.02	175.72
澳门同胞	小计	152.31	239.43	155.66	149.41	174.59
	团体	161.53	232.02	131.99	139.90	162.97
	散客	150.34	246.63	177.63	157.41	188.35
台湾同胞	小计	192.84	217.21	190.01	212.60	176.23
	团体	230.42	180.88	181.72	237.74	189.64
	散客	177.34	265.50	200.46	186.35	175.87

（按外国人、港澳台胞、团体及散客、职业分组）

单位：美元/人天

商 贸 人 员	服务员/ 推销员	退 休 人 员	家 庭 妇 女	军 人	学 生	其 他
219.92	**230.37**	**222.92**	**219.16**	**233.69**	**188.93**	**227.35**
213.94	233.52	240.18	243.01	273.75	198.60	242.18
239.12	224.64	173.06	187.59	194.38	177.80	222.70
247.66	252.35	286.31	262.60	279.24	224.06	258.96
215.03	249.54	299.57	273.73	283.70	211.26	264.72
266.08	268.16	230.53	207.60	229.21	230.72	247.07
166.24	167.42	129.99	108.98	134.89	120.89	148.90
154.53	132.47	123.29	114.99	—	105.84	83.19
167.39	182.83	133.29	108.25	134.89	123.87	161.29
163.27	146.79	153.23	125.59	116.60	101.30	152.37
159.48	180.26	157.30	125.28	94.71	132.28	215.10
169.55	140.01	149.08	125.65	122.07	96.94	143.93
189.25	221.30	181.66	209.58	—	160.03	198.02
220.51	203.19	197.98	207.12	—	164.50	192.29
178.47	230.08	178.61	218.80	—	158.67	217.04

1-2 2018年入境过夜游客人均天花费

		人均天花费	观光游览	休闲度假	探亲访友	商务
全　国	合计	**232.22**	**248.89**	**228.27**	**156.23**	**223.04**
	团体	268.94	250.39	206.85	235.76	233.41
	散客	219.99	239.74	231.72	149.17	219.35
外　国　人	小计	268.59	277.98	270.44	219.35	236.29
	团体	291.22	294.65	229.68	258.62	204.42
	散客	259.51	273.26	279.34	206.90	242.64
香港同胞	小计	135.26	190.00	130.20	121.19	151.80
	团体	147.65	116.03	100.74	127.43	130.64
	散客	133.93	210.98	137.74	111.45	156.65
澳门同胞	小计	152.31	180.62	137.61	106.82	169.05
	团体	161.53	143.84	131.72	158.20	215.23
	散客	150.34	187.51	138.95	106.35	162.59
台湾同胞	小计	192.84	205.67	200.58	160.44	174.94
	团体	230.42	202.00	209.09	261.99	223.81
	散客	177.34	213.36	187.98	159.98	164.26

（按外国人、港澳台胞、团体及散客、旅游目的分组）

单位：美元/人天

会　议	宗　教朝　拜	文化/体育/科技交流	购　物	医　疗保　健	其　他
254.18	**236.05**	**209.94**	**208.50**	**248.46**	**216.45**
197.88	260.92	212.24	185.81	263.51	279.76
262.90	234.11	202.61	227.18	229.12	210.32
288.74	289.09	260.89	221.71	255.02	221.38
172.85	267.37	263.62	178.08	250.06	272.02
299.79	311.46	260.52	242.52	263.27	217.95
163.41	147.76	164.04	202.92	172.97	174.17
—	158.23	59.32	—	—	154.49
163.41	118.77	165.98	202.92	172.97	176.77
187.93	158.51	101.40	182.96	231.83	153.74
—	169.46	124.00	90.13	281.37	189.13
187.93	156.12	100.17	193.07	225.32	141.31
189.04	289.85	154.09	228.65	84.07	275.87
358.19	218.17	110.03	99.48	—	223.71
182.50	337.08	167.56	250.47	84.07	281.08

1-3 2018 年入境过夜游客人均天花费

		人均天花费	男 性	女 性
全 国	合计	**232.22**	**229.08**	**236.11**
	团体	268.94	239.77	270.94
	散客	219.99	217.28	223.61
外 国 人	小计	268.59	265.69	272.31
	团体	291.22	275.70	296.72
	散客	259.51	255.40	265.33
香港同胞	小计	135.26	134.39	136.32
	团体	147.65	97.65	148.65
	散客	133.93	143.08	132.00
澳门同胞	小计	152.31	151.88	152.85
	团体	161.53	145.31	163.51
	散客	150.34	159.24	151.74
台湾同胞	小计	192.84	172.07	213.31
	团体	230.42	203.22	233.60
	散客	177.34	160.50	194.95

（按外国人、港澳台胞、团体及散客、性别、年龄分组）

单位：美元/人天

14 岁及以下	15~24 岁	25~44 岁	45~64 岁	65 岁及以上
225.53	**202.74**	**246.59**	**224.33**	**211.21**
292.95	213.60	250.77	230.97	238.93
172.56	180.93	239.83	213.91	177.39
249.48	219.18	268.68	246.48	260.08
308.79	224.68	264.16	247.90	291.61
195.02	210.93	279.88	241.42	205.32
137.26	116.98	150.23	154.44	140.95
87.09	105.86	149.01	128.70	126.91
132.08	144.70	154.53	162.35	143.84
93.02	139.50	161.49	163.43	164.52
129.51	184.73	142.99	120.98	183.80
90.17	126.75	164.86	175.53	125.19
117.87	167.02	186.12	209.42	191.72
83.34	187.75	231.37	212.44	184.01
175.94	160.23	181.85	200.32	221.75

1-4 2018 年外国过夜游客人均天花费

	人均天花费	政府工作人员	专业技术人员	职员	技工/工人	商贸人员
日　　本	263.68	221.43	233.67	241.52	206.07	248.96
菲　律　宾	246.97	258.93	182.31	256.49	172.86	210.69
泰　　国	261.79	209.52	263.64	229.34	232.96	210.03
新　加　波	235.58	264.83	255.09	225.24	244.52	266.10
印度尼西亚	273.91	300.71	274.46	273.00	227.67	278.01
马　来　西亚	234.42	304.22	225.68	255.77	200.40	216.06
韩　　国	215.68	216.24	217.67	206.43	202.25	219.53
朝　　鲜	251.93	234.85	148.64	285.39	215.08	176.23
蒙　　古	166.78	370.37	211.98	129.37	143.35	167.12
印　　度	231.10	189.19	193.86	243.02	186.30	190.05
越　　南	258.23	154.14	229.70	182.68	242.80	208.05
缅　　甸	284.36	281.89	288.36	294.57	157.76	225.61
哈萨克斯坦	246.35	187.22	281.56	215.77	188.49	212.00
英　　国	309.65	330.63	285.43	339.32	218.14	324.66
法　　国	336.42	229.68	275.20	320.93	307.60	275.97
德　　国	319.00	303.30	260.36	309.18	318.14	267.88
西　班　牙	316.57	341.08	308.28	338.10	136.08	227.01
意　大　利	312.55	383.32	243.49	316.06	159.15	238.83
荷　　兰	322.92	363.47	240.46	303.14	163.08	336.46
瑞　　典	325.99	304.21	264.87	315.02	157.14	274.69
俄　罗　斯	207.72	242.18	202.06	240.53	175.82	202.86
瑞　　士	343.90	307.39	355.61	286.69	—	300.26
乌　克　兰	281.70	232.42	275.88	273.43	179.22	314.43
美　　国	323.09	332.31	301.10	316.39	385.43	342.13
加　拿　大	349.08	258.94	296.87	372.14	235.08	326.25
澳　大利亚	266.02	282.91	241.83	309.60	234.67	276.53
新　西　兰	268.74	315.99	238.25	274.73	273.98	239.59
非洲国家	229.84	97.83	203.42	85.03	279.77	207.43
中南美洲国家	326.41	173.83	228.57	470.89	220.28	230.38
其他国家	258.21	210.02	236.13	285.39	95.93	237.07

（按国别、职业分组）

服务员/ 推销员	退 休 人 员	家 庭 妇 女	军 人	学 生	其 他
246.26	289.80	251.22	228.17	205.82	247.04
203.58	263.45	223.78	—	225.33	191.86
264.18	346.10	245.74	250.83	189.89	209.43
297.29	258.89	246.06	278.67	210.12	256.19
203.01	378.33	325.83	—	215.84	278.88
269.09	237.78	258.81	—	222.67	244.08
242.27	200.09	199.78	351.18	170.34	207.42
276.90	263.02	226.23	—	200.95	297.68
92.33	243.59	155.86	232.15	284.55	177.75
189.64	284.11	162.17	393.16	156.44	205.46
180.85	167.90	170.35	—	228.55	643.53
326.48	219.93	124.24	203.61	—	317.60
165.20	204.06	167.01	—	199.82	519.14
349.71	261.85	258.00	230.06	274.22	238.14
220.72	224.22	439.84	—	232.89	307.74
416.55	294.18	535.28	—	241.05	285.19
294.20	275.98	248.28	104.28	194.64	301.67
342.03	298.73	—	167.22	222.08	319.38
300.08	292.76	—	—	280.30	307.50
204.57	277.09	243.47	378.89	308.59	215.14
169.55	183.23	215.04	162.03	244.87	254.46
441.92	330.73	236.53	—	281.15	261.34
245.79	279.46	249.31	—	356.45	212.08
309.95	313.39	319.45	—	242.57	243.12
352.24	318.00	401.75	283.54	261.77	338.76
230.51	272.02	340.01	397.06	223.09	275.95
190.12	184.62	229.88	—	283.86	201.67
187.58	270.58	266.75	180.71	338.05	109.30
286.70	393.10	261.31	—	329.31	171.95
143.34	210.21	110.85	—	185.53	223.44

1-5 2018年外国过夜游客人均天花费

	人均天花费	观光游览	休闲度假	探亲访友	商 务
日 本	263.68	262.38	240.65	187.42	244.77
菲 律 宾	246.97	267.93	210.35	166.24	202.93
泰 国	261.79	234.26	275.70	174.27	205.30
新 加 波	235.58	243.33	247.52	172.10	232.17
印度尼西亚	273.91	280.76	306.28	200.99	235.95
马 来 西 亚	234.42	254.11	228.31	162.93	241.11
韩 国	215.68	228.21	208.39	187.72	212.46
朝 鲜	251.93	271.13	194.21	192.59	191.12
蒙 古	166.78	234.14	194.96	190.01	152.33
印 度	231.10	262.25	196.31	188.77	209.81
越 南	258.23	259.24	202.58	87.76	160.98
缅 甸	284.36	316.47	214.21	220.38	258.43
哈萨克斯坦	246.35	240.80	278.92	—	193.83
英 国	309.65	291.57	268.81	195.04	268.33
法 国	336.42	318.87	289.21	210.34	265.35
德 国	319.00	320.57	289.75	274.64	256.38
西 班 牙	316.57	284.74	324.20	184.17	236.45
意 大 利	312.55	347.17	247.03	211.77	240.49
荷 兰	322.92	320.40	255.55	233.15	311.14
瑞 典	325.99	303.30	301.65	188.83	254.80
俄 罗 斯	207.72	219.13	183.00	193.32	222.44
瑞 士	343.90	338.93	312.42	222.05	238.61
乌 克 兰	281.70	335.21	218.93	235.36	220.12
美 国	323.09	315.60	312.01	248.76	324.73
加 拿 大	349.08	350.85	346.85	215.68	360.48
澳 大 利 亚	266.02	286.12	263.15	215.90	272.32
新 西 兰	268.74	267.38	274.49	115.64	245.25
非 洲 国 家	229.84	272.98	254.75	—	202.25
中南美洲国家	326.41	358.72	301.62	—	246.86
其 他 国 家	258.21	251.08	318.24	135.58	218.53

（按国别、旅游目的分组）

单位：美元/人天

会 议	宗 教朝 拜	文化/体育/科技交流	购 物	医 疗保 健	其 他
255.29	246.85	243.53	288.72	222.34	206.71
161.16	324.48	330.46	229.95	134.49	145.95
188.24	226.32	219.42	231.99	127.28	177.41
260.58	406.49	187.15	390.48	166.71	204.77
248.30	—	127.95	254.92	77.20	261.19
283.08	404.02	222.31	233.90	343.23	210.34
216.94	211.59	182.32	304.92	257.88	194.93
152.06	—	256.34	128.18	—	266.27
466.22	261.65	146.11	185.80	184.61	120.91
189.89	165.60	217.79	282.18	187.22	154.61
343.53	232.30	257.95	158.58	200.38	161.38
279.46	—	124.18	—	—	275.95
298.99	194.15	180.96	—	—	—
286.18	225.67	299.84	156.47	538.83	239.36
309.95	370.42	235.14	107.44	274.03	264.88
359.60	—	239.18	228.99	291.37	191.50
298.48	—	229.99	107.18	—	261.51
353.88	—	196.21	221.01	—	185.53
433.40	—	174.74	1749.64	128.39	384.61
219.74	143.05	310.43	383.47	—	237.24
253.10	182.27	273.99	187.63	258.12	241.51
340.85	—	131.76	—	484.31	—
566.49	166.86	186.84	—	—	250.72
363.35	130.08	262.62	148.60	429.20	264.72
408.04	179.07	304.63	273.06	—	373.81
366.73	213.57	176.35	—	8.51	246.83
411.61	—	295.24	141.26	—	210.87
154.85	—	225.37	418.20	—	215.34
440.54	—	346.61	—	—	—
254.92	—	227.30	311.88	—	210.58

1-6 2018 年外国过夜游客人均天花费

（按国别、性别、年龄分组）

单位：美元/人天

	人均天花费	男 性	女 性	14 岁及以下	15~24 岁	25~44 岁	45~64 岁	65 岁及以上
日　　本	263.68	263.10	264.52	227.04	243.30	215.76	231.92	285.87
菲 律 宾	246.97	255.89	234.49	128.13	215.41	252.48	234.06	250.05
泰　　国	261.79	254.64	268.47	211.91	197.09	255.13	281.42	237.98
新 加 波	235.58	232.16	239.23	392.17	195.62	253.31	227.18	236.98
印度尼西亚	273.91	303.61	240.24	271.47	208.40	291.46	236.88	252.55
马 来 西 亚	234.42	232.68	236.45	567.02	222.47	251.47	228.54	154.06
韩　　国	215.68	220.48	209.27	138.99	213.82	212.70	225.25	197.29
朝　　鲜	251.93	246.16	259.77	—	189.01	216.93	238.98	257.82
蒙　　古	166.78	156.70	193.39	—	148.80	193.94	161.30	210.67
印　　度	231.10	227.33	239.44	156.58	173.02	227.60	248.43	260.84
越　　南	258.23	247.03	272.59	—	263.80	209.28	216.55	282.05
缅　　甸	284.36	274.84	308.47	—	187.99	306.69	240.35	328.96
哈萨克斯坦	246.35	181.87	355.97	—	149.82	226.36	151.05	306.32
英　　国	309.65	314.15	303.38	497.96	278.65	332.79	272.68	259.97
法　　国	336.42	341.24	305.61	—	267.57	338.99	280.72	215.02
德　　国	319.00	329.03	287.68	304.46	254.37	324.92	318.59	260.14
西 班 牙	316.57	307.75	331.94	—	162.99	303.89	259.16	331.67
意 大 利	312.55	210.77	315.73	108.46	223.71	330.61	257.83	357.01
荷　　兰	322.92	276.61	324.94	—	200.35	328.51	249.57	229.25
瑞　　典	325.99	260.16	332.48	—	328.03	315.58	309.45	262.26
俄 罗 斯	207.72	204.30	211.26	148.32	218.16	228.60	205.72	188.14
瑞　　士	343.90	301.56	354.48	516.28	288.38	307.16	270.37	298.10
乌 克 兰	281.70	240.97	282.05	233.47	312.11	239.47	273.35	264.97
美　　国	323.09	328.62	309.13	195.77	219.67	341.84	295.01	253.27
加 拿 大	349.08	329.28	352.45	337.62	250.45	369.60	331.00	234.99
澳 大 利 亚	266.02	273.40	254.45	117.01	257.64	274.04	261.36	246.58
新 西 兰	268.74	249.86	287.30	267.78	277.40	286.10	234.21	269.75
非 洲 国 家	229.84	212.42	260.45	—	206.82	246.36	181.14	292.74
中南美洲国家	326.41	293.23	332.05	—	272.49	257.82	357.56	537.66
其 他 国 家	258.21	259.14	244.77	—	145.80	259.33	265.35	222.11

1-7 2018 年入境过夜游客在各省（区、市）人均天花费
（按团体及散客、外国人及港澳台胞分组）

单位：美元/人天

		人均天花费	外国人	香港同胞	澳门同胞	台湾同胞
北　京	小计	286.38	300.10	234.98	298.36	255.87
	团体	231.56	243.78	194.99	177.21	165.75
	散客	329.75	347.12	254.70	347.93	322.09
天　津	小计	250.34	262.31	208.16	207.34	210.06
	团体	232.21	243.87	180.43	242.61	142.23
	散客	260.60	275.08	214.79	190.06	236.66
河　北	小计	180.51	183.90	185.70	164.48	165.52
	团体	178.72	182.02	209.61	136.40	158.40
	散客	181.80	185.18	165.29	197.45	169.91
山　西	小计	197.11	203.97	215.19	210.65	180.36
	团体	204.92	214.22	193.71	197.82	170.09
	散客	179.63	187.01	256.67	231.94	235.13
内 蒙 古	小计	200.07	210.86	195.63	191.62	205.46
	团体	151.44	165.36	130.80	127.42	179.56
	散客	248.52	245.83	237.06	280.86	294.05
辽　宁	小计	197.42	195.87	228.32	190.16	201.78
	团体	265.30	258.22	307.09	276.18	306.96
	散客	181.99	182.54	196.38	159.80	178.41
吉　林	小计	189.75	191.70	181.07	159.25	166.63
	团体	203.78	206.59	213.10	133.06	136.08
	散客	175.56	174.68	162.76	180.68	176.40
黑龙江	小计	206.07	206.02	228.20	224.40	202.70
	团体	228.11	231.33	246.00	228.20	207.34
	散客	163.02	162.60	193.86	221.88	171.36
上　海	小计	266.63	267.00	265.34	243.30	250.14
	团体	183.07	190.70	151.30	146.70	—
	散客	270.19	270.14	277.88	251.35	250.14

			人均天花费	外国人	香港同胞	澳门同胞	台湾同胞
江	苏	小计	269.62	275.38	262.25	252.62	253.43
		团体	311.06	325.07	257.52	291.31	302.19
		散客	258.90	264.87	264.21	240.53	234.40
浙	江	小计	233.52	226.96	217.19	253.14	221.36
		团体	321.81	326.61	229.46	232.49	291.64
		散客	216.79	208.72	214.38	254.56	189.65
安	徽	小计	212.78	214.37	190.15	195.32	198.21
		团体	225.65	227.37	195.17	215.61	227.86
		散客	202.74	204.80	185.24	165.37	163.61
福	建	小计	223.05	242.28	181.92	199.56	184.79
		团体	162.83	176.49	191.32	103.82	155.40
		散客	259.38	256.27	170.43	212.85	255.11
江	西	小计	192.93	196.28	184.13	179.07	189.44
		团体	226.74	222.74	223.18	237.92	229.32
		散客	146.66	158.15	139.35	115.44	123.58
山	东	小计	235.47	242.23	228.78	205.76	199.64
		团体	220.18	223.46	231.04	193.15	196.23
		散客	242.32	250.02	227.84	213.21	201.53
河	南	小计	185.04	186.03	193.75	184.04	193.13
		团体	223.38	218.80	246.24	226.34	282.42
		散客	141.65	141.43	149.14	153.83	156.66
湖	北	小计	218.10	221.46	189.28	200.77	212.96
		团体	208.40	204.24	201.41	189.03	208.56
		散客	227.25	238.25	180.37	210.61	219.78
湖	南	小计	197.17	198.54	184.02	196.22	204.57
		团体	226.38	224.79	247.23	329.43	280.53
		散客	153.12	146.98	165.64	175.40	186.91
广	东	小计	190.50	205.15	170.06	163.93	191.14
		团体	172.12	191.41	131.62	137.91	166.76
		散客	194.02	208.17	176.31	168.33	194.94
广	西	小计	215.26	219.16	199.13	207.23	213.23
		团体	228.02	229.06	229.19	227.44	219.63
		散客	196.87	204.46	160.14	177.77	204.93

单位：美元/人天

			人均天花费	外国人	香港同胞	澳门同胞	台湾同胞
海	南	小计	209.27	207.43	238.19	191.71	315.06
		团体	141.90	142.02	149.64	141.83	267.53
		散客	326.64	299.37	332.65	330.98	360.20
重	庆	小计	215.81	224.88	214.39	223.36	223.99
		团体	183.79	186.35	196.20	170.86	210.74
		散客	297.08	304.51	277.18	261.16	246.63
四	川	小计	193.82	200.44	178.12	189.99	187.66
		团体	182.95	184.14	174.48	166.66	191.51
		散客	206.77	219.07	181.01	216.29	179.57
贵	州	小计	213.90	221.03	195.48	179.04	179.85
		团体	213.90	269.11	151.60	143.83	150.88
		散客	186.91	220.05	209.07	210.82	179.89
云	南	小计	245.51	273.68	198.60	233.05	239.27
		团体	216.87	240.69	186.78	184.07	241.85
		散客	263.44	290.40	226.86	275.03	235.29
西	藏	小计	227.38	231.02	193.49	187.26	211.63
		团体	227.23	230.07	194.98	187.26	211.63
		散客	240.77	307.83	81.52	—	—
陕	西	小计	224.85	223.68	221.35	233.28	223.45
		团体	166.60	167.29	164.99	182.78	122.81
		散客	268.36	268.42	239.08	245.90	257.00
甘	肃	小计	181.03	190.69	166.81	179.88	158.70
		团体	170.44	183.05	148.22	165.36	139.51
		散客	196.60	202.83	189.44	198.59	184.98
青	海	小计	172.20	180.42	163.44	145.31	167.55
		团体	192.99	199.98	163.45	157.01	200.60
		散客	141.73	142.89	114.29	119.00	122.25
宁	夏	小计	200.15	204.36	135.06	170.94	158.27
		团体	144.56	158.85	87.19	108.20	129.62
		散客	219.62	221.60	169.26	179.52	180.82
新	疆	小计	197.49	197.49	—	—	—
		团体	226.44	226.44	—	—	—
		散客	156.49	156.49	—	—	—

1-8 2018 年入境过夜游客在各省(区、市)

		人均天花费	政 府工作人员	专 业技术人员	职 员	技 工/工 人
北 京	小计	286.38	370.74	294.97	269.40	281.63
	团体	231.56	257.73	247.43	250.55	248.82
	散客	329.75	397.82	341.68	285.57	316.07
天 津	小计	250.34	207.69	248.92	259.81	196.43
	团体	232.21	108.10	211.35	235.21	282.89
	散客	260.60	210.69	261.28	268.75	173.38
河 北	小计	180.51	200.98	174.76	187.02	171.10
	团体	178.72	217.45	161.77	207.51	145.15
	散客	181.80	180.99	184.05	177.57	188.93
山 西	小计	197.11	176.04	217.04	237.27	264.41
	团体	204.92	187.50	225.61	243.36	270.92
	散客	179.63	160.19	204.33	185.51	207.29
内 蒙 古	小计	200.07	257.39	196.93	171.47	168.02
	团体	151.44	176.87	160.14	131.63	159.89
	散客	248.52	259.10	222.79	244.66	177.06
辽 宁	小计	197.42	201.62	190.44	208.04	180.94
	团体	265.30	302.05	226.31	304.78	236.63
	散客	181.99	187.57	184.74	183.92	165.63
吉 林	小计	189.75	190.95	190.44	188.76	196.15
	团体	203.78	212.06	196.61	199.73	203.79
	散客	175.56	171.67	187.51	174.63	187.75
黑 龙 江	小计	206.07	216.15	212.75	204.71	152.05
	团体	228.11	210.61	249.75	228.38	217.07
	散客	163.02	223.61	190.54	160.18	128.03
上 海	小计	266.63	266.83	286.88	254.78	246.80
	团体	183.07	186.55	210.16	200.96	139.52
	散客	270.19	273.17	287.24	256.83	251.03
江 苏	小计	269.62	262.11	293.16	271.38	294.80
	团体	311.06	293.43	329.08	324.80	319.19
	散客	258.90	244.54	285.74	262.59	284.92

人均天花费（按团体及散客、职业分组）

单位：美元/人天

商贸人员	服务员/推销员	退休人员	家庭妇女	军人	学生	其他
357.94	237.37	238.18	240.50	280.67	218.73	211.46
249.33	179.03	216.07	193.80	290.08	177.14	175.15
394.57	330.12	280.26	297.29	259.16	253.55	262.72
267.82	292.52	208.83	190.68	255.34	230.05	176.10
162.04	245.08	212.88	182.59	255.34	165.35	178.10
289.29	318.39	170.99	195.40	—	234.91	171.92
187.63	168.82	197.73	140.09	160.21	156.16	202.18
179.85	171.93	204.11	112.22	199.38	152.14	200.68
191.21	159.95	186.67	167.97	140.63	158.58	203.44
279.01	193.10	214.70	195.08	180.95	129.71	159.92
283.72	197.52	226.07	201.51	243.61	144.79	211.93
238.59	162.13	174.88	104.63	148.29	104.57	143.02
216.60	187.90	130.32	222.72	216.54	192.26	263.22
150.66	166.45	129.25	170.03	180.32	140.20	256.60
238.89	224.35	133.65	246.51	233.91	258.21	266.40
184.14	173.86	197.77	229.13	140.79	230.90	196.26
226.43	224.15	280.65	294.83	—	242.93	236.88
179.19	157.64	181.19	181.55	140.79	223.97	177.57
182.16	201.73	183.26	184.30	—	177.26	194.81
202.99	210.61	198.59	200.59	—	191.89	211.71
173.23	182.78	162.35	158.23	—	165.77	175.09
200.52	185.26	220.52	205.90	224.19	215.41	202.18
228.36	196.04	246.73	236.57	224.19	221.23	224.47
188.31	152.92	89.51	112.27	—	165.98	145.35
258.20	321.52	274.61	289.27	296.98	259.26	281.71
159.56	174.32	163.32	170.81	—	203.02	236.39
262.26	330.43	286.86	293.50	296.98	261.27	286.84
265.78	247.81	262.06	265.23	185.30	229.15	237.74
317.28	319.51	296.96	318.49	—	273.73	305.79
259.67	227.65	235.33	240.30	185.30	214.09	213.43

1-8(续1)

			人均天花费	政府工作人员	专业技术人员	职员	技工/工人
浙 江	小计		233.52	277.47	213.38	239.58	175.27
	团体		321.81	372.71	308.14	305.02	269.98
	散客		216.79	241.59	194.82	223.54	171.33
安 徽	小计		212.78	225.57	232.12	213.93	259.70
	团体		225.65	236.67	221.80	240.23	200.19
	散客		202.74	210.44	236.56	193.73	269.66
福 建	小计		223.05	240.90	268.96	232.91	199.41
	团体		162.83	140.97	176.12	176.58	112.02
	散客		259.38	300.31	270.91	261.25	261.84
江 西	小计		192.93	179.92	169.96	187.98	160.07
	团体		226.74	197.00	204.59	219.40	199.47
	散客		146.66	104.98	122.01	122.89	106.35
山 东	小计		235.47	226.44	227.63	241.75	261.31
	团体		220.18	211.32	199.67	228.77	225.86
	散客		242.32	235.14	236.29	246.93	268.06
河 南	小计		185.04	174.52	198.60	220.81	174.78
	团体		223.38	221.36	246.66	243.18	198.83
	散客		141.65	127.68	127.20	153.68	167.30
湖 北	小计		218.10	212.23	266.44	231.56	269.70
	团体		208.40	227.83	205.31	212.13	213.47
	散客		227.25	196.62	285.65	243.31	319.45
湖 南	小计		197.17	192.77	204.00	184.06	186.41
	团体		226.38	204.68	226.57	216.07	208.24
	散客		153.12	147.93	178.13	149.48	168.43
广 东	小计		190.50	202.17	203.92	177.62	187.31
	团体		172.12	150.79	186.18	168.54	135.37
	散客		194.02	214.93	206.68	179.71	198.85
广 西	小计		215.26	222.26	212.04	211.35	218.01
	团体		228.02	239.72	227.93	219.18	213.67
	散客		196.87	192.44	192.48	196.46	225.77
海 南	小计		209.27	193.04	241.24	232.83	130.56
	团体		141.90	127.11	138.79	151.39	126.25
	散客		326.64	454.27	352.73	414.62	173.34

商 贸 人 员	服务员/ 推销员	退 休 人 员	家 庭 妇 女	军 人	学 生	其 他
250.28	197.47	210.01	229.25	188.70	198.57	203.69
319.10	278.49	274.00	276.02	151.89	314.86	194.95
240.32	170.57	172.02	213.12	193.30	177.86	221.22
194.84	210.80	191.61	218.26	211.73	192.49	202.78
214.89	226.14	205.32	229.33	218.58	220.07	233.48
187.96	173.81	157.33	187.76	198.03	169.99	178.38
250.86	166.75	192.52	158.02	128.45	167.54	229.32
195.67	112.92	160.14	104.18	98.23	116.28	126.18
261.76	204.02	270.57	249.86	151.37	210.78	284.85
210.51	151.05	225.79	210.84	242.92	159.23	184.30
264.32	213.38	242.97	243.76	242.92	192.12	218.39
183.39	93.18	171.93	123.62	—	105.39	129.12
242.99	228.46	216.08	235.21	188.52	224.83	245.93
216.97	209.79	203.80	231.25	164.53	247.13	250.13
249.77	238.07	230.29	241.01	191.66	212.04	242.57
173.14	158.62	204.51	173.87	—	153.15	143.88
212.09	194.72	233.97	202.54	—	178.03	204.12
159.14	102.47	137.17	137.23	—	125.78	116.50
210.06	170.68	213.96	181.03	170.14	167.11	224.20
192.73	200.98	220.27	192.61	280.22	195.99	216.70
219.22	140.53	191.04	157.57	142.62	132.19	238.29
222.77	190.39	203.62	251.79	212.77	147.78	183.32
244.33	199.62	223.42	286.30	185.63	213.28	235.34
178.85	118.87	145.25	146.77	267.05	111.76	140.28
217.16	162.23	177.99	191.09	235.00	166.48	188.54
193.05	153.66	180.89	178.63	213.89	166.84	153.79
218.92	163.64	176.97	195.90	245.56	166.41	194.08
194.47	215.91	225.34	231.28	211.98	216.74	219.57
230.61	251.79	234.51	236.68	223.87	231.48	220.96
173.12	186.85	199.92	206.93	176.31	190.22	218.13
267.99	153.13	188.71	179.58	214.98	169.01	194.30
148.45	139.23	131.29	158.54	125.50	141.80	138.91
413.00	168.36	307.00	219.23	599.10	205.41	274.16

			人均天花费	政府工作人员	专业技术人员	职员	技工/工人
重 庆	小计		215.81	—	222.49	196.13	225.04
	团体		183.79	—	188.47	179.07	175.96
	散客		297.08	—	295.44	254.88	307.74
四 川	小计		193.82	206.61	178.50	208.45	211.69
	团体		182.95	188.15	169.81	199.79	225.87
	散客		206.77	232.04	183.02	217.88	206.58
贵 州	小计		213.90	212.38	196.84	172.92	226.71
	团体		213.90	156.69	203.60	153.42	269.52
	散客		186.91	228.08	117.92	194.74	170.07
云 南	小计		245.51	292.91	250.94	245.08	240.57
	团体		216.87	288.28	224.95	227.99	208.13
	散客		263.44	295.22	280.14	255.29	262.77
西 藏	小计		227.38	193.02	210.05	221.81	202.72
	团体		227.23	193.02	213.85	221.81	202.72
	散客		240.77	—	107.23	—	—
陕 西	小计		224.85	201.87	209.55	228.92	201.05
	团体		166.60	163.57	158.93	168.91	153.18
	散客		268.36	210.44	247.98	235.86	235.46
甘 肃	小计		181.03	203.76	180.72	178.27	184.14
	团体		170.44	174.05	172.38	166.17	183.07
	散客		196.60	220.10	189.82	196.59	186.64
青 海	小计		172.20	197.01	190.40	159.87	170.69
	团体		192.99	247.12	222.71	188.88	175.55
	散客		141.73	136.95	129.69	143.24	139.37
宁 夏	小计		200.15	164.30	194.97	199.94	127.41
	团体		144.56	97.68	103.81	155.56	100.00
	散客		219.62	244.99	213.64	223.20	151.35
新 疆	小计		197.49	102.21	215.69	192.62	223.53
	团体		226.44	181.62	240.26	203.14	254.56
	散客		156.49	92.50	182.23	174.55	178.10

商 贸 人 员	服务员/ 推销员	退 休 人 员	家 庭 妇 女	军 人	学 生	其 他
219.59	227.02	221.66	195.13	—	179.03	237.06
164.90	188.79	194.87	183.94	—	179.03	208.94
310.23	334.77	302.03	239.92	—	—	349.54
197.97	216.24	172.76	219.04	299.29	180.21	221.35
169.66	214.43	173.00	209.04	216.50	151.96	225.63
215.43	217.96	171.36	233.40	333.78	206.26	211.21
223.73	—	214.84	151.30	203.31	265.75	—
232.19	—	239.61	151.30	—	280.45	—
188.20	—	118.30	—	203.31	152.37	—
273.24	292.08	203.98	233.00	—	229.84	235.85
229.05	170.44	179.53	240.41	—	202.84	213.95
286.46	356.47	243.80	226.72	—	240.03	247.14
210.15	212.33	245.70	246.93	319.05	161.64	225.45
210.15	212.33	245.70	249.69	174.85	161.64	224.86
—	—	—	70.46	391.16	—	242.30
253.83	189.10	229.64	186.17	243.42	246.27	247.39
164.94	153.72	172.79	169.68	257.34	165.59	192.00
290.98	219.86	292.99	212.41	207.07	285.51	252.75
201.99	190.26	178.23	163.20	—	176.64	177.14
185.11	196.25	165.21	164.20	—	183.38	168.36
210.44	182.27	236.54	156.63	—	166.67	189.27
180.69	155.00	153.61	198.97	194.29	138.80	145.92
176.15	147.68	156.84	171.89	196.74	169.29	148.59
188.57	157.79	134.32	225.35	144.30	119.17	145.36
300.99	108.41	206.49	168.80	127.55	156.80	200.68
121.21	102.21	200.53	106.19	127.55	189.21	92.76
322.52	145.28	247.73	207.15	—	113.62	206.56
142.77	281.06	184.02	218.13	—	—	—
220.63	290.80	—	218.13	—	—	—
105.47	226.87	184.02	—	—	—	—

1-9 2018 年入境过夜游客在各省（区、市）

		人均天花费	观光游览	休闲度假	探亲访友	商　务
北　京	小计	286.38	226.00	278.18	318.42	365.04
	团体	231.56	207.03	251.10	231.18	342.84
	散客	329.75	270.65	329.07	339.14	367.22
天　津	小计	250.34	248.89	271.82	256.72	232.33
	团体	232.21	220.16	207.98	191.72	86.27
	散客	260.60	272.83	285.97	261.53	236.87
河　北	小计	180.51	161.30	188.88	196.66	197.04
	团体	178.72	158.73	185.22	186.40	187.95
	散客	181.80	164.82	193.69	198.02	198.44
山　西	小计	197.11	185.16	207.74	189.72	202.30
	团体	204.92	206.64	224.61	144.47	166.20
	散客	179.63	112.58	182.64	200.88	203.83
内蒙古	小计	200.07	157.77	203.28	252.65	220.85
	团体	151.44	139.38	150.16	167.63	166.87
	散客	248.52	211.20	274.46	292.66	230.20
辽　宁	小计	197.42	200.01	179.84	175.86	191.28
	团体	265.30	243.23	266.30	191.47	180.72
	散客	181.99	177.89	157.26	174.64	191.53
吉　林	小计	189.75	201.95	190.56	174.24	187.95
	团体	203.78	203.50	204.25	192.05	—
	散客	175.56	189.13	147.28	173.35	187.95
黑龙江	小计	206.07	218.82	179.48	183.60	203.33
	团体	228.11	240.67	208.87	276.61	184.46
	散客	163.02	101.82	100.63	172.44	203.83
上　海	小计	266.63	292.60	328.93	254.63	223.25
	团体	183.07	204.46	186.66	169.13	103.49
	散客	270.19	303.48	337.51	255.49	225.35
江　苏	小计	269.62	265.49	311.41	253.59	251.87
	团体	311.06	298.38	326.90	346.49	298.93
	散客	258.90	248.98	305.68	235.66	250.34

人均天花费（按团体及散客、旅游目的分组）

单位：美元/人天

会 议	宗 教朝 拜	文化/体育/科技交流	购 物	医 疗保 健	其 他
317.72	326.06	247.59	312.50	175.49	276.95
246.47	218.32	173.08	217.44	142.94	192.05
328.48	366.46	281.11	381.15	191.12	321.24
226.93	153.32	264.02	285.05	193.33	178.63
190.79	215.91	252.89	223.50	—	109.10
234.54	151.86	278.78	306.61	193.33	186.36
188.43	221.05	173.31	204.21	260.50	147.76
253.73	270.95	281.11	226.61	274.64	100.38
178.50	181.13	170.32	139.43	218.11	154.23
181.38	226.39	174.44	—	180.60	199.05
—	231.30	185.33	—	—	226.75
181.38	216.57	138.13	—	180.60	171.35
285.03	191.49	219.96	204.78	158.52	257.12
175.02	191.49	182.39	172.39	169.18	149.89
304.67	—	287.57	214.83	102.56	273.62
220.98	100.20	197.52	177.69	190.79	166.53
227.24	—	—	151.82	—	217.48
220.17	100.20	197.52	294.93	190.79	144.96
177.29	189.10	177.92	168.71	187.50	167.87
—	209.09	—	196.34	—	192.70
177.29	171.96	177.92	161.80	187.50	166.32
229.25	171.45	229.08	177.65	183.86	178.54
239.78	171.45	236.23	244.11	191.07	206.36
205.17	—	208.14	151.18	90.14	133.41
245.10	229.66	267.53	419.47	425.70	255.35
164.45	—	166.22	—	—	—
245.88	229.66	268.67	419.47	425.70	255.35
245.40	239.36	234.12	263.08	250.57	215.84
324.08	285.15	278.22	274.19	577.97	392.95
236.19	216.46	218.20	259.38	196.00	205.43

1-9（续1）

		人均天花费	观光游览	休闲度假	探亲访友	商　务
浙　江	小计	233.52	241.73	249.46	234.57	211.92
	团体	321.81	313.71	354.34	383.26	218.39
	散客	216.79	208.17	229.32	212.37	211.42
安　徽	小计	212.78	204.28	208.61	207.89	235.91
	团体	225.65	221.94	222.62	176.67	225.53
	散客	202.74	167.01	194.07	212.06	236.58
福　建	小计	223.05	169.23	246.35	229.16	269.62
	团体	162.83	143.84	225.98	159.19	192.91
	散客	259.38	230.64	269.46	245.70	271.60
江　西	小计	192.93	213.07	181.08	144.47	183.25
	团体	226.74	232.28	207.19	256.60	234.67
	散客	146.66	109.98	138.46	128.06	179.19
山　东	小计	235.47	234.14	234.67	199.17	234.18
	团体	220.18	218.33	231.46	194.20	213.29
	散客	242.32	251.90	236.94	200.67	235.99
河　南	小计	185.04	191.19	170.79	177.39	182.95
	团体	223.38	219.19	210.48	265.52	245.68
	散客	141.65	146.98	123.27	138.84	161.62
湖　北	小计	218.10	215.23	189.66	221.21	228.15
	团体	208.40	221.01	199.74	128.48	162.55
	散客	227.25	197.03	178.39	237.82	237.93
湖　南	小计	197.17	202.01	182.21	175.41	213.17
	团体	226.38	226.21	217.88	203.51	301.38
	散客	153.12	133.37	148.58	168.16	188.20
广　东	小计	190.50	195.61	173.75	172.92	211.54
	团体	172.12	178.66	157.93	137.95	233.91
	散客	194.02	203.03	177.79	174.55	211.12
广　西	小计	215.26	221.37	209.14	196.63	201.40
	团体	228.02	233.32	223.61	196.69	207.43
	散客	196.87	189.90	185.58	196.59	199.33

会　议	宗　教 朝　拜	文化/体育/ 科技交流	购　物	医　疗 保　健	其　他
300.37	160.74	180.91	202.82	190.72	190.83
427.78	—	102.91	—	209.96	176.52
284.04	160.74	185.60	202.82	188.87	197.84
256.85	191.69	205.01	235.19	186.39	192.12
359.24	237.96	145.58	219.14	125.08	237.43
244.36	154.68	212.55	283.33	197.69	183.73
249.70	163.95	178.32	228.82	365.60	252.65
90.66	140.81	106.52	199.62	—	119.71
270.80	170.56	264.38	236.13	365.60	258.03
190.22	144.05	143.84	235.15	125.24	132.49
241.17	241.20	191.17	201.91	—	187.01
176.81	107.61	105.98	244.65	125.24	117.34
262.29	253.85	251.10	180.73	185.70	262.53
211.12	244.44	210.01	215.76	193.70	269.12
271.96	272.66	256.91	105.62	183.70	259.64
197.98	151.61	119.61	225.59	315.22	166.65
201.36	210.05	164.06	233.59	315.22	265.81
165.27	132.82	91.32	207.59	—	125.82
222.55	112.90	313.23	120.91	—	362.43
175.99	146.58	191.10	91.99	—	174.59
235.33	92.52	333.87	179.82	—	392.11
189.10	139.22	184.27	276.46	—	187.91
199.27	—	204.24	261.57	—	249.11
176.53	139.22	178.72	455.16	—	153.49
197.13	165.26	179.15	205.28	187.68	179.89
150.01	130.28	141.13	232.58	—	210.18
198.73	174.55	182.58	201.55	187.68	179.35
215.71	141.83	223.08	204.35	161.19	222.72
208.64	179.50	219.48	212.74	—	237.47
216.79	104.16	223.29	199.62	161.19	217.56

		人均天花费	观光游览	休闲度假	探亲访友	商　务
海　南	小计	209.27	212.86	187.00	309.84	396.74
	团体	141.90	150.04	136.81	176.07	194.74
	散客	326.64	327.84	311.90	382.14	436.61
重　庆	小计	215.81	215.01	232.95	177.01	—
	团体	183.79	184.09	183.15	188.99	—
	散客	297.08	294.49	349.13	153.06	—
四　川	小计	193.82	191.85	215.42	187.61	196.78
	团体	182.95	185.95	173.66	184.57	175.29
	散客	206.77	208.96	263.93	188.71	200.76
贵　州	小计	213.90	182.64	209.80	185.32	204.03
	团体	213.90	197.88	213.85	193.40	179.80
	散客	186.91	150.61	163.82	171.91	212.14
云　南	小计	245.51	225.25	247.17	183.92	322.06
	团体	216.87	213.22	223.59	141.92	339.85
	散客	263.44	237.50	266.17	185.20	320.39
西　藏	小计	227.38	229.01	231.84	130.20	166.96
	团体	227.23	229.01	236.83	160.07	166.96
	散客	240.77	—	107.23	70.46	—
陕　西	小计	224.85	227.33	209.88	244.55	255.20
	团体	166.60	166.76	164.40	164.32	164.24
	散客	268.36	264.96	243.79	260.46	268.48
甘　肃	小计	181.03	174.42	178.44	238.15	201.79
	团体	170.44	169.98	166.37	172.78	172.00
	散客	196.60	187.94	194.61	242.24	204.28
青　海	小计	172.20	174.05	145.00	160.61	129.63
	团体	192.99	188.02	171.30	196.05	118.58
	散客	141.73	150.02	127.24	123.13	140.35
宁　夏	小计	200.15	191.17	167.13	203.30	214.83
	团体	144.56	170.18	132.90	123.55	108.83
	散客	219.62	209.74	257.05	220.83	228.78
新　疆	小计	197.49	227.75	181.22	105.09	207.43
	团体	226.44	240.43	215.55	220.15	138.26
	散客	156.49	208.90	132.21	97.56	216.61

会 议	宗 教朝 拜	文化/体育/科技交流	购 物	医 疗保 健	其 他
319.21	250.67	275.67	138.19	153.40	197.39
—	—	139.37	138.19	117.60	156.57
319.21	250.67	288.76	—	296.79	206.79
—	144.55	277.92	—	—	143.21
—	144.55	—	—	—	143.21
—	—	277.92	—	—	—
162.69	157.77	200.01	324.29	227.21	128.35
154.66	183.82	115.35	245.69	186.86	127.86
163.26	133.89	202.17	408.40	232.38	129.25
187.73	282.97	182.52	209.53	251.04	226.84
218.32	321.59	274.30	287.33	282.28	250.60
143.42	148.36	90.20	132.91	144.57	179.75
324.28	218.65	231.37	281.12	309.86	257.20
191.61	125.27	197.36	—	—	169.85
325.83	231.99	240.58	281.12	309.86	284.66
169.36	221.53	255.83	—	—	241.37
169.36	221.53	—	—	—	150.54
—	—	255.83	—	—	377.62
175.91	—	232.09	205.34	—	236.36
168.99	—	165.65	144.78	—	228.74
196.68	—	285.53	215.62	—	239.92
203.68	171.35	176.51	—	247.42	177.63
185.15	165.43	170.93	—	261.42	182.01
216.46	177.28	181.69	—	240.41	172.52
149.88	134.32	206.32	42.76	179.03	135.12
176.36	179.88	162.88	—	179.03	132.01
93.23	97.02	243.82	42.76	—	177.77
202.09	525.22	202.90	—	—	177.33
123.35	525.22	95.07	—	—	112.17
209.38	—	211.93	—	—	207.14
—	—	—	157.07	—	—
—	—	—	219.73	—	—
—	—	—	136.52	—	—

1-10 2018年入境过夜游客在各省（区、市）人均天花费
（按团体及散客、性别、年龄分组）

单位：美元/人天

		人均天花费	男 性	女 性	14岁及以下	15~24岁	25~44岁	45~64岁	65岁及以上
北 京	小计	286.38	295.77	274.49	202.88	227.12	286.41	307.28	212.88
	团体	231.56	235.85	226.99	205.13	206.72	235.94	236.98	208.45
	散客	329.75	336.98	319.21	186.15	249.86	322.31	362.23	227.31
天 津	小计	250.34	251.83	248.61	—	257.61	252.09	236.30	220.45
	团体	232.21	200.42	233.84	—	189.27	206.61	203.45	236.46
	散客	260.60	261.92	258.83	—	266.23	259.98	256.39	194.05
河 北	小计	180.51	178.69	182.77	185.56	165.73	181.47	182.36	170.63
	团体	178.72	171.45	185.94	—	178.12	178.16	180.04	176.10
	散客	181.80	183.06	179.96	185.56	156.44	183.22	184.69	159.74
山 西	小计	197.11	198.29	195.97	147.55	159.72	218.75	209.13	202.88
	团体	204.92	205.38	204.54	179.24	190.66	227.73	224.95	199.96
	散客	179.63	185.54	171.88	123.38	158.48	168.11	168.92	228.77
内 蒙 古	小计	200.07	201.27	199.14	158.98	179.53	201.11	199.58	185.81
	团体	151.44	158.25	147.04	158.98	155.73	147.45	160.62	136.77
	散客	248.52	235.81	260.57	—	214.76	257.33	227.74	452.19
辽 宁	小计	197.42	199.80	194.28	252.16	247.36	199.99	187.69	163.44
	团体	265.30	266.02	264.63	208.77	259.53	268.35	221.51	157.59
	散客	181.99	187.56	174.01	255.55	242.54	180.91	176.55	168.31
吉 林	小计	189.75	193.25	180.97	187.90	175.23	192.47	190.24	182.72
	团体	203.78	206.45	196.86	204.47	188.24	208.59	200.98	197.70
	散客	175.56	179.64	165.67	168.57	163.84	176.59	178.90	165.24
黑 龙 江	小计	206.07	205.14	206.99	129.13	214.22	204.27	196.04	220.97
	团体	228.11	232.20	225.03	129.13	223.81	232.20	222.40	251.75
	散客	163.02	169.11	152.67	—	172.26	170.95	155.69	100.91

			人均天花费	男性	女性	14岁及以下	15~24岁	25~44岁	45~64岁	65岁及以上
上	海	小计	266.63	259.41	278.65	65.76	281.88	266.42	266.74	250.22
		团体	183.07	196.35	180.55	—	187.44	177.12	224.26	175.59
		散客	270.19	261.55	285.07	65.76	285.88	269.50	269.46	259.63
江	苏	小计	269.62	271.81	266.52	289.50	229.89	260.68	294.53	258.45
		团体	311.06	303.59	318.48	308.56	284.90	328.89	306.38	296.56
		散客	258.90	265.08	249.29	267.73	217.24	249.19	240.16	243.68
浙	江	小计	233.52	234.35	232.34	240.88	222.63	222.32	248.34	264.82
		团体	321.81	297.44	352.01	297.68	350.69	301.96	308.16	317.14
		散客	216.79	223.22	207.35	134.08	188.77	209.59	238.59	203.53
安	徽	小计	212.78	212.21	213.68	144.66	218.12	213.44	214.13	203.36
		团体	225.65	219.30	232.73	241.32	220.35	231.70	216.47	225.23
		散客	202.74	207.88	192.12	132.58	196.80	203.05	212.09	153.95
福	建	小计	223.05	238.72	206.83	174.00	203.61	240.10	224.79	172.94
		团体	162.83	156.16	168.35	130.52	123.37	186.70	171.57	130.76
		散客	259.38	280.39	234.54	245.34	232.35	254.57	268.01	249.10
江	西	小计	192.93	191.00	195.63	169.34	148.85	192.12	196.04	175.17
		团体	226.74	229.19	223.95	169.34	196.92	227.72	227.72	217.01
		散客	146.66	148.29	143.60	—	138.31	148.62	149.07	138.10
山	东	小计	235.47	233.90	237.60	189.87	221.58	241.18	239.30	209.12
		团体	220.18	211.80	228.45	189.87	238.60	221.63	216.82	205.35
		散客	242.32	241.95	242.90	—	211.68	247.59	249.00	213.67
河	南	小计	185.04	181.26	189.34	170.27	163.38	197.25	181.08	168.54
		团体	223.38	225.68	221.30	196.24	193.67	234.32	220.97	172.24
		散客	141.65	141.34	142.13	150.07	127.69	153.70	136.20	156.48

单位：美元/人天

		人均天花费	男性	女性	14岁及以下	15~24岁	25~44岁	45~64岁	65岁及以上
湖 北	小计	218.10	227.12	208.00	146.36	178.09	227.79	220.05	158.62
	团体	208.40	203.15	213.13	157.41	202.19	207.27	209.33	127.44
	散客	227.25	245.65	201.94	125.93	152.75	239.90	233.89	164.77
湖 南	小计	197.17	191.12	203.69	172.18	166.91	188.76	218.16	187.21
	团体	226.38	225.27	227.40	190.22	217.21	210.11	247.98	202.67
	散客	153.12	148.50	159.48	162.92	120.59	162.19	157.38	157.76
广 东	小计	190.50	196.36	181.59	163.92	173.75	195.49	192.00	175.30
	团体	172.12	179.71	165.28	148.23	181.06	166.88	175.78	176.28
	散客	194.02	198.77	186.01	169.15	172.28	200.57	194.93	144.84
广 西	小计	215.26	211.70	219.38	249.63	200.58	212.42	217.74	221.20
	团体	228.02	226.31	230.03	252.78	219.86	226.20	231.16	225.86
	散客	196.87	190.37	204.28	143.96	167.08	197.58	198.17	200.37
海 南	小计	209.27	256.10	177.58	184.23	193.56	209.33	209.71	226.38
	团体	141.90	144.58	140.53	—	144.53	146.14	140.51	168.44
	散客	326.64	331.47	273.23	184.23	287.53	326.85	308.37	275.50
重 庆	小计	215.81	209.70	223.23	184.82	244.78	229.40	195.87	159.20
	团体	183.79	180.61	187.84	184.82	203.13	193.68	173.13	158.21
	散客	297.08	300.90	264.75	—	276.01	238.42	282.50	299.81
四 川	小计	193.82	186.44	204.35	151.36	210.21	209.96	182.60	171.59
	团体	182.95	183.28	182.56	139.26	169.90	196.02	183.41	186.32
	散客	206.77	189.59	237.90	155.57	246.74	221.83	181.63	156.11
贵 州	小计	213.90	215.55	196.46	133.10	225.26	201.02	205.93	200.48
	团体	213.90	223.33	203.64	—	257.24	218.93	207.41	210.76
	散客	186.91	190.87	157.91	133.10	132.43	161.73	190.95	185.44

		人均天花费	男 性	女 性	14 岁及以下	15~24 岁	25~44 岁	45~64 岁	65 岁及以上
云 南	小计	245.51	250.01	240.35	165.56	253.92	262.48	230.97	173.79
	团体	216.87	212.20	221.27	178.75	229.79	243.82	200.30	104.73
	散客	263.44	270.32	254.50	152.36	262.42	270.39	262.30	181.56
西 藏	小计	227.38	226.90	227.83	158.02	227.26	216.98	228.61	240.88
	团体	227.23	226.35	228.06	158.02	227.91	216.65	228.40	240.88
	散客	240.77	274.52	207.01	—	223.09	242.30	256.90	—
陕 西	小计	224.85	220.26	228.68	197.91	228.94	201.68	207.48	216.47
	团体	166.60	164.94	167.82	162.50	169.28	166.43	165.77	161.90
	散客	268.36	226.66	271.72	251.03	234.58	202.22	245.72	272.27
甘 肃	小计	181.03	184.08	177.29	169.59	182.36	181.65	183.69	166.90
	团体	170.44	168.08	172.69	169.59	181.23	170.61	151.79	159.11
	散客	196.60	202.00	186.94	—	184.03	190.59	204.35	193.45
青 海	小计	172.20	181.29	163.10	130.54	156.58	164.57	172.33	165.82
	团体	192.99	200.26	163.55	128.70	200.69	143.54	166.61	180.39
	散客	141.73	139.20	159.32	181.65	150.40	171.66	176.97	124.50
宁 夏	小计	200.15	202.33	197.24	135.12	155.41	205.55	198.52	244.58
	团体	144.56	140.95	147.54	—	143.82	144.99	129.60	199.24
	散客	219.62	214.94	227.94	135.12	163.13	222.30	202.93	316.54
新 疆	小计	197.49	222.69	172.59	175.44	145.78	222.96	164.68	66.02
	团体	226.44	248.80	203.96	175.44	134.47	250.48	195.00	121.02
	散客	156.49	184.92	129.09	—	151.44	200.49	154.89	38.51

1-11 2018 年入境过夜游客在各城市人均天花费
（按外国人、港澳台胞分组）

单位：美元/人天

	人均天花费	外国人	香港同胞	澳门同胞	台湾同胞
北　京	286.38	300.10	234.98	298.36	255.87
天　津	250.34	262.31	208.16	207.34	210.06
石 家 庄	211.92	222.41	186.88	171.91	176.25
唐　山	184.59	180.32	198.17	224.24	168.79
秦 皇 岛	173.67	175.31	185.40	152.81	154.25
保　定	164.47	167.47	186.12	162.97	176.37
承　德	155.44	160.15	166.84	155.17	149.26
太　原	211.97	226.54	223.32	197.92	195.26
大　同	175.90	167.64	198.14	178.54	168.67
晋　城	206.05	197.75	258.63	321.40	117.54
晋　中	194.62	205.92	192.98	175.10	192.79
呼 和 浩 特	215.40	254.90	215.69	194.22	213.37
包　头	189.41	203.38	161.68	168.24	165.91
二 连 浩 特	206.69	206.69	—	—	—
赤　峰	170.59	170.59	—	—	—
沈　阳	245.02	248.12	244.42	196.58	246.20
大　连	272.90	273.69	245.71	251.46	273.57
鞍　山	177.87	178.00	255.67	119.82	67.40
抚　顺	255.45	254.86	283.42	—	—
本　溪	167.57	164.89	182.28	148.99	134.95
丹　东	157.63	153.82	269.96	172.70	254.13
锦　州	116.85	97.13	209.17	262.22	133.55
营　口	143.64	143.88	—	125.13	127.78
盘　锦	221.03	221.03	—	—	—
葫 芦 岛	228.29	228.29	—	—	—
长　春	219.62	211.00	223.79	186.35	191.88
吉　林	195.98	199.73	156.92	163.69	172.24
通　化	196.24	200.98	181.96	141.55	144.75
白　山	126.96	125.86	139.37	118.48	133.39
延　吉	194.70	210.64	171.67	—	174.03

单位：美元/人天

	人均天花费	外国人	香港同胞	澳门同胞	台湾同胞
哈 尔 滨	249.21	247.93	287.34	200.41	213.47
齐 齐 哈 尔	199.03	—	180.98	—	201.71
大 庆	177.37	177.61	173.94	—	—
佳 木 斯	201.89	201.89	—	—	—
牡 丹 江	172.10	175.19	358.25	260.40	171.21
上 海	266.63	267.00	265.34	243.30	250.14
南 京	282.71	288.90	284.45	270.66	244.97
无 锡	259.20	252.32	252.40	252.51	272.58
苏 州	285.60	293.77	277.09	271.98	281.40
南 通	208.43	216.43	199.64	199.21	193.37
扬 州	257.48	264.39	262.13	231.26	232.57
杭 州	289.84	257.93	289.30	303.84	249.92
宁 波	224.20	231.85	200.38	175.65	212.90
温 州	191.18	189.37	204.24	264.22	189.27
绍 兴	231.80	266.55	206.87	219.73	272.80
金 华	206.82	204.03	205.32	239.16	203.93
衢 州	85.03	71.04	138.22	—	98.26
合 肥	242.30	243.03	201.51	221.08	217.43
芜 湖	200.45	198.37	215.24	177.68	193.92
马 鞍 山	278.09	278.09	—	—	—
铜 陵	184.20	184.50	170.78	194.32	173.27
安 庆	201.45	201.15	244.77	219.79	162.36
黄 山	236.51	239.19	226.94	214.10	223.63
滁 州	195.21	195.21	—	—	—
亳 州	196.12	201.53	50.27	133.45	44.58
池 州	182.52	186.08	164.63	166.76	166.39
宣 城	173.90	181.97	173.41	155.25	170.44
福 州	201.67	214.07	173.00	153.96	168.56
厦 门	277.67	279.21	223.69	239.76	218.91
泉 州	203.37	236.84	174.44	199.59	176.97
漳 州	203.42	206.73	172.10	172.29	185.37
武 夷 山	165.02	187.35	143.59	152.14	165.44
南 昌	209.49	203.62	197.73	171.63	227.19
景 德 镇	215.79	216.73	216.60	200.89	193.33
九 江	200.56	214.35	175.61	183.03	174.78
鹰 潭	189.52	187.79	172.57	200.44	190.98
赣 州	174.11	178.63	180.71	156.09	171.91
吉 安	165.51	170.07	155.65	160.02	173.54

	人均天花费	外国人	香港同胞	澳门同胞	台湾同胞
济　　南	214.07	201.33	223.67	215.60	187.61
青　　岛	280.91	282.36	290.92	271.29	251.66
烟　　台	244.84	264.54	241.29	248.40	233.84
曲　　阜	172.34	220.06	102.97	96.84	73.64
泰　　安	207.57	208.24	172.86	191.97	208.41
威　　海	219.03	218.31	210.66	190.77	221.02
郑　　州	177.59	199.78	145.69	127.88	132.89
开　　封	210.41	202.69	220.73	213.99	207.43
洛　　阳	156.27	157.34	149.87	—	198.27
三　门　峡	200.57	195.18	202.94	211.60	203.46
武　　汉	224.72	237.18	193.45	229.00	229.90
十　　堰	185.46	208.68	158.86	173.64	197.50
宜　　昌	260.20	259.95	233.72	266.81	209.40
襄　　阳	248.04	200.96	236.95	184.58	252.17
荆　　州	179.61	184.98	162.08	157.75	179.89
湖北游船	173.20	173.72	147.51	166.43	155.57
长　　沙	186.25	179.76	196.67	139.24	254.76
湘　　潭	190.53	199.26	193.10	204.25	177.88
衡　　阳	197.16	190.92	182.75	210.06	222.59
岳　　阳	179.27	201.57	154.63	148.92	162.57
张　家　界	212.65	213.51	211.67	252.43	186.58
广　　州	205.85	206.63	184.98	222.16	218.81
深　　圳	217.61	228.75	200.56	195.44	241.11
珠　　海	191.67	218.23	172.18	144.89	194.92
汕　　头	211.70	216.94	200.03	213.20	188.48
江　　门	166.89	167.36	148.62	155.34	157.20
湛　　江	156.26	187.38	140.14	144.26	155.09
惠　　州	136.00	142.59	130.79	133.43	127.97
东　　莞	125.51	134.47	115.37	129.15	140.30
中　　山	148.41	160.35	139.50	131.23	141.83
南　　宁	196.41	204.50	156.45	179.70	175.06
桂　　林	245.13	248.93	214.83	217.15	225.63
梧　　州	248.17	277.25	220.19	211.33	256.63
北　　海	251.45	252.19	224.49	232.77	238.45

单位：美元/人天

	人均天花费	外国人	香港同胞	澳门同胞	台湾同胞
防 城 港	168.53	166.79	180.31	184.59	163.98
贺 州	226.34	274.58	203.16	213.27	201.09
崇 左	165.92	155.22	160.98	196.34	187.94
海 口	207.51	201.25	260.34	228.15	346.22
三 亚	223.95	223.46	231.81	188.04	281.67
琼 海	117.88	120.06	113.57	71.63	49.15
澄 迈	113.16	113.69	96.71	94.59	150.76
保 亭	117.29	118.84	113.61	79.24	—
重 庆	216.96	226.50	197.04	207.85	223.21
重庆游船	209.48	204.21	224.90	259.15	228.68
成 都	219.77	235.61	183.34	222.06	200.50
绵 阳	148.08	147.50	155.78	152.01	149.00
乐山（峨眉山）	191.74	184.72	190.22	170.42	216.08
阿 坝 州	189.61	187.90	164.39	175.51	149.84
贵 阳	219.51	224.90	201.82	213.41	182.25
安 顺	212.94	221.45	207.58	163.61	193.89
黔 东 南	206.92	214.99	174.07	152.86	161.11
昆 明	256.33	290.87	202.95	242.36	248.28
景 洪	218.58	218.74	184.83	167.72	190.55
大 理	198.80	221.10	156.78	149.60	205.18
拉 萨	222.52	226.94	180.99	181.31	204.69
日 喀 则	236.88	239.74	240.87	246.89	218.35
林 芝	252.55	259.14	232.33	214.91	234.30
西 安	225.87	224.61	221.35	233.28	235.19
咸 阳	178.34	179.07	—	—	141.29
兰 州	175.90	188.96	158.61	170.23	145.77
敦 煌	186.16	192.63	174.10	185.77	171.39
西 宁	171.99	174.12	159.31	164.28	169.10
黄 南 州	127.01	126.93	140.88	—	—
海 西 州	172.89	190.37	168.68	131.41	165.67
银 川	200.15	204.36	135.06	170.94	158.27
乌鲁木齐	222.80	222.80	—	—	—
博尔塔拉	214.82	214.82	—	—	—
伊 宁	171.88	171.88	—	—	—

1-12 2018年入境过夜游客在各城市

	人均天花费	政 府工作人员	专 业技术人员	职 员	技 工/工 人
北　京	286.38	370.74	294.97	269.40	281.63
天　津	250.34	207.69	248.92	259.81	196.43
石　家　庄	211.92	234.95	198.81	208.61	205.36
唐　山	184.59	—	200.00	143.66	173.98
秦　皇　岛	173.67	160.90	173.38	175.46	149.06
保　定	164.47	168.14	172.08	148.31	164.96
承　德	155.44	187.67	155.22	162.05	149.44
太　原	211.97	190.04	264.89	266.93	257.10
大　同	175.90	180.98	179.54	216.56	221.86
晋　城	206.05	182.45	188.54	246.16	127.40
晋　中	194.62	179.00	191.27	176.08	93.08
呼和浩特	215.40	287.33	204.04	159.72	151.45
包　头	189.41	—	192.23	197.38	193.09
二连浩特	206.69	—	193.08	188.32	77.42
赤　峰	170.59	159.96	166.74	179.92	167.65
沈　阳	245.02	196.76	201.16	290.42	—
大　连	272.90	266.47	259.16	290.72	213.62
鞍　山	177.87	179.73	265.50	216.77	169.87
抚　顺	255.45	—	223.57	277.28	154.49
本　溪	167.57	—	155.17	162.65	195.37
丹　东	157.63	236.02	184.80	135.19	148.94
锦　州	116.85	128.64	111.94	123.66	195.35
营　口	143.64	136.57	151.21	133.99	133.99
盘　锦	221.03	208.96	204.18	235.66	172.28
葫　芦　岛	228.29	—	188.18	192.42	210.49
长　春	219.62	240.29	206.48	215.09	219.42
吉　林	195.98	187.41	205.91	189.76	207.28
通　化	196.24	178.80	208.52	193.48	215.10
白　山	126.96	105.99	131.31	131.49	121.02
延　吉	194.70	192.40	210.79	194.06	202.21
哈　尔　滨	249.21	254.28	232.08	257.94	274.23
齐齐哈尔	199.03	196.01	234.43	194.32	193.20
大　庆	177.37	252.67	164.21	181.85	167.09
佳　木　斯	201.89	194.18	250.08	197.13	189.78
牡　丹　江	172.10	213.52	193.47	148.86	89.83

人均天花费（按职业分组）

商 贸 人 员	服务员/ 推销员	退 休 人 员	家 庭 妇 女	军 人	学 生	其 他
357.94	237.37	238.18	240.50	280.67	218.73	211.46
267.82	292.52	208.83	190.68	255.34	330.05	176.10
213.60	209.76	205.91	146.74	161.34	223.45	233.08
181.35	262.75	235.26	174.32	142.29	188.59	195.18
180.34	284.50	245.73	149.09	—	144.85	173.61
164.50	165.22	149.16	184.90	—	150.71	156.29
168.27	146.55	159.02	126.08	—	151.92	133.83
277.46	206.59	207.03	192.99	—	124.00	316.52
234.28	142.32	163.51	159.03	—	123.46	146.47
204.63	216.57	213.24	201.77	189.03	208.24	—
349.50	175.99	275.48	211.36	177.37	146.46	192.49
310.30	210.17	131.36	178.75	336.86	226.91	296.30
178.73	190.42	79.18	205.92	—	146.77	—
188.76	133.07	—	261.95	—	145.66	247.52
176.10	172.10	166.10	176.53	179.18	144.88	—
232.08	208.78	168.65	119.77	—	247.47	245.78
276.12	256.99	259.36	302.07	—	235.56	268.84
137.52	168.08	146.91	126.38	—	193.61	106.77
287.53	256.26	225.14	315.94	—	231.09	271.97
168.93	168.13	124.06	—	—	169.12	—
109.18	157.49	111.55	188.22	140.24	—	160.19
111.21	66.46	86.59	94.86	—	66.46	112.31
142.47	135.30	146.95	276.67	—	—	—
173.76	182.80	216.73	—	—	247.41	—
235.72	260.55	215.90	302.05	—	282.23	252.89
230.34	218.44	199.51	224.82	—	209.29	—
187.45	207.85	209.56	167.93	—	176.32	—
194.78	190.44	196.86	195.33	—	176.81	233.16
120.58	115.70	118.23	129.67	—	134.60	145.84
183.40	195.20	196.47	197.41	—	188.98	—
219.39	254.68	295.59	244.99	233.71	260.02	274.77
121.74	200.20	201.85	198.51	—	236.22	184.31
197.17	160.66	209.17	192.80	—	164.58	130.11
191.18	259.13	199.20	211.78	—	199.32	212.07
159.29	179.49	94.77	85.92	—	231.58	147.30

1-12(续1)

	人均天花费	政府工作人员	专业技术人员	职员	技工/工人
上　　海	266.63	266.83	286.88	254.78	246.80
南　　京	282.71	329.85	298.38	280.84	311.29
无　　锡	259.20	250.07	225.95	272.20	325.74
苏　　州	285.60	278.80	370.57	272.27	292.13
南　　通	208.43	172.77	214.37	221.98	223.15
扬　　州	257.48	257.28	246.28	244.46	232.26
杭　　州	289.84	263.08	220.37	311.74	344.30
宁　　波	224.20	229.07	222.89	191.74	204.64
温　　州	191.18	260.49	203.32	217.56	227.33
绍　　兴	231.80	491.94	242.14	262.37	89.70
金　　华	206.82	204.95	194.37	241.77	140.21
衢　　州	85.03	132.95	112.11	64.36	37.23
合　　肥	242.30	207.90	289.69	249.32	189.52
芜　　湖	200.45	114.83	240.15	162.87	214.47
马鞍山	278.09	337.18	282.69	287.22	302.33
铜　　陵	184.20	193.41	187.37	185.07	181.92
安　　庆	201.45	191.58	209.16	207.53	206.55
黄　　山	236.51	242.13	239.30	246.38	239.32
滁　　州	195.21	237.70	167.06	220.09	205.38
亳　　州	196.12	209.74	216.62	189.52	172.92
池　　州	182.52	233.48	184.36	205.57	166.06
宣　　城	173.90	216.46	159.32	158.51	212.51
福　　州	201.67	160.95	209.06	211.48	206.12
厦　　门	277.67	268.25	291.10	303.92	286.47
泉　　州	203.37	204.38	190.57	209.35	89.35
漳　　州	203.42	223.94	248.30	202.15	66.93
武夷山	165.02	—	165.37	150.90	248.64
南　　昌	209.49	191.19	165.23	202.51	182.82
景德镇	215.79	374.79	—	219.34	172.98
九　　江	200.56	—	209.57	212.02	187.25
鹰　　潭	189.52	197.87	198.16	197.93	141.78
赣　　州	174.11	125.78	168.64	181.47	167.24
吉　　安	165.51	197.66	157.54	165.88	180.98
济　　南	214.07	231.41	209.76	231.42	236.17
青　　岛	280.91	288.38	290.25	285.36	312.08
烟　　台	244.84	165.35	237.36	210.64	229.16
曲　　阜	172.34	157.64	179.74	151.18	154.78
泰　　安	207.57	194.12	191.50	198.56	229.48
威　　海	219.03	212.00	195.98	223.55	170.45

商 贸 人 员	服务员/ 推销员	退 休 人 员	家 庭 妇 女	军 人	学 生	其 他
258.20	321.52	274.61	289.27	296.98	259.26	281.71
283.59	260.53	276.28	262.00	—	230.74	264.88
268.81	208.15	243.02	308.98	—	212.32	229.16
274.89	244.83	255.02	241.29	182.03	231.40	220.98
217.22	183.28	208.61	222.54	—	182.32	—
267.84	327.94	249.60	—	—	264.19	175.66
349.58	250.08	238.11	276.28	173.18	259.19	334.03
251.17	267.12	241.12	218.47	258.53	238.80	224.87
167.65	200.05	142.57	255.47	—	145.16	223.13
225.01	106.05	133.63	198.92	—	168.43	131.56
211.24	148.69	212.50	151.85	180.38	164.88	176.83
99.96	45.53	78.63	—	—	89.74	78.12
248.99	116.70	223.49	411.15	139.12	229.68	194.64
188.08	—	162.68	177.86	59.29	72.21	177.50
289.68	242.60	336.97	201.21	223.85	225.44	257.06
172.24	195.12	188.66	173.53	—	146.41	190.99
205.54	181.06	195.64	199.09	183.61	191.16	194.52
219.26	241.66	246.62	244.30	276.43	206.01	228.58
183.06	—	183.07	202.71	—	155.31	177.42
190.96	188.75	192.29	183.76	—	174.31	231.30
177.34	175.94	178.28	203.81	—	130.20	143.73
171.16	79.83	191.72	235.23	—	158.30	171.25
229.78	130.65	230.08	166.45	103.36	158.81	133.91
265.56	210.31	298.03	236.11	—	185.72	342.40
241.10	159.17	154.15	177.72	99.10	113.79	214.03
171.39	74.46	166.23	113.37	—	247.13	123.25
190.99	180.59	147.39	172.48	—	111.76	191.80
197.28	177.86	281.11	274.19	—	145.90	207.53
205.22	—	257.08	245.97	—	173.13	185.60
174.07	219.32	200.17	218.65	—	133.54	128.87
180.66	147.35	186.75	179.48	—	203.38	181.74
163.28	148.73	208.96	152.14	—	158.45	259.93
148.69	138.07	172.17	165.57	238.14	170.80	179.81
217.07	207.44	212.85	187.27	98.08	198.54	200.92
302.18	270.02	233.60	201.48	—	250.85	186.58
270.06	236.96	220.17	278.09	249.45	271.91	280.94
166.12	188.48	160.20	192.95	118.81	192.47	—
204.78	190.38	206.39	224.39	—	198.49	239.67
233.96	215.38	183.69	250.09	192.24	236.75	191.54

1-12（续2）

	人均天花费	政府工作人员	专业技术人员	职员	技工/工人
郑　州	177.59	146.46	193.70	177.74	206.36
开　封	210.41	243.48	194.64	205.25	250.64
洛　阳	156.27	135.05	197.76	159.53	123.72
三门峡	200.57	—	—	—	193.24
武　汉	224.72	203.55	251.42	232.13	206.45
十　堰	185.46	212.30	165.80	151.45	262.52
宜　昌	260.20	246.94	263.72	298.64	224.24
襄　阳	248.04	286.17	257.50	241.05	233.75
荆　州	179.61	198.01	160.21	175.96	188.27
湖北游船	173.20	185.16	197.90	118.84	186.54
长　沙	186.25	177.81	184.67	177.31	178.92
湘　潭	190.53	161.48	181.22	226.80	233.92
衡　阳	197.16	183.52	204.60	189.07	202.40
岳　阳	179.27	115.10	189.53	192.52	158.62
张家界	212.65	179.96	240.90	182.55	167.58
广　州	205.85	241.62	214.95	196.22	178.89
深　圳	217.61	227.13	233.02	208.85	216.39
珠　海	191.67	219.25	199.85	173.65	147.68
汕　头	211.70	234.11	245.89	187.49	239.33
江　门	166.89	188.95	157.46	155.83	168.83
湛　江	156.26	80.44	116.24	141.16	198.98
惠　州	136.00	111.99	119.31	144.00	120.19
东　莞	125.51	206.52	119.13	123.92	119.87
中　山	148.41	169.23	156.78	129.89	151.58
南　宁	196.41	207.92	199.98	210.22	307.90
桂　林	245.13	249.72	270.45	244.12	214.36
梧　州	248.17	219.14	244.71	291.14	151.73
北　海	251.45	222.50	257.03	230.74	241.41
防城港	168.53	157.72	163.46	158.13	174.11
贺　州	226.34	238.32	229.86	229.05	238.88
崇　左	165.92	151.27	158.17	168.25	103.22

単位：美元/人天

商 贸人 员	服务员/推销员	退 休人 员	家 庭妇 女	军 人	学 生	其 他
181.71	135.61	175.12	201.53	—	171.11	123.02
242.05	238.30	233.26	157.90	—	173.00	232.12
123.16	136.59	143.65	211.75	—	154.18	132.21
193.81	—	218.85	213.88	—	202.87	201.48
239.54	173.12	221.93	185.84	152.58	204.46	231.48
248.03	81.26	223.95	201.39	—	131.41	184.86
297.29	230.27	197.75	207.97	—	264.03	233.55
168.27	—	285.07	200.60	—	73.00	267.81
129.22	203.53	179.20	185.30	194.86	191.15	182.87
205.09	—	168.41	169.33	—	164.00	166.96
216.31	174.27	175.69	168.18	165.40	164.50	231.66
148.15	52.75	196.13	170.25	291.09	161.50	205.16
214.81	195.48	181.50	182.11	174.49	189.94	194.43
154.35	203.34	171.43	205.09	—	123.80	205.59
256.74	204.73	222.33	314.35	192.80	140.32	105.53
226.04	170.18	180.44	209.00	269.08	194.04	169.38
244.89	189.65	194.81	211.09	230.11	172.47	198.12
222.90	161.96	178.45	234.61	205.57	159.86	340.19
248.94	219.14	172.58	197.06	—	175.29	159.45
168.49	150.36	207.54	165.65	—	159.25	176.55
182.63	154.36	161.45	117.78	100.08	145.48	168.73
162.39	94.02	142.44	147.31	124.49	135.61	128.29
136.53	122.59	106.21	120.95	—	136.24	136.71
174.62	145.03	181.63	133.14	162.09	139.95	66.75
209.78	163.10	198.02	173.29	—	158.23	192.79
192.77	275.14	235.30	273.25	236.17	244.92	241.57
246.33	246.98	230.83	195.92	234.49	246.62	—
200.23	308.58	244.95	282.06	309.30	296.07	227.45
180.88	173.85	196.92	—	—	158.31	149.84
202.61	227.30	241.96	272.87	—	196.05	219.72
165.48	123.98	167.63	—	—	184.05	170.31

1-12(续3)

	人均天花费	政府工作人员	专业技术人员	职员	技工/工人
海　口	207.51	196.85	212.93	242.69	137.09
三　亚	223.95	207.07	279.56	220.46	127.87
琼　海	117.88	167.81	119.96	125.28	85.42
澄　迈	113.16	135.05	106.44	126.90	105.48
保　亭	117.29	127.82	139.76	122.01	100.62
重　庆	216.96	—	217.72	195.82	228.51
重庆游船	209.48	—	222.71	198.35	166.47
成　都	219.77	220.23	265.95	225.97	273.10
绵　阳	148.08	—	141.29	166.23	176.69
乐山(峨眉山)	191.74	175.06	194.93	192.96	182.03
阿坝州	189.61	213.57	187.94	202.52	169.17
贵　阳	219.51	210.18	203.62	162.19	232.26
安　顺	212.94	244.43	212.56	115.17	222.75
黔东南	206.92	206.01	178.28	202.98	223.47
昆　明	256.33	293.34	247.72	262.78	266.54
景　洪	218.58	125.95	345.04	207.01	129.48
大　理	198.80	319.21	188.22	192.20	205.53
拉　萨	222.52	192.98	203.62	214.81	196.26
日喀则	236.88	240.65	—	244.35	—
林　芝	252.55	—	218.49	252.61	—
西　安	225.87	206.07	212.55	231.61	197.75
咸　阳	178.34	113.31	122.98	104.73	242.38
兰　州	175.90	195.07	168.34	172.12	170.18
敦　煌	186.16	179.65	197.39	172.60	212.90
西　宁	171.99	142.29	161.20	169.18	181.44
黄南州	127.01	—	121.58	—	—
海西州	172.89	250.07	204.76	156.53	165.92
银　川	200.15	164.30	194.97	199.94	127.41
乌鲁木齐	222.80	168.61	247.18	242.75	100.11
博尔塔拉	214.82	—	219.97	240.71	263.92
伊　宁	171.88	115.94	189.17	148.09	202.04

单位：美元/人天

商 贸 人 员	服务员/推销员	退 休 人 员	家 庭 妇 女	军 人	学 生	其 他
235.31	185.92	191.19	208.48	213.24	143.35	198.24
308.33	129.71	205.55	159.49	146.34	192.52	200.05
100.58	97.33	131.40	96.81	—	178.30	98.05
120.02	94.19	97.55	110.01	—	119.42	102.69
98.64	101.23	118.35	91.74	—	105.93	147.84
225.63	227.25	295.83	194.25	—	169.01	240.71
174.13	210.61	221.34	210.46	—	232.78	246.20
268.52	233.67	145.08	241.79	279.19	204.71	230.74
151.63	176.23	135.13	110.82	—	157.01	97.96
177.88	190.13	195.34	204.38	118.22	172.25	216.60
205.44	185.36	199.81	221.69	134.87	137.71	160.22
227.11	—	224.46	—	329.57	277.83	—
224.89	—	184.85	136.00	—	204.84	—
215.92	—	227.43	—	—	235.01	—
287.58	297.48	209.63	221.61	—	257.38	245.74
239.45	—	179.82	347.12	—	154.13	227.77
200.47	211.30	178.36	197.63	—	209.62	186.66
213.68	205.56	238.19	242.33	308.88	157.06	233.25
243.86	—	—	237.18	—	229.55	220.41
—	—	262.71	265.38	—	—	240.73
255.18	190.10	230.86	187.15	244.71	243.80	248.26
—	—	—	—	—	181.26	197.91
179.42	180.09	183.73	146.39	—	184.41	170.62
234.03	—	171.81	175.96	—	162.01	186.25
186.47	165.68	172.28	176.05	202.09	153.50	196.09
137.87	—	—	—	—	—	—
175.56	143.96	148.20	192.59	179.48	139.43	103.57
300.99	108.41	246.49	168.80	97.55	156.80	210.68
186.92	218.41	203.80	—	—	—	—
136.87	281.96	—	—	—	—	—
112.71	221.68	198.93	173.05	—	—	—

1-13 2018年入境过夜游客在各城市

	人均天花费	观光游览	休闲度假	探亲访友	商 务
北　　京	286.38	226.00	278.18	318.42	365.04
天　　津	250.34	248.89	271.82	256.72	232.33
石 家 庄	211.92	225.90	210.89	208.54	195.41
唐　　山	184.59	192.39	218.59	169.96	211.93
秦 皇 岛	173.67	153.47	203.47	151.67	165.57
保　　定	164.47	160.67	171.74	—	142.49
承　　德	155.44	161.41	148.68	150.58	206.34
太　　原	211.97	199.63	247.44	194.88	290.29
大　　同	175.90	163.47	211.67	210.99	176.98
晋　　城	206.05	271.51	212.61	193.28	205.28
晋　　中	194.62	200.51	185.92	58.47	—
呼 和 浩 特	215.40	155.50	223.78	271.85	278.42
包　　头	189.41	183.41	186.98	202.99	194.95
二 连 浩 特	206.69	147.09	198.31	—	221.49
赤　　峰	170.59	158.79	169.77	164.38	179.22
沈　　阳	245.02	185.13	192.26	272.80	258.96
大　　连	272.90	266.23	296.17	270.38	279.71
鞍　　山	177.87	126.89	141.42	156.09	224.16
抚　　顺	255.45	244.04	277.77	206.73	238.07
本　　溪	167.57	169.24	149.59	187.92	160.85
丹　　东	157.63	198.74	140.23	181.28	90.90
锦　　州	116.85	171.77	173.51	89.32	90.84
营　　口	143.64	142.11	148.34	136.79	124.86
盘　　锦	221.03	219.02	191.64	254.12	—
葫 芦 岛	228.29	245.85	217.34	186.72	205.03
长　　春	219.62	227.16	221.87	190.71	224.95
吉　　林	195.98	189.86	209.93	193.61	186.73
通　　化	196.24	216.44	197.12	193.81	176.25
白　　山	126.96	149.71	114.92	114.08	118.28
延　　吉	194.70	196.33	195.01	189.44	200.11
哈 尔 滨	249.21	269.76	237.11	214.32	215.65
齐 齐 哈 尔	199.03	199.22	195.35	—	—
大　　庆	177.37	177.46	183.65	82.50	180.98
佳 木 斯	201.89	193.32	202.14	—	—
牡 丹 江	172.10	178.41	103.10	207.14	199.22

人均天花费（按旅游目的分组）

单位：美元/人天

会 议	宗 教 朝 拜	文化/体育/ 科技交流	购 物	医 疗 保 健	其 他
317.72	326.06	247.59	312.50	195.49	276.95
226.93	123.32	264.02	285.05	193.33	178.63
209.47	220.67	207.14	230.94	232.06	184.01
146.06	—	107.34	112.33	—	163.09
155.24	—	147.17	155.30	—	121.29
217.34					
190.86	158.62	156.57			130.66
302.63	—	161.51		—	236.55
309.30	154.53	106.99		—	141.94
188.16	261.16	174.94		171.98	—
—	365.27	181.41		147.70	84.23
317.00	233.87	315.35		—	287.17
182.31	—	214.53		—	—
253.79	—	—	222.46	64.78	237.19
193.66	176.05	177.11	178.52	175.19	155.22
194.57	—	253.41	186.44	—	—
267.75	—	245.92	205.76	323.51	264.60
190.09	79.88	218.65	180.35	—	187.22
—		185.39	426.59	—	256.20
—	—	—	—	—	—
186.29	—	142.06	128.28	56.57	—
116.92	—	106.68	—	—	114.71
167.85	—	146.28	—	—	—
—	—	—	413.69	—	—
162.01	—	202.84	402.86	—	162.01
198.60	—	210.98	—	—	198.67
190.85	—	181.95	—	195.87	205.56
186.22	214.91	182.22	160.97	192.56	213.96
102.04	—	109.50	145.69	132.70	117.71
180.93	196.98	—	—	215.52	188.02
254.37	—	263.33	303.15	—	—
—	—	—	—	—	—
235.26	—	169.69	—	152.49	135.05
—					209.05
234.16	185.16	242.52	157.65		168.66

	人均天花费	观光游览	休闲度假	探亲访友	商 务
上 海	266.63	292.60	328.93	254.63	223.25
南 京	282.71	269.18	312.64	278.54	277.24
无 锡	259.20	269.64	257.55	278.10	252.25
苏 州	285.60	285.61	418.36	186.95	238.70
南 通	208.43	208.21	215.82	217.12	199.36
扬 州	257.48	254.71	247.60	289.69	208.45
杭 州	289.84	269.77	303.12	255.37	338.44
宁 波	224.20	266.24	206.49	224.67	175.29
温 州	191.18	182.41	223.95	163.77	194.14
绍 兴	231.80	240.87	305.55	156.38	192.00
金 华	206.82	200.83	207.41	188.24	204.97
衢 州	85.03	87.16	89.29	63.30	82.94
合 肥	242.30	241.34	228.89	184.76	255.52
芜 湖	200.45	143.88	183.88	155.65	207.19
马 鞍 山	278.09	277.05	294.86	240.31	294.97
铜 陵	184.20	173.79	196.59	190.63	187.01
安 庆	201.45	185.55	202.79	243.50	202.48
黄 山	236.51	244.86	239.53	203.17	203.64
滁 州	195.21	220.74	224.99	200.43	177.76
亳 州	196.12	190.60	154.30	203.81	290.74
池 州	182.52	184.93	160.09	—	180.37
宣 城	173.90	193.92	183.81	125.47	133.60
福 州	201.67	199.05	142.52	224.50	228.83
厦 门	277.67	212.17	316.23	287.51	304.96
泉 州	203.37	192.88	225.55	213.41	251.74
漳 州	203.42	138.06	337.15	170.46	123.22
武 夷 山	165.02	185.46	144.53	170.35	96.65
南 昌	209.49	251.16	213.72	171.61	168.22
景 德 镇	215.79	268.33	244.10	146.04	176.43
九 江	200.56	213.36	168.10	115.15	129.37
鹰 潭	189.52	209.74	189.64	136.42	160.91
赣 州	174.11	178.70	193.96	172.42	145.32
吉 安	165.51	174.59	174.13	114.26	188.34
济 南	214.07	204.59	221.32	191.52	210.70
青 岛	280.91	261.12	271.89	259.25	286.77
烟 台	244.84	244.04	233.54	184.54	246.69
曲 阜	172.34	179.29	189.13	141.37	176.17
泰 安	207.57	208.63	208.47	166.78	213.46
威 海	219.03	206.37	212.39	223.08	215.24

単位：美元/人天

会 议	宗 教 朝 拜	文化/体育/ 科技交流	购 物	医 疗 保 健	其 他
245.10	229.66	267.53	419.47	425.70	255.35
254.40	255.50	240.40	257.63	410.06	279.73
252.87	—	223.44	360.05	—	223.51
230.54	165.78	245.26	223.01	243.03	105.85
211.89	197.56	207.82	212.27	195.38	—
262.11	—	281.28	—	—	256.99
340.83	164.99	128.79	179.09	239.64	205.89
242.52	275.21	105.05	356.47	161.89	198.98
207.59	—	177.52	—	105.61	222.87
318.32	—	153.47	—	—	—
271.04	208.01	247.67	—	221.89	171.39
—	—	75.26	—	—	—
289.40	—	226.36	95.79	—	278.11
248.90	—	116.91	262.11	—	183.50
270.17	263.11	239.04	229.58	—	286.04
161.26	172.58	198.59	—	182.85	202.10
223.73	213.09	223.67	165.10	190.51	195.86
—	187.82	200.67	271.72	191.27	207.73
151.23	—	152.49	—	—	163.68
—	—	194.79	334.06	—	151.89
124.81	191.05	228.27	—	—	188.74
—	132.68	117.31	—	—	132.79
220.83	184.30	205.79	—	—	237.68
299.74	205.68	196.52	203.95	371.00	315.71
167.44	102.92	173.67	190.13	—	169.91
117.96	—	—	—	—	166.20
—	—	—	—	—	—
188.26	225.81	203.10	264.29	154.97	176.90
195.40	177.02	—	206.97	—	101.63
140.33	148.23	104.68	—	—	122.13
196.03	150.87	143.91	248.85	—	153.40
188.20	—	149.52	—	—	120.47
133.22	102.93	188.96	67.34	—	133.25
248.44	216.93	221.49	286.63	157.28	201.85
303.21	—	301.14	—	283.25	354.78
285.23	331.31	259.29	278.80	236.98	306.55
175.68	135.92	162.25	142.51	179.88	169.81
265.79	—	183.62	—	—	180.44
228.98	231.95	208.21	256.53	176.10	226.32

1–13(续 2)

	人均天花费	观光游览	休闲度假	探亲访友	商 务
郑 州	177.59	180.19	168.76	186.17	203.40
开 封	210.41	212.83	199.02	142.52	243.28
洛 阳	156.27	148.97	149.18	170.58	127.56
三 门 峡	200.57	205.04	202.64	—	200.00
武 汉	224.72	213.60	206.20	184.92	256.26
十 堰	185.46	210.62	188.58	151.57	295.09
宜 昌	260.20	263.71	267.47	250.67	248.33
襄 阳	248.04	197.39	209.45	273.12	225.26
荆 州	179.61	183.11	181.88	—	143.80
湖北游船	173.20	160.63	167.27	134.60	181.41
长 沙	186.25	183.18	171.63	158.91	288.39
湘 潭	190.53	186.24	229.70	190.71	150.14
衡 阳	197.16	208.80	213.28	188.29	194.52
岳 阳	179.27	186.74	144.19	174.18	169.23
张 家 界	212.65	219.06	155.08	197.96	234.54
广 州	205.85	208.97	191.90	183.04	219.55
深 圳	217.61	232.70	185.00	207.80	238.07
珠 海	191.67	198.30	201.04	165.60	189.27
汕 头	211.70	234.43	159.08	193.85	251.71
江 门	166.89	154.00	183.68	186.03	157.01
湛 江	156.26	130.40	126.01	202.75	214.18
惠 州	136.00	139.22	124.92	119.14	147.67
东 莞	125.51	139.58	126.29	107.03	132.65
中 山	148.41	149.49	135.28	132.92	185.90
南 宁	196.41	187.15	186.22	184.10	247.84
桂 林	245.13	255.98	254.69	157.62	161.15
梧 州	248.17	256.19	242.17	244.95	226.24
北 海	251.45	251.17	264.75	249.27	124.42
防 城 港	168.53	173.42	165.34	—	157.63
贺 州	226.34	236.24	223.43	287.68	103.55
崇 左	165.92	174.08	162.60	164.61	155.87

单位：美元/人天

会　议	宗　教 朝　拜	文化/体育/ 科技交流	购　物	医　疗 保　健	其　他
184.49	146.46	128.61	190.18	184.00	160.19
218.72	229.91	129.24	343.13	—	—
132.69	104.10	131.30	1,123.69	—	137.32
—	187.73	—	—	—	198.75
263.34	253.93	256.64	197.26	—	232.15
241.06	157.66	147.87	—	—	—
219.00	—	298.93	—	—	178.09
265.37	—	270.77	—	—	294.33
43.49	—	—	—	—	—
228.75	142.58	188.93	—	—	—
165.27	—	157.85	225.37	—	224.59
187.81	—	179.60	402.75	—	224.01
169.40	169.60	191.27	—	—	178.30
198.32	—	115.39	—	—	230.81
—	—	—	—	—	—
217.06	131.82	192.63	230.26	—	199.39
215.89	136.19	223.09	398.31	354.99	169.43
151.26	136.23	156.75	157.99	205.38	197.90
309.25	—	202.06	193.19	—	136.19
148.58	—	223.80	255.79	121.43	153.87
232.38	202.66	170.97	—	168.78	130.04
155.23	128.67	106.54	174.94	106.56	130.04
120.48	—	112.12	106.34	118.86	128.73
171.27	141.17	211.00	—	—	—
282.91	—	182.93	—	349.16	256.60
222.09	—	229.96	—	—	251.09
198.88	207.43	257.82	216.13	156.01	238.67
214.44	202.63	—	—	—	145.28
223.21	—	198.41	174.11	—	153.77
114.54	—	112.91	—	—	157.15
153.64	—	—	187.01	—	146.87

1-13(续3)

	人均天花费	观光游览	休闲度假	探亲访友	商　务
海　口	207.51	208.44	176.89	229.16	299.71
三　亚	223.95	232.74	205.71	169.30	367.42
琼　海	117.88	107.18	136.04	111.75	111.29
澄　迈	113.16	113.22	113.15	123.83	119.30
保　亭	117.29	116.11	111.33	204.90	160.64
重　庆	216.96	216.37	231.79	173.38	—
重庆游船	209.48	207.69	243.59	—	—
成　都	219.77	193.42	228.48	221.82	295.80
绵　阳	148.08	130.89	121.54	148.91	164.16
乐山（峨眉山）	191.74	192.93	187.30	190.43	207.61
阿坝州	189.61	196.44	176.38	190.47	213.24
贵　阳	219.51	196.22	238.19	179.31	206.73
安　顺	212.94	182.43	235.60	202.89	169.60
黔东南	206.92	163.94	250.40	212.23	148.71
昆　明	256.33	232.93	252.23	200.15	336.32
景　洪	218.58	217.60	266.95	122.05	158.92
大　理	198.80	185.19	176.16	187.19	259.19
拉　萨	222.52	223.52	229.98	112.57	162.63
日喀则	236.88	237.86	237.28	229.55	241.03
林　芝	252.55	252.55	—	—	—
西　安	225.87	227.18	212.59	240.76	316.87
咸　阳	178.34	214.96	96.48	239.12	—
兰　州	175.90	174.44	171.65	225.42	173.57
敦　煌	186.16	178.54	178.11	—	237.32
西　宁	171.99	184.06	148.80	106.88	105.15
黄南州	127.01	127.01	—	—	—
海西州	172.89	165.90	144.72	277.08	134.04
银　川	200.15	191.17	167.13	253.30	214.83
乌鲁木齐	222.80	234.32	210.10	115.52	267.85
博尔塔拉	214.82	252.55	203.51	—	—
伊　宁	171.88	216.80	154.47	96.03	109.68

会　议	宗　教朝　拜	文化/体育/科技交流	购　物	医　疗保　健	其　他
294.81	248.48	149.95	224.64	158.90	173.20
447.49	—	382.67	141.73	134.53	211.75
—	—	56.68	132.90	127.04	62.61
—	—	128.98	85.40	99.18	120.41
—	—	—	148.27	119.62	118.20
—	192.61	250.58	—	—	140.27
—	—	—	—	—	—
268.45	174.55	335.59	355.78	253.13	207.47
143.29	101.31	151.18	—	—	—
142.67	175.15	209.63	130.30	169.74	243.42
126.65	138.85	134.02	411.53	—	136.42
176.92	255.22	230.59	167.75	295.88	244.12
181.40	303.69	286.92	260.71	197.69	203.14
151.02	219.89	183.71	188.93	182.37	215.67
338.14	219.16	257.33	281.78	332.35	450.99
301.21	—	146.26	—	176.64	325.03
258.57	—	184.39	—	225.06	—
163.96	214.47	247.67	—	—	289.25
—	—	—	—	—	225.54
—	—	—	—	—	—
176.84	—	235.36	187.06	—	237.61
—	—	117.34	—	—	—
190.86	162.20	157.12	—	234.19	168.13
220.05	—	193.00	—	—	—
121.46	120.93	252.22	37.12	241.60	160.27
—	—	—	—	—	—
161.40	156.12	168.19	—	—	—
202.09	525.22	202.90	—	—	177.33
—	—	—	167.39	—	—
—	—	—	159.85	—	—
—	—	—	135.63	—	—

1-14 2018 年入境过夜游客在各城市人均天花费
（按性别、年龄分组）

单位：美元/人天

	人均天花费	男性	女性	14 岁及以下	15~24 岁	25~44 岁	45~64 岁	65 岁及以上
北　　京	286.38	295.77	274.49	202.88	227.12	286.41	307.28	262.88
天　　津	250.34	251.83	248.61	—	267.61	262.09	236.30	220.45
石 家 庄	211.92	214.29	208.45	—	207.45	206.88	220.79	225.25
唐　　山	184.59	182.17	188.87	—	189.21	176.69	191.81	213.17
秦 皇 岛	173.67	165.54	181.26	155.45	150.95	168.36	182.26	225.51
保　　定	164.47	163.00	166.67	—	156.08	159.63	173.17	149.87
承　　德	155.44	158.56	152.32		163.81	157.00	150.01	115.92
太　　原	211.97	222.15	201.39	118.68	154.13	269.18	242.41	187.36
大　　同	175.90	169.01	181.30	141.94	111.33	213.17	171.73	161.57
晋　　城	206.05	185.86	229.75	—	213.28	200.36	179.62	208.39
晋　　中	194.62	205.64	183.70	157.92	148.88	159.10	223.89	268.07
呼和浩特	215.40	202.11	224.22	110.61	197.64	200.63	225.96	319.05
包　　头	189.41	186.61	193.48	—	127.60	190.74	193.64	139.18
二连浩特	206.69	230.38	189.47	—	172.09	231.96	188.53	—
赤　　峰	170.59	178.99	165.22	139.30	165.62	173.78	174.82	171.29
沈　　阳	245.02	272.16	204.82	—	181.65	261.14	206.46	144.93
大　　连	272.90	262.48	285.87	224.66	233.08	278.71	276.21	257.78
鞍　　山	177.87	182.97	166.14	—	193.61	154.95	195.96	85.50
抚　　顺	255.45	244.12	277.12	—	229.56	273.18	262.87	220.74
本　　溪	167.57	164.26	173.53	—	196.65	177.21	156.89	112.82
丹　　东	157.63	158.11	157.02	—	104.58	155.06	161.77	160.70
锦　　州	116.85	107.63	136.20	—	78.32	112.07	121.96	121.22
营　　口	143.64	146.83	142.28	—	148.08	138.72	141.89	158.46
盘　　锦	221.03	227.23	211.73	—	186.62	228.18	219.62	204.16
葫 芦 岛	228.29	222.23	232.76	180.46	201.25	240.21	215.40	216.32

单位：美元/人天

	人均天花费	男 性	女 性	14 岁及以下	15~24 岁	25~44 岁	45~64 岁	65 岁及以上
长 春	219.62	221.00	215.04	239.31	199.55	223.91	215.70	199.51
吉 林	195.98	202.66	178.82	173.56	182.31	191.94	203.25	209.56
通 化	196.24	196.96	194.90	167.98	171.22	195.13	206.71	184.68
白 山	126.96	129.04	122.73	132.80	130.85	130.25	120.05	129.43
延 吉	194.70	195.75	191.72	201.64	184.91	193.42	197.96	196.47
哈 尔 滨	249.21	250.84	246.89	—	273.37	248.12	242.89	262.01
齐 齐 哈 尔	199.03	208.72	194.03	222.37	250.07	203.43	190.87	210.94
大 庆	177.37	175.66	179.84	160.66	151.91	177.82	177.25	209.17
佳 木 斯	201.89	201.38	202.12	92.12	236.17	197.94	195.59	212.67
牡 丹 江	172.10	161.09	183.55	201.48	198.30	160.86	111.00	128.76
上 海	266.63	259.41	278.65	95.76	281.88	266.42	266.74	250.22
南 京	282.71	282.13	283.40	230.26	236.62	285.86	287.54	284.15
无 锡	259.20	249.31	274.39	—	254.78	266.86	251.70	255.81
苏 州	285.60	293.39	269.06	336.38	222.82	247.77	369.29	242.85
南 通	208.43	207.66	209.74	130.31	194.50	208.38	212.20	211.14
扬 州	257.48	259.72	256.06	202.13	245.37	248.18	284.79	253.39
杭 州	289.84	295.13	283.78	—	240.56	294.75	291.62	249.91
宁 波	224.20	226.72	220.57	—	255.16	208.37	223.99	281.46
温 州	191.18	185.48	202.40	—	164.95	188.86	221.96	168.95
绍 兴	231.80	242.09	215.69	310.71	221.10	196.70	281.96	287.25
金 华	206.82	206.65	207.08	99.85	191.69	209.60	203.79	227.84
衢 州	85.03	86.56	81.37	—	66.03	87.45	82.97	78.63
合 肥	242.30	244.12	240.68	—	227.84	257.54	194.46	264.66
芜 湖	200.45	206.46	182.67	164.25	145.19	182.86	244.43	132.74
马 鞍 山	278.09	291.35	256.43	232.19	257.66	268.52	316.58	233.77
铜 陵	184.20	189.43	178.05	—	193.99	181.70	184.47	202.92
安 庆	201.45	198.66	205.16	213.76	183.87	201.30	203.93	255.04
黄 山	236.51	233.47	241.00	—	217.29	236.69	232.98	246.00
滁 州	195.21	186.46	218.49	—	189.70	197.03	192.52	197.86
亳 州	196.12	196.57	195.27	—	174.31	198.35	196.57	190.60
池 州	182.52	177.07	190.74	87.29	197.30	175.64	198.60	173.75
宣 城	173.90	157.23	194.03	—	170.98	175.44	167.03	207.82

单位：美元/人天

	人均天花费	男　性	女　性	14岁及以下	15~24岁	25~44岁	45~64岁	65岁及以上
福　　州	201.67	214.90	188.10	148.32	147.48	175.59	237.62	197.16
厦　　门	277.67	296.19	257.26	151.06	227.63	289.90	290.00	264.91
泉　　州	203.37	227.62	176.96	—	178.64	226.20	190.36	168.68
漳　　州	203.42	209.13	199.05	230.02	232.55	196.17	215.44	162.14
武 夷 山	165.02	171.22	157.40	—	110.51	160.82	182.19	142.87
南　　昌	209.49	199.83	224.87	—	158.17	197.54	231.41	237.66
景 德 镇	215.79	222.28	204.72	—	180.01	213.65	204.53	256.34
九　　江	200.56	184.11	217.97	—	103.75	203.77	200.49	201.32
鹰　　潭	189.52	188.49	191.46	207.70	184.16	198.33	174.81	203.47
赣　　州	174.11	179.29	167.76	—	143.04	177.03	176.35	202.17
吉　　安	165.51	163.35	167.99	—	145.78	167.39	162.26	160.41
济　　南	214.07	213.95	214.20	—	221.66	220.46	205.97	205.49
青　　岛	280.91	277.67	285.98	—	235.15	289.83	293.01	222.20
烟　　台	244.84	244.88	244.77	—	235.30	243.93	256.36	198.22
曲　　阜	172.34	173.95	170.59	—	183.58	160.86	187.11	163.51
泰　　安	207.57	209.82	205.68	205.97	193.64	222.87	199.70	202.13
威　　海	219.03	216.72	222.28	—	214.52	228.25	218.80	198.53
郑　　州	177.59	176.98	178.19	180.11	181.84	177.75	173.94	184.93
开　　封	210.41	224.46	197.41	190.15	199.61	213.74	209.98	194.78
洛　　阳	156.27	147.24	165.93	129.01	158.81	155.62	158.20	125.80
三 门 峡	200.57	193.01	213.91	201.27	205.90	192.94	199.15	217.06
武　　汉	224.72	232.41	216.56	—	195.04	237.50	213.92	239.23
十　　堰	185.46	184.26	186.81	153.13	141.78	168.57	204.30	219.56
宜　　昌	260.20	258.08	262.19	132.00	251.93	273.75	250.01	187.45
襄　　阳	248.04	239.76	265.51	—	103.00	250.61	251.86	248.10
荆　　州	179.61	176.66	183.40	168.04	197.59	174.53	177.28	187.04
湖北游船	173.20	183.49	165.07	167.10	169.67	176.53	173.82	155.86

单位：美元/人天

	人均天花费	男 性	女 性	14岁及以下	15~24岁	25~44岁	45~64岁	65岁及以上
长　沙	186.25	182.30	189.78	145.24	174.49	191.85	193.96	164.53
湘　潭	190.53	182.25	199.92	—	179.57	199.75	183.16	165.36
衡　阳	197.16	198.94	193.98	204.70	188.76	208.95	183.27	149.90
岳　阳	179.27	171.70	189.67	117.45	128.53	178.64	213.86	167.97
张 家 界	212.65	209.26	215.84	172.43	156.67	188.29	257.07	214.17
广　州	205.85	210.15	197.79	94.25	194.38	213.24	201.33	195.08
深　圳	217.61	224.34	206.10	204.32	193.33	221.58	222.65	153.50
珠　海	191.67	191.64	191.69	145.95	169.13	206.98	179.50	217.88
汕　头	211.70	214.49	205.56	237.23	183.18	221.55	215.02	123.02
江　门	166.89	169.62	161.69	132.05	159.73	151.82	176.08	190.95
湛　江	156.26	162.82	148.22	—	171.57	141.22	162.49	149.26
惠　州	136.00	134.53	137.69	183.99	130.18	136.98	133.68	149.14
东　莞	125.51	124.94	126.30	114.38	114.59	127.52	127.18	99.40
中　山	148.41	155.04	136.91	120.65	145.13	137.49	167.36	185.60
南　宁	196.41	186.98	202.53	—	150.84	203.44	196.26	180.02
桂　林	245.13	244.65	245.79	243.37	246.03	238.83	245.79	253.44
梧　州	248.17	258.74	238.42	225.57	262.17	235.81	259.21	202.50
北　海	251.45	251.94	250.80	—	267.76	245.96	248.72	262.86
防 城 港	168.53	170.61	166.44	—	133.93	168.74	175.45	188.09
贺　州	226.34	221.17	233.21	—	197.00	223.41	229.85	255.76
崇　左	165.92	164.50	169.41	—	171.97	160.36	167.03	173.67
海　口	207.51	271.10	171.65	208.20	192.88	203.80	199.92	222.97
三　亚	223.95	270.54	187.41	—	198.76	220.43	236.97	213.56
琼　海	117.88	93.34	132.99	—	173.90	116.27	104.61	116.74
澄　迈	113.16	112.36	113.48	—	119.29	118.95	107.33	95.35
保　亭	117.29	100.96	122.26	—	133.93	127.28	102.51	111.91
重　庆	216.96	209.88	225.30	174.46	239.75	241.90	193.61	252.00
重庆游船	209.48	211.91	205.98	152.78	—	191.98	204.86	215.10

	人均天花费	男 性	女 性	14岁及以下	15~24岁	25~44岁	45~64岁	65岁及以上
成 都	219.77	217.77	221.48	152.73	241.59	243.86	216.33	148.80
绵 阳	148.08	148.01	148.60	—	161.21	165.76	139.78	127.44
乐山(峨眉山)	191.74	189.81	194.35	154.77	166.61	192.08	193.52	197.00
阿 坝 州	189.61	187.97	191.12	134.64	201.48	185.59	193.02	187.38
贵 阳	219.51	210.96	229.26	—	262.24	208.23	212.56	207.01
安 顺	212.94	204.54	221.40	—	214.81	191.26	178.68	171.85
黔 东 南	206.92	218.77	193.78	165.36	264.18	201.19	206.78	197.19
昆 明	256.33	262.13	249.35	182.88	274.15	277.40	232.04	201.05
景 洪	218.58	199.07	239.55	113.75	175.38	221.46	267.16	162.34
大 理	198.80	209.93	188.83	233.00	236.80	193.15	190.43	169.05
拉 萨	222.52	221.39	223.58	—	220.02	216.38	220.80	234.32
日 喀 则	236.88	241.95	232.89	229.55	—	231.76	244.51	245.81
林 芝	252.55	252.71	252.39	—	—	237.23	269.47	264.44
西 安	225.87	231.31	221.75	198.96	248.43	222.99	209.03	217.62
咸 阳	178.34	180.45	174.59	—	183.99	166.29	147.10	—
兰 州	175.90	177.34	174.12	188.92	191.65	172.75	179.18	163.90
敦 煌	186.16	190.95	180.37	—	163.43	190.39	190.09	168.34
西 宁	171.99	180.59	161.04	143.58	158.44	168.48	178.41	175.55
黄 南 州	127.01	127.01	—	—	—	137.87	121.58	—
海 西 州	172.89	146.51	191.33	225.66	169.78	188.70	163.30	150.53
银 川	200.15	202.33	197.24	143.11	155.41	205.55	208.52	244.58
乌鲁木齐	222.80	240.67	205.07	132.75	—	258.66	177.05	105.00
博尔塔拉	214.82	257.93	169.74	—	—	243.27	183.73	—
伊 宁	171.88	197.47	147.11	188.92	115.66	224.85	114.41	15.61

1-15 2018 年入境一日游游客人均花费构成
(按外国人、港澳台胞、团体及散客分组)

		人均花费（美元/人）	花费构成（%）						
			餐饮	景区游览	娱乐	购物	交通	邮电通信	其他
全国	合计	**80.79**	**19.0**	**4.5**	**7.0**	**51.5**	**3.7**	**1.0**	**13.3**
	团体	96.80	3.8	2.1	0.7	68.4	1.8	0.7	22.4
	散客	75.43	23.6	5.2	9.0	46.3	4.2	1.2	10.5
外国人	小计	88.84	17.1	3.4	4.2	54.5	2.7	0.9	17.1
	团体	99.44	3.3	1.9	0.0	71.1	1.5	0.6	21.6
	散客	84.59	23.6	4.1	6.2	46.7	3.3	1.0	15.0
香港同胞	小计	55.80	24.8	6.4	13.3	42.7	5.8	1.4	5.6
	团体	71.32	4.8	2.4	0.0	45.4	0.8	1.9	44.6
	散客	55.23	25.8	6.6	14.0	42.6	6.0	1.4	3.6
澳门同胞	小计	67.78	17.8	5.8	11.1	57.6	3.7	0.8	3.0
	团体	59.09	12.8	0.9	9.4	52.0	12.4	2.0	10.6
	散客	67.97	17.9	5.9	11.2	57.7	3.7	0.8	2.9
台湾同胞	小计	68.20	24.3	8.7	14.2	35.5	7.5	2.2	7.6
	团体	115.30	14.9	7.7	16.7	26.5	10.9	1.7	21.5
	散客	61.75	25.9	8.9	13.7	37.1	6.9	2.3	5.2

1-16 2018年入境过夜游客人均天花费构成

		人均天花费 （美元/人天）	人均天花费构成（%）				
			长途交通	飞 机	火 车	汽 车	轮 船
全 国	合计	**232.22**	**32.0**	**29.1**	**1.2**	**1.2**	**0.5**
	团体	268.94	12.4	6.8	1.7	3.3	0.5
	散客	219.99	39.9	38.2	1.0	0.3	0.5
外 国 人	小计	268.59	34.4	31.6	1.2	1.2	0.3
	团体	291.22	12.7	7.0	1.7	3.3	0.6
	散客	259.51	44.1	42.7	0.9	0.3	0.2
香港同胞	小计	135.26	23.3	20.1	1.3	0.9	0.9
	团体	147.65	8.7	4.0	0.7	3.7	0.2
	散客	133.93	25.0	22.0	1.4	0.6	1.0
澳门同胞	小计	152.31	19.3	17.1	1.1	0.7	0.3
	团体	161.53	10.3	5.6	3.4	1.0	0.4
	散客	150.34	21.3	19.8	0.6	0.7	0.3
台湾同胞	小计	192.84	26.0	21.7	1.1	1.7	1.5
	团体	230.42	12.2	6.6	1.4	4.1	0.1
	散客	177.34	33.3	29.8	0.9	0.4	2.2

（按外国人、港澳台胞、团体及散客分组）

住 宿	餐 饮	景 区 游 览	娱 乐	购 物	市 内 交 通	邮 电 通 信	其 他
15.8	**10.5**	**4.8**	**3.1**	**21.8**	**2.1**	**1.0**	**9.0**
14.1	7.2	6.7	1.7	32.4	2.5	1.9	21.0
16.5	11.9	4.0	3.7	17.5	1.9	0.6	4.1
15.4	9.5	4.4	2.4	21.5	1.8	1.0	9.6
13.9	6.7	6.5	1.7	33.4	2.4	2.0	20.8
16.1	10.8	3.4	2.8	16.1	1.6	0.6	4.5
18.0	15.6	5.6	6.6	22.4	3.1	1.0	4.4
17.5	8.3	5.0	1.3	32.4	2.0	1.6	23.2
18.1	16.4	5.7	7.2	21.2	3.2	0.9	2.2
15.5	13.1	7.0	6.7	27.3	3.1	1.0	7.1
12.0	6.6	6.4	0.9	33.5	3.3	1.6	25.3
16.3	14.5	7.1	8.1	25.8	3.1	0.9	2.8
17.1	12.9	6.2	3.5	21.1	2.5	1.0	9.7
15.7	11.7	8.7	2.9	23.6	3.1	1.2	20.8
17.9	13.5	4.8	3.9	19.7	2.2	0.9	3.8

	人均天花费（美元/人天）	人均天花费构成（%）				
		长途交通	飞　机	火　车	汽　车	轮　船
日　　本	263.68	33.2	30.1	1.2	1.6	0.2
菲　律　宾	246.97	33.3	31.5	1.0	0.4	0.5
泰　　国	261.79	28.3	26.3	1.0	0.7	0.3
新　加　波	235.58	29.4	27.2	1.1	0.7	0.3
印度尼西亚	273.91	33.0	31.6	0.9	0.4	0.1
马　来　西亚	234.42	27.3	24.8	1.3	0.8	0.4
韩　　国	215.68	28.2	25.3	1.0	1.3	0.5
朝　　鲜	251.93	24.8	20.2	3.0	1.1	0.5
蒙　　古	166.78	13.1	8.2	3.2	1.6	0.2
印　　度	231.10	33.1	31.0	1.3	0.7	0.2
越　　南	258.23	32.7	31.3	0.8	0.4	0.2
缅　　甸	284.36	33.4	31.8	0.8	0.7	0.2
哈萨克斯坦	246.35	33.1	30.4	1.8	0.8	0.2
英　　国	309.65	29.8	25.6	1.4	2.7	0.2
法　　国	336.42	34.9	31.2	0.9	2.5	0.3
德　　国	319.00	48.1	46.0	1.1	0.5	0.5
西　班　牙	316.57	40.7	38.7	1.2	0.6	0.2
意　大　利	312.55	45.2	42.3	1.6	0.6	0.7
荷　　兰	322.92	40.4	38.2	1.4	0.5	0.4
瑞　　典	325.99	42.8	41.3	0.9	0.4	0.2
俄　罗　斯	207.72	24.5	21.2	1.0	1.9	0.4
瑞　　士	343.90	49.7	48.3	0.9	0.2	0.3
乌　克　兰	281.70	48.2	46.0	1.4	0.6	0.3
美　　国	323.09	45.6	43.8	1.0	0.5	0.3
加　拿　大	349.08	43.9	41.4	1.6	0.5	0.4
澳　大　利亚	266.02	38.0	35.2	1.5	0.8	0.5
新　西　兰	268.74	37.4	34.8	1.4	0.7	0.6
非　洲　国家	229.84	48.2	44.9	2.0	1.1	0.2
中南美洲国家	326.41	53.6	52.5	0.7	0.3	0.0
其　他　国家	258.21	41.8	39.9	1.3	0.3	0.3

人均天花费构成（按国别分组）

住 宿	餐 饮	景 区游 览	娱 乐	购 物	市 内交 通	邮 电通 信	其 他
15.1	10.4	5.0	3.1	20.0	1.8	1.0	10.4
17.4	10.4	4.9	3.1	20.1	3.1	0.8	6.9
16.0	8.6	5.2	2.6	20.9	2.1	0.7	15.5
16.7	10.6	4.4	3.3	21.8	2.1	0.8	10.8
17.5	8.8	4.5	3.2	22.6	1.5	0.6	8.3
17.2	10.1	4.9	3.2	24.7	2.3	0.8	9.4
17.3	11.7	5.0	2.5	22.6	2.0	2.4	8.4
14.5	8.0	5.9	5.9	21.0	2.6	0.5	16.8
9.7	6.6	3.1	2.3	50.5	1.6	0.2	12.7
21.1	12.6	3.5	2.4	15.9	2.3	0.9	8.1
15.2	9.4	3.9	2.0	24.1	2.0	0.8	9.9
17.8	11.7	4.5	3.5	16.4	2.1	1.1	9.5
19.4	9.6	6.1	3.5	13.4	1.9	0.5	12.5
13.3	8.9	5.0	2.2	23.1	1.3	0.8	15.6
13.1	8.3	5.4	2.5	22.9	1.3	0.7	10.8
16.6	9.3	2.8	2.3	11.7	1.9	0.4	6.8
16.2	8.7	5.7	2.6	14.8	2.3	1.0	8.1
16.9	8.4	3.1	1.8	13.0	2.3	0.7	8.6
15.7	9.6	3.9	2.0	17.4	1.7	0.6	8.6
16.4	9.0	4.0	1.6	16.4	1.6	0.4	7.9
10.5	7.3	3.5	1.9	40.6	1.1	1.0	9.5
13.9	7.4	3.4	2.0	14.2	1.5	0.4	7.6
15.5	7.5	3.3	1.0	11.0	1.2	0.4	11.9
15.3	8.2	3.5	2.0	15.2	1.9	0.5	7.7
15.4	8.9	3.9	1.9	16.8	2.0	0.5	6.6
18.3	9.9	3.9	2.4	15.4	2.4	0.5	9.1
17.3	9.1	4.7	1.8	17.1	2.4	0.5	9.7
14.3	9.2	3.1	1.5	12.9	2.5	0.6	7.7
14.9	9.7	2.1	0.7	11.3	1.0	0.2	6.6
18.9	10.9	3.2	1.6	16.8	1.8	1.0	4.2

1-18 2018 年入境过夜游客在各省

		人均天花费（美元/人天）	人均天花费构成（%）				
			长途交通	飞 机	火 车	汽 车	轮 船
北 京	小计	286.38	28.5	27.3	0.6	0.4	0.2
	团体	231.56	5.3	2.7	1.3	0.8	0.4
	散客	329.75	41.4	40.9	0.3	0.2	0.1
天 津	小计	250.34	38.5	35.1	1.3	1.9	0.2
	团体	232.21	20.2	15.7	0.0	4.4	0.0
	散客	260.60	47.8	44.9	1.9	0.6	0.3
河 北	小计	180.51	20.9	16.6	1.8	2.3	0.3
	团体	178.72	4.9	0.0	0.4	4.5	0.0
	散客	181.80	32.3	28.3	2.8	0.8	0.4
山 西	小计	197.11	23.4	13.1	3.2	7.1	0.0
	团体	204.92	20.1	8.3	2.3	9.6	0.0
	散客	179.63	31.7	25.4	5.4	0.9	0.0
内 蒙 古	小计	200.07	20.3	18.1	1.4	0.7	0.1
	团体	151.44	1.6	0.9	0.0	0.7	0.0
	散客	248.52	31.6	28.5	2.2	0.7	0.1
辽 宁	小计	197.42	26.2	22.8	2.6	0.5	0.3
	团体	265.30	13.4	11.4	1.4	0.5	0.0
	散客	181.99	30.4	26.5	3.0	0.5	0.4
吉 林	小计	189.75	35.4	34.8	0.3	0.3	0.0
	团体	203.78	30.2	30.2	0.0	0.0	0.0
	散客	175.56	41.5	40.3	0.6	0.6	0.0
黑 龙 江	小计	206.07	24.9	22.9	0.6	1.5	0.0
	团体	228.11	23.7	21.7	0.2	1.8	0.0
	散客	163.02	28.3	26.2	1.6	0.5	0.0
上 海	小计	266.63	29.6	29.0	0.5	0.1	0.1
	团体	183.07	9.2	4.9	1.5	2.8	0.0
	散客	270.19	30.2	29.7	0.5	0.0	0.1
江 苏	小计	269.62	21.1	18.8	1.6	0.4	0.2
	团体	311.06	5.7	2.6	2.1	1.0	0.0
	散客	258.90	25.8	23.8	1.5	0.3	0.2

（区、市）人均天花费构成（按团体及散客分组）

住 宿	餐 饮	景 区游 览	娱 乐	购 物	市 内交 通	邮 电通 信	其 他
17.9	7.6	3.2	2.9	24.2	2.9	0.7	12.0
13.9	3.2	2.6	0.4	40.9	4.1	1.2	28.5
20.2	10.0	3.6	4.3	15.0	2.3	0.4	2.8
17.2	8.7	2.9	1.7	20.8	1.9	1.3	6.9
7.8	3.7	4.2	0.1	41.6	2.1	2.9	17.5
22.0	11.3	2.2	2.5	10.3	1.8	0.6	1.6
19.0	10.5	7.9	3.2	20.3	1.2	0.8	16.2
13.8	6.3	8.7	1.6	33.0	0.7	1.3	29.8
22.7	13.5	7.3	4.4	11.2	1.5	0.4	6.6
20.5	10.6	9.5	1.1	20.2	0.3	0.7	13.8
18.0	8.0	11.0	0.2	23.5	0.0	0.8	18.3
27.1	17.1	5.6	3.3	11.7	0.9	0.2	2.4
16.6	6.9	2.2	1.3	41.6	1.2	0.4	9.6
14.0	3.3	1.3	1.6	53.4	1.0	0.3	23.5
18.2	9.1	2.7	1.1	34.4	1.3	0.4	1.2
21.4	12.8	6.4	3.0	19.5	2.1	0.6	8.0
11.5	8.7	6.4	0.9	36.0	2.8	1.3	19.1
24.7	14.2	6.4	3.6	14.0	1.9	0.3	4.4
12.3	7.7	6.8	4.4	20.2	2.8	1.6	8.8
12.7	8.7	9.0	4.0	23.3	3.3	1.7	7.1
11.9	6.4	4.2	4.9	16.5	2.2	1.5	10.9
20.0	17.5	2.8	0.8	22.4	0.7	0.6	10.2
18.2	18.8	2.3	0.0	23.7	0.0	0.7	12.5
24.8	14.0	4.1	3.2	18.9	2.6	0.4	3.8
32.3	13.1	2.7	3.1	13.7	3.0	0.4	2.2
14.0	6.0	4.6	0.5	35.4	4.3	1.4	24.5
32.8	13.3	2.7	3.1	13.0	2.9	0.4	1.5
22.4	8.7	3.3	3.8	15.2	1.9	1.9	21.7
11.2	7.2	4.8	3.8	31.2	1.2	5.5	29.4
25.9	9.2	2.8	3.8	10.2	2.1	0.8	19.3

1-18(续1)

		人均天花费（美元/人天）	人均天花费构成（%）				
			长途交通	飞 机	火 车	汽 车	轮 船
浙 江	小计	233.52	29.9	27.7	1.2	0.5	0.5
	团体	321.81	19.0	17.0	0.4	1.2	0.4
	散客	216.79	33.0	30.7	1.5	0.2	0.5
安 徽	小计	212.78	15.5	13.3	1.8	0.4	0.1
	团体	225.65	11.4	10.5	0.6	0.3	0.0
	散客	202.74	19.1	15.7	2.8	0.5	0.2
福 建	小计	223.05	33.4	31.1	1.1	0.9	0.3
	团体	162.83	5.1	1.2	1.3	2.6	0.1
	散客	259.38	44.2	42.5	1.0	0.3	0.4
江 西	小计	192.93	13.6	8.5	1.0	4.1	0.0
	团体	226.74	5.9	0.0	0.0	5.9	0.0
	散客	146.66	30.0	26.5	3.1	0.3	0.1
山 东	小计	235.47	31.1	29.0	1.2	0.9	0.1
	团体	220.18	13.7	11.7	0.4	1.5	0.1
	散客	242.32	38.1	36.0	1.5	0.6	0.0
河 南	小计	185.04	14.2	6.8	4.6	2.8	0.0
	团体	223.38	8.9	0.5	4.3	4.1	0.0
	散客	141.65	23.6	18.0	5.0	0.5	0.0
湖 北	小计	218.10	29.6	26.8	2.2	0.1	0.4
	团体	208.40	20.2	16.9	2.4	0.2	0.7
	散客	227.25	37.7	35.5	2.0	0.1	0.2
湖 南	小计	197.17	12.0	5.7	2.1	4.1	0.0
	团体	226.38	6.4	0.1	0.7	5.6	0.0
	散客	153.12	24.6	18.4	5.3	0.8	0.1
广 东	小计	190.50	20.3	17.0	1.2	1.1	0.9
	团体	172.12	8.9	2.6	0.4	2.9	3.0
	散客	194.02	22.2	19.5	1.3	0.8	0.6
广 西	小计	215.26	15.7	12.3	2.4	0.8	0.2
	团体	228.02	5.3	2.3	2.5	0.3	0.2
	散客	196.87	33.1	29.0	2.3	1.6	0.2

住 宿	餐 饮	景 区 游 览	娱 乐	购 物	市 内 交 通	邮 电 通 信	其 他
21.0	11.7	2.6	3.4	19.8	1.5	1.4	8.7
8.2	6.1	3.2	1.3	33.7	2.6	4.7	21.3
24.5	13.3	2.5	4.0	15.9	1.2	0.4	5.1
11.7	10.5	7.9	4.0	31.0	2.6	1.1	15.6
6.7	3.8	10.2	1.3	37.5	3.2	1.7	24.3
16.1	16.3	6.0	6.4	25.4	2.2	0.6	8.1
18.5	8.6	1.9	2.2	27.1	1.7	0.7	5.9
9.6	5.0	1.9	0.0	61.6	1.6	1.3	13.9
21.9	9.9	1.9	3.1	14.0	1.7	0.5	2.9
18.2	19.5	7.8	4.3	26.6	0.7	0.8	8.5
18.1	21.6	9.8	4.6	27.1	0.0	1.0	11.8
18.3	14.9	3.5	3.6	25.6	2.2	0.5	1.5
16.1	11.8	4.1	1.3	25.2	2.0	0.8	7.6
9.3	4.4	5.0	1.4	42.3	2.2	1.9	19.8
18.8	14.8	3.8	1.3	18.3	1.9	0.3	2.7
14.5	9.9	6.6	3.8	25.6	2.1	1.0	22.3
12.5	10.2	6.7	2.8	25.9	2.3	1.2	29.7
18.2	9.4	6.4	5.6	25.3	1.8	0.8	9.0
13.7	8.2	3.9	4.1	21.9	2.0	0.8	15.8
7.7	6.3	4.2	3.2	31.0	2.2	1.5	23.6
18.9	9.8	3.5	4.8	14.1	1.8	0.3	9.0
13.2	10.1	12.2	3.7	25.9	3.7	1.0	18.2
9.6	6.8	13.8	3.0	30.4	4.5	1.1	24.4
21.2	17.6	8.5	5.3	15.8	1.9	0.6	4.5
20.8	14.0	3.2	6.5	26.8	2.6	0.7	5.1
9.6	5.0	2.2	3.2	48.6	3.2	1.4	17.9
22.7	15.5	3.3	7.0	23.1	2.5	0.6	3.0
11.4	5.1	6.4	3.6	24.1	4.0	1.5	28.3
10.5	1.9	7.2	0.8	28.0	5.4	1.8	39.1
12.9	10.3	5.1	8.2	17.5	1.7	0.9	10.3

1-18（续2）

		人均天花费 （美元/人天）	人均天花费构成（%）				
			长途交通	飞 机	火 车	汽 车	轮 船
海 南	小计	209.27	23.0	22.8	0.2	0.0	0.0
	团体	141.90	0.0	0.0	0.0	0.0	0.0
	散客	326.64	43.8	43.3	0.3	0.1	0.1
重 庆	小计	215.81	7.3	1.2	0.0	2.4	3.6
	团体	183.79	9.2	0.0	0.0	3.6	5.6
	散客	297.08	4.3	3.0	0.1	0.7	0.6
四 川	小计	193.82	22.1	17.8	0.8	3.5	0.1
	团体	182.95	6.9	0.8	0.1	6.0	0.0
	散客	206.77	38.1	35.6	1.5	0.8	0.1
贵 州	小计	213.90	31.3	27.2	0.7	3.4	0.0
	团体	213.90	15.2	6.3	1.1	7.8	0.0
	散客	186.91	43.8	43.3	0.3	0.1	0.0
云 南	小计	245.51	29.8	27.9	0.3	1.5	0.1
	团体	216.87	13.2	9.0	0.4	3.8	0.0
	散客	263.44	38.3	37.6	0.3	0.3	0.1
西 藏	小计	227.38	17.6	1.3	1.4	14.9	0.0
	团体	227.23	17.4	0.9	1.4	15.1	0.0
	散客	240.77	41.7	41.5	0.2	0.0	0.0
陕 西	小计	224.85	23.2	17.9	3.9	1.3	0.0
	团体	166.60	24.5	16.4	5.2	2.9	0.0
	散客	268.36	22.6	18.6	3.4	0.6	0.1
甘 肃	小计	181.03	21.4	13.4	1.0	6.2	0.9
	团体	170.44	16.8	3.4	1.1	10.9	1.3
	散客	196.60	27.2	26.1	0.7	0.1	0.3
青 海	小计	172.20	12.6	4.6	4.7	3.2	0.0
	团体	192.99	10.0	0.9	5.6	3.5	0.0
	散客	141.73	20.6	15.9	2.0	2.5	0.2
宁 夏	小计	200.15	42.0	40.5	0.4	1.1	0.0
	团体	144.56	0.0	0.0	0.0	0.0	0.0
	散客	219.62	57.3	55.2	0.5	1.5	0.1
新 疆	小计	197.49	8.7	5.7	0.1	2.8	0.0
	团体	226.44	3.4	0.0	0.0	3.4	0.0
	散客	156.49	19.6	17.5	0.4	1.6	0.0

住　宿	餐　饮	景　区 游　览	娱　乐	购　物	市　内 交　通	邮　电 通　信	其　他
19.6	7.1	3.0	2.3	22.0	2.5	2.2	18.3
25.3	3.0	1.9	0.0	36.8	2.9	4.3	25.7
14.5	10.7	3.9	4.3	8.7	2.1	0.2	11.7
16.7	17.0	3.3	2.6	18.6	0.7	0.1	33.7
12.0	4.3	2.8	0.0	16.0	0.9	0.2	54.6
23.9	37.1	3.9	6.6	22.8	0.3	0.0	0.9
18.1	9.8	5.3	1.3	27.5	1.8	1.0	13.1
13.9	8.1	6.2	0.0	38.4	1.3	1.7	23.4
22.6	11.7	4.3	2.6	15.9	2.3	0.3	2.2
15.6	10.2	3.0	2.2	21.8	2.5	0.8	12.6
11.5	5.8	4.6	0.4	40.0	0.5	1.3	20.8
18.8	13.7	1.8	3.5	7.7	4.1	0.4	6.3
16.5	8.1	3.8	2.3	20.5	1.4	0.6	17.0
12.2	6.2	3.9	0.5	26.2	2.5	1.3	34.2
18.8	9.1	3.8	3.2	17.6	0.9	0.2	8.2
13.7	4.7	6.6	1.7	32.4	0.2	1.6	21.5
13.5	4.7	6.6	1.6	32.7	0.1	1.6	21.7
24.8	8.5	4.4	7.7	9.4	0.7	0.0	2.8
14.2	9.8	9.2	6.1	22.6	2.6	0.6	11.6
15.2	9.9	9.5	5.5	18.0	5.7	0.3	11.4
13.8	9.7	9.1	6.4	24.8	1.1	0.8	11.7
24.7	11.5	9.6	2.1	19.1	1.4	0.5	9.8
19.9	12.8	12.6	0.1	22.1	0.3	0.4	15.1
30.8	9.8	5.7	4.6	15.3	2.9	0.6	3.1
18.2	8.3	6.0	0.8	16.1	7.7	6.4	24.0
14.6	6.3	5.3	0.0	15.7	9.1	8.4	30.6
28.9	14.4	7.9	3.1	17.2	3.5	0.5	3.8
13.7	6.8	3.5	1.9	15.7	2.6	0.9	13.0
8.1	4.1	3.7	0.0	33.5	3.8	2.8	44.0
15.7	7.7	3.5	2.6	9.2	2.2	0.2	1.8
4.7	4.1	2.9	1.4	59.4	0.2	0.5	18.3
4.7	3.6	4.1	1.2	61.4	0.1	0.5	20.9
4.7	5.1	0.3	1.7	55.2	0.3	0.3	12.9

1-19 2018年入境过夜游客在各省(区、市)

	人均天花费(美元/人天)	人均天花费构成(%)				
		长途交通	飞 机	火 车	汽 车	轮 船
北 京	286.38	28.5	27.3	0.6	0.4	0.2
外 国 人	300.10	28.9	27.7	0.6	0.4	0.2
香港同胞	234.98	26.8	25.1	1.4	0.1	0.1
澳门同胞	298.36	25.2	24.1	0.7	0.2	0.1
台湾同胞	255.87	22.4	21.6	0.1	0.6	0.0
天 津	250.34	38.5	35.1	1.3	1.9	0.2
外 国 人	262.31	37.9	34.5	1.2	2.1	0.1
香港同胞	208.16	40.1	35.8	1.3	1.6	1.3
澳门同胞	207.34	36.0	35.2	0.0	0.7	0.0
台湾同胞	210.06	42.3	39.0	2.1	1.2	0.0
河 北	180.51	20.9	16.6	1.8	2.3	0.3
外 国 人	183.90	22.4	18.3	1.8	2.0	0.3
香港同胞	185.70	19.1	13.5	2.1	3.4	0.0
澳门同胞	164.48	13.7	7.8	1.8	3.3	0.8
台湾同胞	165.52	16.5	12.0	1.9	2.6	0.0
山 西	197.11	23.4	13.1	3.2	7.1	0.0
外 国 人	203.97	19.9	8.1	4.4	7.3	0.0
香港同胞	215.19	25.2	17.2	1.4	6.6	0.0
澳门同胞	210.65	26.8	20.6	0.8	5.4	0.0
台湾同胞	180.36	34.4	27.5	0.0	6.9	0.0
内 蒙 古	200.07	20.3	18.1	1.4	0.7	0.1
外 国 人	210.86	21.2	19.0	1.3	0.8	0.1
香港同胞	195.63	22.4	19.7	2.1	0.5	0.0
澳门同胞	191.62	30.2	28.4	0.8	1.0	0.0
台湾同胞	205.46	9.4	7.9	1.5	0.0	0.0

人均天花费构成（按外国人、港澳台胞分组）

住 宿	餐 饮	景 区游 览	娱 乐	购 物	市 内交 通	邮 电通 信	其 他
17.9	7.6	3.2	2.9	24.2	2.9	0.7	12.0
17.5	7.3	3.1	2.6	24.3	3.0	0.7	12.5
23.0	9.0	3.8	3.2	24.6	2.8	0.5	6.3
24.3	11.7	3.1	7.7	20.1	2.9	0.5	4.4
19.5	8.8	5.4	5.8	24.8	1.6	0.6	11.0
17.2	8.7	2.9	1.7	20.8	1.9	1.3	6.9
15.9	7.9	3.0	1.7	22.3	1.8	1.6	7.8
22.0	11.2	3.5	1.6	15.9	1.9	0.6	3.2
15.5	13.5	2.0	2.9	21.4	2.4	0.5	5.7
22.9	10.4	1.8	1.2	14.5	2.1	0.6	4.2
19.0	10.5	7.9	3.2	20.3	1.2	0.8	16.2
18.1	9.9	7.1	3.1	20.8	1.2	0.8	16.6
20.8	13.6	11.2	2.1	17.2	0.7	0.4	15.0
21.1	9.0	9.4	5.0	17.4	1.7	1.8	20.9
23.0	12.1	8.9	4.5	21.1	1.1	0.6	12.1
20.5	10.6	9.5	1.1	20.2	0.3	0.7	13.8
21.9	10.8	9.9	1.2	20.1	0.4	0.6	15.4
17.7	11.6	8.6	1.5	22.5	0.0	1.6	11.3
21.1	7.8	6.7	0.3	24.5	0.4	3.1	9.4
17.2	9.7	9.0	0.5	18.6	0.0	0.1	10.4
16.6	6.9	2.2	1.3	41.6	1.2	0.4	9.6
14.6	5.8	1.8	1.2	46.4	0.7	0.3	7.9
23.9	11.9	4.4	1.8	21.5	3.6	0.3	10.1
17.6	9.3	2.6	3.6	18.9	1.4	0.8	15.5
25.9	10.5	3.6	1.2	26.9	2.7	0.6	19.0

1-19(续 1)

	人均天花费 （美元/人天）	人均天花费构成（%）				
		长途交通	飞 机	火 车	汽 车	轮 船
辽　宁	197.42	26.2	22.8	2.6	0.5	0.3
外 国 人	195.87	26.0	22.6	2.6	0.5	0.3
香港同胞	228.32	27.3	24.9	1.6	0.8	0.0
澳门同胞	190.16	25.0	22.3	2.0	0.7	0.0
台湾同胞	201.78	27.7	22.5	3.9	0.7	0.5
吉　林	189.75	35.4	34.8	0.3	0.3	0.0
外 国 人	191.70	35.4	34.8	0.3	0.2	0.0
香港同胞	181.07	41.1	40.4	0.1	0.5	0.0
澳门同胞	159.25	24.9	24.1	0.3	0.5	0.0
台湾同胞	166.63	34.5	33.9	0.3	0.3	0.0
黑龙江	206.07	24.9	22.9	0.6	1.5	0.0
外 国 人	206.02	25.6	23.3	0.7	1.7	0.0
香港同胞	228.20	20.8	20.6	0.1	0.1	0.0
澳门同胞	224.40	15.5	15.5	0.0	0.0	0.0
台湾同胞	202.70	23.9	22.5	0.2	1.2	0.0
上　海	266.63	29.6	29.0	0.5	0.1	0.1
外 国 人	267.00	30.9	30.3	0.5	0.1	0.1
香港同胞	265.34	19.1	18.8	0.3	0.0	0.0
澳门同胞	243.30	13.7	13.5	0.2	0.0	0.0
台湾同胞	250.14	21.6	21.1	0.4	0.0	0.0
江　苏	269.62	21.1	18.8	1.6	0.4	0.2
外 国 人	275.38	22.7	20.4	1.6	0.5	0.2
香港同胞	262.25	14.2	12.0	1.6	0.2	0.3
澳门同胞	252.62	20.5	19.6	0.8	0.1	0.0
台湾同胞	253.43	17.9	15.5	2.0	0.4	0.1

住 宿	餐 饮	景 区 游 览	娱 乐	购 物	市 内 交 通	邮 电 通 信	其 他
21.4	12.8	6.4	3.0	19.5	2.1	0.6	8.0
21.5	12.3	6.0	3.0	20.6	2.0	0.5	8.0
20.8	15.0	9.1	2.3	13.5	2.9	0.7	8.4
18.1	16.5	10.3	4.6	11.4	2.4	0.8	10.8
23.1	18.1	8.2	2.6	11.0	2.6	0.9	5.8
12.3	7.7	6.8	4.4	20.2	2.8	1.6	8.8
12.6	7.5	6.8	4.4	20.2	2.8	1.6	8.6
9.1	7.0	5.3	3.3	23.0	2.1	1.3	7.8
12.7	11.0	9.3	6.9	20.2	2.7	1.6	10.8
10.7	8.9	6.2	4.3	17.0	3.1	2.0	13.3
20.0	17.5	2.8	0.8	22.4	0.7	0.6	10.2
18.8	16.1	3.1	0.9	22.2	0.8	0.8	11.7
28.3	25.9	1.1	0.7	18.2	0.7	0.2	4.2
24.4	16.3	5.1	0.7	28.9	0.3	0.0	8.8
21.9	21.1	1.7	0.4	25.5	0.3	0.1	5.1
32.3	13.1	2.7	3.1	13.7	3.0	0.4	2.2
32.1	12.8	2.6	2.9	13.4	2.9	0.4	2.1
34.2	15.9	2.6	4.9	16.6	2.9	1.0	2.7
28.7	13.8	2.6	6.3	20.8	3.6	0.6	9.9
34.9	16.3	4.5	3.5	13.3	4.2	0.5	1.1
22.4	8.7	3.3	3.8	15.2	1.9	1.9	21.7
23.4	8.7	2.8	3.7	14.4	2.0	1.8	20.5
15.8	9.1	2.4	2.1	14.1	1.0	2.0	39.3
20.4	7.4	4.9	6.8	18.7	1.8	1.8	17.7
23.0	9.2	5.4	4.7	18.2	2.1	2.5	17.0

1-19（续2）

	人均天花费（美元/人天）	人均天花费构成（%）				
		长途交通	飞 机	火 车	汽 车	轮 船
浙 江	233.52	29.9	27.7	1.2	0.5	0.5
外 国 人	226.96	30.7	28.6	1.3	0.4	0.4
香港同胞	217.19	26.8	24.0	1.4	0.5	1.0
澳门同胞	253.14	28.3	27.0	0.3	0.4	0.6
台湾同胞	221.36	27.3	24.7	1.2	0.9	0.5
安 徽	212.78	15.5	13.3	1.8	0.4	0.1
外 国 人	214.37	15.7	13.4	1.8	0.4	0.1
香港同胞	190.15	14.6	11.9	2.0	0.7	0.1
澳门同胞	195.32	13.5	11.6	0.6	0.6	0.7
台湾同胞	198.21	14.4	12.7	0.9	0.3	0.4
福 建	223.05	33.4	31.1	1.1	0.9	0.3
外 国 人	242.28	43.4	42.0	0.8	0.4	0.3
香港同胞	181.92	23.6	20.2	2.4	0.5	0.5
澳门同胞	199.56	31.1	28.7	1.3	0.5	0.6
台湾同胞	184.79	15.4	11.7	0.7	2.7	0.3
江 西	192.93	13.6	8.5	1.0	4.1	0.0
外 国 人	196.28	15.0	10.0	0.8	4.3	0.0
香港同胞	184.13	13.3	8.6	1.1	3.5	0.1
澳门同胞	179.07	9.4	4.2	1.9	3.3	0.0
台湾同胞	189.44	11.2	5.4	0.8	5.0	0.0
山 东	235.47	31.1	29.0	1.2	0.9	0.1
外 国 人	242.23	32.7	30.5	1.2	1.0	0.0
香港同胞	228.78	29.1	27.4	1.0	0.7	0.0
澳门同胞	205.76	26.5	24.0	1.5	0.8	0.2
台湾同胞	199.64	26.6	24.7	1.1	0.6	0.1

住 宿	餐 饮	景 区 游 览	娱 乐	购 物	市 内 交 通	邮 电 通 信	其 他
21.0	11.7	2.6	3.4	19.8	1.5	1.4	8.7
20.1	11.7	2.3	3.1	20.4	1.5	1.5	8.8
24.6	12.3	3.8	3.8	18.6	1.7	0.9	7.7
27.5	11.4	2.9	9.8	13.9	0.9	0.3	4.9
20.0	12.1	4.2	2.6	19.9	1.7	0.9	11.5
11.7	10.5	7.9	4.0	31.0	2.6	1.1	15.6
11.9	10.7	7.6	4.2	30.7	2.7	1.1	15.5
11.1	8.4	10.8	3.7	29.6	2.6	1.2	18.2
10.2	8.0	12.0	2.3	33.0	2.8	1.2	16.9
10.5	8.6	9.9	2.1	35.8	2.1	1.3	15.3
18.5	8.6	1.9	2.2	27.1	1.7	0.7	5.9
20.2	7.9	1.4	2.4	17.4	1.7	0.6	4.9
16.1	7.4	2.1	2.5	41.3	1.8	0.9	4.2
22.3	16.4	2.8	4.9	14.1	1.3	0.4	6.6
15.4	9.8	2.6	0.9	43.6	1.5	1.0	9.8
18.2	19.5	7.8	4.3	26.6	0.7	0.8	8.5
17.3	19.7	7.9	4.6	25.0	0.6	0.8	9.0
16.0	18.0	7.1	3.5	33.7	0.8	0.6	7.0
27.0	17.4	6.6	3.3	27.0	0.9	0.7	7.7
18.2	22.4	9.0	4.6	23.3	0.7	1.2	9.4
16.1	11.8	4.1	1.3	25.2	2.0	0.8	7.6
15.5	11.2	4.0	1.5	24.9	1.9	0.7	7.4
19.4	13.4	4.9	0.8	23.2	2.1	0.6	6.5
15.8	12.5	4.1	1.2	27.5	2.1	1.3	8.9
16.0	13.1	4.0	0.7	27.8	1.9	0.7	9.3

1-19(续3)

	人均天花费（美元/人天）	人均天花费构成（%）				
		长途交通	飞 机	火 车	汽 车	轮 船
河 南	185.04	14.2	6.8	4.6	2.8	0.0
外 国 人	186.03	15.0	7.5	4.4	3.0	0.0
香港同胞	193.75	13.8	8.1	4.4	1.3	0.0
澳门同胞	184.04	10.5	2.4	6.3	1.8	0.0
台湾同胞	193.13	8.2	0.3	5.0	2.9	0.0
湖 北	218.10	29.6	26.8	2.2	0.1	0.4
外 国 人	221.46	33.0	30.2	2.3	0.2	0.4
香港同胞	189.28	25.7	23.5	1.6	0.0	0.6
澳门同胞	200.77	27.4	25.5	1.4	0.0	0.4
台湾同胞	212.96	22.8	19.6	2.8	0.0	0.5
湖 南	197.17	12.0	5.7	2.1	4.1	0.0
外 国 人	198.54	11.2	5.1	1.8	4.3	0.0
香港同胞	184.02	14.5	7.7	5.3	1.5	0.0
澳门同胞	196.22	22.9	11.0	5.7	6.2	0.0
台湾同胞	204.57	19.6	15.1	1.9	2.6	0.0
广 东	190.50	20.3	17.0	1.2	1.1	0.9
外 国 人	205.15	27.4	24.5	1.0	1.0	1.0
香港同胞	170.06	6.8	2.7	1.7	1.4	1.0
澳门同胞	163.93	7.2	3.1	1.5	1.7	1.0
台湾同胞	191.14	21.1	19.5	0.8	0.6	0.2
广 西	215.26	15.7	12.3	2.4	0.8	0.2
外 国 人	219.16	15.0	11.7	2.4	0.8	0.2
香港同胞	199.13	15.5	12.0	2.5	0.7	0.2
澳门同胞	207.23	17.2	13.3	2.7	0.9	0.3
台湾同胞	213.23	19.2	15.4	2.7	0.8	0.3

住宿	餐饮	景 区 游 览	娱 乐	购 物	市 内 交 通	邮 电 通 信	其 他
14.5	9.9	6.6	3.8	25.6	2.1	1.0	22.3
14.4	9.8	7.0	3.5	23.5	2.2	1.0	23.6
15.6	10.2	4.4	4.8	34.3	1.4	0.9	14.5
15.2	11.6	4.8	4.9	30.9	2.2	1.0	18.7
14.5	9.4	5.8	5.1	33.1	2.3	1.5	20.2
13.7	8.2	3.9	4.1	21.9	2.0	0.8	15.8
13.3	7.8	3.8	4.0	19.4	1.9	0.5	16.3
15.9	9.0	4.1	3.8	24.3	2.1	1.7	13.3
12.6	9.6	3.5	4.8	20.8	2.3	0.7	18.2
13.3	8.2	3.8	4.2	28.7	2.3	1.0	15.6
13.2	10.1	12.2	3.7	25.9	3.7	1.0	18.2
12.6	9.6	12.7	3.5	26.5	3.9	1.0	18.8
16.8	13.6	7.6	4.8	23.5	2.2	0.6	16.3
17.5	13.1	9.5	4.6	21.1	1.4	0.3	9.6
18.2	14.0	8.8	5.3	17.9	1.7	0.4	14.0
20.8	14.0	3.2	6.5	26.8	2.6	0.7	5.1
19.9	12.3	2.6	4.9	25.1	2.5	0.7	4.6
22.9	17.1	4.4	9.4	29.9	2.8	0.8	6.0
19.9	16.1	4.4	9.9	32.9	3.0	0.9	5.8
22.1	14.6	3.1	6.3	24.0	2.5	0.6	5.6
11.4	5.1	6.4	3.6	24.1	4.0	1.5	28.3
11.2	5.2	6.4	3.8	24.9	4.0	1.5	27.9
11.5	4.2	6.1	2.5	23.0	4.5	1.5	31.3
11.8	4.9	6.3	3.1	21.9	4.1	1.3	29.3
12.0	4.8	6.4	3.5	21.6	3.8	1.6	27.1

1-19（续4）

	人均天花费（美元/人天）	人均天花费构成（%）				
		长途交通	飞 机	火 车	汽 车	轮 船
海 南	209.27	23.0	22.8	0.2	0.0	0.0
外 国 人	207.43	23.2	22.9	0.2	0.0	0.0
香港同胞	238.19	21.2	21.0	0.1	0.0	0.0
澳门同胞	191.71	22.9	22.9	0.0	0.0	0.0
台湾同胞	315.06	22.5	22.3	0.0	0.1	0.0
重 庆	215.81	7.3	1.2	0.0	2.4	3.6
外 国 人	224.88	4.0	1.2	0.0	2.4	0.3
香港同胞	214.39	20.7	0.5	0.0	2.1	18.1
澳门同胞	223.36	6.8	2.0	0.0	1.6	3.2
台湾同胞	223.99	12.9	0.9	0.1	3.0	8.9
四 川	193.82	22.1	17.8	0.8	3.5	0.1
外 国 人	200.44	23.7	19.2	0.8	3.6	0.1
香港同胞	178.12	21.3	18.1	0.8	2.3	0.1
澳门同胞	189.99	19.6	15.6	0.9	3.1	0.0
台湾同胞	187.66	16.2	11.7	0.7	3.7	0.0
贵 州	213.90	31.3	27.2	0.7	3.4	0.0
外 国 人	221.03	33.4	28.0	0.6	4.7	0.0
香港同胞	195.48	28.9	25.8	1.3	1.8	0.0
澳门同胞	179.04	29.5	26.9	0.4	2.2	0.0
台湾同胞	179.85	28.4	26.3	0.2	1.8	0.0
云 南	245.51	29.8	27.9	0.3	1.5	0.1
外 国 人	273.68	30.2	28.6	0.3	1.2	0.1
香港同胞	198.60	24.3	18.5	0.4	5.4	0.0
澳门同胞	233.05	27.5	24.3	0.0	3.2	0.0
台湾同胞	239.27	30.0	29.7	0.1	0.1	0.0

住　宿	餐　饮	景　区 游　览	娱　乐	购　物	市　内 交　通	邮　电 通　信	其　他
19.6	7.1	3.0	2.3	22.0	2.5	2.2	18.3
19.5	6.5	2.7	2.2	22.2	2.2	2.3	19.1
21.7	10.4	4.3	3.3	21.8	5.5	0.6	11.3
21.3	11.5	4.7	1.1	17.6	5.5	1.3	14.0
17.9	12.0	5.0	1.8	21.3	4.1	1.1	14.3
16.7	17.0	3.3	2.6	18.6	0.7	0.1	33.7
19.2	19.0	3.7	2.8	18.8	0.9	0.1	31.6
8.2	12.0	2.4	1.3	19.8	0.0	0.2	35.5
19.8	25.7	3.1	6.9	21.2	0.4	0.4	15.8
10.5	9.0	2.2	0.5	16.6	0.5	0.1	47.6
18.1	9.8	5.3	1.3	27.5	1.8	1.0	13.1
18.6	9.6	4.9	1.2	25.7	2.1	0.9	13.1
18.8	10.5	5.7	2.1	28.6	1.5	0.6	11.0
18.6	10.6	5.8	1.8	29.3	1.5	0.6	12.2
15.2	10.1	6.4	0.7	34.2	0.7	2.0	14.4
15.6	10.2	3.0	2.2	21.8	2.5	0.8	12.6
15.4	10.5	2.9	2.1	18.9	2.2	0.6	14.1
13.8	8.8	4.0	2.0	27.6	3.3	0.9	10.7
15.5	11.1	3.6	2.9	22.2	3.0	1.2	11.1
17.6	10.5	2.4	2.2	24.7	2.6	0.9	10.7
16.5	8.1	3.8	2.3	20.5	1.4	0.6	17.0
16.8	8.5	3.7	2.4	21.1	1.2	0.6	15.5
17.8	6.6	3.5	1.4	16.1	3.3	0.3	26.6
15.1	7.5	4.2	3.2	12.4	1.1	1.3	27.6
12.6	4.2	5.2	0.6	20.9	2.0	0.5	24.1

	人均天花费（美元/人天）	人均天花费构成（%）				
		长途交通	飞 机	火 车	汽 车	轮 船
西 藏	227.38	17.6	1.3	1.4	14.9	0.0
外 国 人	231.02	18.7	1.7	1.5	15.4	0.0
香港同胞	193.49	17.2	1.0	1.1	15.1	0.0
澳门同胞	187.26	14.4	0.0	0.9	13.6	0.0
台湾同胞	211.63	12.3	0.0	0.9	11.3	0.0
陕 西	224.85	23.2	17.9	3.9	1.3	0.0
外 国 人	223.68	23.4	18.0	4.0	1.3	0.0
香港同胞	221.35	19.3	17.6	0.1	1.6	0.0
澳门同胞	233.28	19.4	16.9	1.5	1.0	0.0
台湾同胞	223.45	18.7	13.8	3.7	1.2	0.0
甘 肃	181.03	21.4	13.4	1.0	6.2	0.9
外 国 人	190.69	23.0	13.9	0.9	7.1	1.1
香港同胞	166.81	17.3	11.8	1.0	4.1	0.4
澳门同胞	179.88	18.5	11.5	1.1	5.3	0.6
台湾同胞	158.70	18.7	13.7	0.8	3.8	0.5
青 海	172.20	12.6	4.6	4.7	3.2	0.0
外 国 人	180.42	11.2	4.2	4.5	2.5	0.0
香港同胞	163.44	17.5	3.8	4.5	9.1	0.2
澳门同胞	145.31	10.6	2.9	4.5	3.2	0.0
台湾同胞	167.55	22.0	12.5	7.5	2.0	0.1
宁 夏	200.15	42.0	40.5	0.4	1.1	0.0
外 国 人	204.36	50.7	48.8	0.5	1.4	0.0
香港同胞	135.06	19.5	19.0	0.0	0.1	0.4
澳门同胞	170.94	15.4	13.9	0.4	1.1	0.0
台湾同胞	158.27	16.7	16.4	0.0	0.2	0.1
新 疆	197.49	8.7	5.7	0.1	2.8	0.0
外 国 人	197.49	8.7	5.7	0.1	2.8	0.0
香港同胞	—	—	—	—	—	—
澳门同胞	—	—	—	—	—	—
台湾同胞	—	—	—	—	—	—

住 宿	餐 饮	景 区 游 览	娱 乐	购 物	市 内 交 通	邮 电 通 信	其 他
13.7	4.7	6.6	1.7	32.4	0.2	1.6	21.5
13.2	4.6	6.0	1.5	32.4	0.2	1.7	21.8
14.5	5.1	8.1	2.0	33.2	0.2	1.4	18.5
13.5	4.6	6.7	1.7	29.0	0.1	1.5	28.5
15.2	4.9	7.0	1.8	31.7	0.1	2.5	24.7
14.2	9.8	9.2	6.1	22.6	2.6	0.6	11.6
14.3	9.8	9.2	6.1	22.4	2.6	0.6	11.5
11.2	8.5	10.0	5.2	24.9	3.3	1.6	15.9
16.6	10.3	8.9	4.2	22.2	2.7	1.5	14.1
11.2	9.0	12.2	6.8	31.2	1.2	0.7	9.1
24.7	11.5	9.6	2.1	19.1	1.4	0.5	9.8
24.5	11.3	9.0	1.6	18.4	1.1	0.5	10.6
26.5	11.5	10.3	2.9	20.2	2.9	0.6	7.7
25.4	12.1	10.2	2.9	19.8	2.0	0.4	8.7
23.6	12.0	11.1	2.9	21.2	1.5	0.6	8.4
18.2	8.3	6.0	0.8	16.1	7.7	6.4	24.0
17.5	7.7	5.2	0.7	16.1	7.9	6.8	26.9
19.1	9.8	10.1	0.5	16.8	7.7	5.8	12.7
18.8	8.6	5.6	2.0	19.5	6.8	6.1	22.0
24.2	12.4	8.2	1.1	12.2	6.3	2.7	11.0
13.7	6.8	3.5	1.9	15.7	2.6	0.9	13.0
14.2	6.9	2.2	0.7	9.7	2.6	0.5	12.6
9.8	7.8	9.3	12.4	27.8	2.5	1.3	9.6
8.3	5.8	2.2	8.3	43.7	1.4	1.6	13.3
14.9	6.1	8.6	0.5	31.2	3.1	2.2	16.7
4.7	4.1	2.9	1.4	59.4	0.2	0.5	18.3
4.7	4.1	2.9	1.4	59.4	0.2	0.5	18.3
—	—	—	—	—	—	—	—
—	—	—	—	—	—	—	—
—	—	—	—	—	—	—	—

	人均天花费（美元/人天）	人均天花费构成（%）				
		长途交通	飞　机	火　车	汽　车	轮　船
北　京	286.38	28.5	27.3	0.6	0.4	0.2
外 国 人	300.10	28.9	27.7	0.6	0.4	0.2
香港同胞	234.98	26.8	25.1	1.4	0.1	0.1
澳门同胞	298.36	25.2	24.1	0.7	0.2	0.1
台湾同胞	255.87	22.4	21.6	0.1	0.6	0.0
天　津	250.34	38.5	35.1	1.3	1.9	0.2
外 国 人	262.31	37.9	34.5	1.2	2.1	0.1
香港同胞	208.16	40.1	35.8	1.3	1.6	1.3
澳门同胞	207.34	36.0	35.2	0.0	0.7	0.0
台湾同胞	210.06	42.3	39.0	2.1	1.2	0.0
石 家 庄	211.92	32.2	28.7	1.2	2.1	0.2
外 国 人	222.41	36.4	33.5	0.8	2.0	0.1
香港同胞	186.88	22.1	17.2	2.7	2.2	0.0
澳门同胞	171.91	22.3	17.6	0.5	1.9	2.4
台湾同胞	176.25	24.2	19.9	2.1	2.2	0.0
唐　山	184.59	21.3	16.6	0.9	3.7	0.1
外 国 人	180.32	25.4	21.0	0.6	3.6	0.1
香港同胞	198.17	11.7	5.3	0.7	5.8	0.0
澳门同胞	224.24	7.6	4.2	0.3	3.1	0.0
台湾同胞	168.79	17.2	11.9	2.7	2.5	0.0
秦 皇 岛	173.67	11.8	7.6	3.5	0.1	0.6
外 国 人	175.31	11.7	7.6	3.4	0.1	0.7
香港同胞	185.40	16.7	11.7	5.0	0.0	0.0
澳门同胞	152.81	9.0	2.9	6.1	0.0	0.0
台湾同胞	154.25	11.3	8.4	2.7	0.3	0.0
保　定	164.47	7.8	0.8	0.6	6.3	0.0
外 国 人	167.47	7.5	0.6	0.8	6.0	0.0
香港同胞	186.12	8.4	1.1	0.0	7.3	0.0
澳门同胞	162.97	7.1	0.0	0.6	6.4	0.0
台湾同胞	176.37	8.6	2.0	0.0	6.6	0.0

人均天花费构成（按外国人、港澳台胞分组）

住 宿	餐 饮	景 区 游 览	娱 乐	购 物	市 内 交 通	邮 电 通 信	其 他
17.9	7.6	3.2	2.9	24.2	2.9	0.7	12.0
17.5	7.3	3.1	2.6	24.3	3.0	0.7	12.5
23.0	9.0	3.8	3.2	24.6	2.8	0.5	6.3
24.3	11.7	3.1	7.7	20.1	2.9	0.5	4.4
19.5	8.8	5.4	5.8	24.8	1.6	0.6	11.0
17.2	8.7	2.9	1.7	20.8	1.9	1.3	6.9
15.9	7.9	3.0	1.7	22.3	1.8	1.6	7.8
22.0	11.2	3.5	1.6	15.9	1.9	0.6	3.2
15.5	13.5	2.0	2.9	21.4	2.4	0.5	5.7
22.9	10.4	1.8	1.2	14.5	2.1	0.6	4.2
17.7	11.8	9.2	1.5	12.7	0.4	0.1	14.4
16.3	10.9	8.7	1.5	11.5	0.5	0.1	14.2
19.8	13.9	10.2	1.2	17.5	0.2	0.2	14.8
21.8	11.1	11.5	0.6	14.3	0.0	0.0	18.4
22.5	14.5	10.1	2.2	12.0	0.5	0.0	13.9
19.7	14.3	6.9	0.9	13.8	0.6	1.5	21.0
19.5	15.6	6.1	0.4	11.3	0.7	1.6	19.4
17.6	12.2	12.5	2.3	14.9	0.4	0.4	28.1
13.7	6.3	6.0	1.1	18.6	0.5	3.6	42.5
25.2	13.5	5.6	2.1	22.3	0.2	1.3	12.5
21.1	8.8	4.3	5.4	28.2	1.6	0.7	18.3
19.2	8.4	3.7	4.7	29.8	1.4	0.7	20.3
34.8	11.8	9.3	3.6	15.2	2.5	0.0	6.0
32.3	8.9	7.8	12.6	13.1	2.4	0.2	13.7
27.4	11.3	5.6	8.8	25.1	2.2	0.4	7.8
19.5	8.9	12.3	2.2	31.5	1.1	1.3	15.3
19.4	7.6	10.9	1.9	34.5	1.3	1.5	15.3
21.0	13.5	15.4	3.2	21.2	0.3	1.3	15.7
19.7	8.8	12.4	2.3	32.5	1.1	0.4	15.9
17.7	9.9	15.6	2.5	29.1	0.8	1.1	14.6

1-20（续1）

	人均天花费（美元/人天）	人均天花费构成（%）				
		长途交通	飞机	火车	汽车	轮船
承　德	155.44	23.8	19.1	1.1	3.5	0.1
外国人	160.15	24.8	20.7	1.3	2.8	0.0
香港同胞	166.84	34.2	28.4	1.3	4.4	0.0
澳门同胞	155.17	15.9	8.8	0.1	6.2	0.7
台湾同胞	149.26	15.8	10.1	0.8	4.8	0.0
太　原	211.97	26.7	15.7	2.3	8.6	0.0
外国人	226.54	22.7	10.6	3.2	8.8	0.0
香港同胞	223.32	24.6	14.3	1.8	8.5	0.0
澳门同胞	197.92	38.1	24.6	1.7	11.8	0.0
台湾同胞	195.26	40.3	32.3	0.0	8.1	0.0
大　同	175.90	25.7	17.5	2.3	6.0	0.0
外国人	167.64	21.2	11.3	3.8	6.2	0.0
香港同胞	198.14	29.9	24.1	1.0	4.8	0.0
澳门同胞	178.54	34.0	28.2	0.7	5.1	0.0
台湾同胞	168.67	31.7	25.4	0.0	6.3	0.0
晋　城	206.05	5.8	1.4	0.6	3.8	0.0
外国人	197.75	4.8	0.0	0.7	4.0	0.0
香港同胞	258.63	0.0	0.0	0.0	0.0	0.0
澳门同胞	321.40	9.2	5.9	0.4	2.9	0.0
台湾同胞	117.54	14.7	11.4	0.0	3.3	0.0
晋　中	194.62	21.9	7.3	7.0	7.6	0.0
外国人	205.92	21.2	5.3	8.1	7.8	0.0
香港同胞	192.98	11.0	6.4	0.8	3.8	0.0
澳门同胞	175.10	18.8	12.1	0.8	5.8	0.0
台湾同胞	192.79	31.8	24.7	0.0	7.1	0.0
呼和浩特	215.40	35.2	34.1	0.3	0.6	0.2
外国人	254.90	45.5	44.3	0.2	0.7	0.3
香港同胞	215.69	25.3	23.9	0.4	1.0	0.0
澳门同胞	194.22	31.8	30.6	0.0	1.2	0.0
台湾同胞	213.37	6.2	5.6	0.6	0.0	0.0

住 宿	餐 饮	景 区 游 览	娱 乐	购 物	市 内 交 通	邮 电 通 信	其 他
16.7	9.9	10.1	5.6	16.5	3.0	1.8	12.7
17.5	9.8	10.4	5.8	15.7	3.1	1.5	11.5
14.5	15.2	10.2	3.6	12.4	2.7	0.5	6.8
13.5	8.3	8.8	5.0	16.0	3.4	5.1	24.0
16.4	7.6	9.4	6.3	27.2	1.9	1.3	14.1
19.5	9.0	10.2	0.6	17.1	0.1	0.1	16.5
19.9	8.6	10.3	0.5	16.6	0.2	0.1	21.1
19.5	8.5	10.5	1.5	24.2	0.0	0.5	10.7
24.7	11.6	14.5	0.7	0.0	0.0	0.0	10.4
18.3	10.7	9.8	0.3	14.0	0.0	0.0	6.6
19.7	9.6	8.9	1.5	20.3	0.4	0.9	12.9
21.9	9.5	9.8	2.2	21.6	0.7	0.8	12.4
17.2	13.3	7.0	1.8	16.6	0.0	2.0	12.1
24.1	9.6	6.3	0.3	17.1	0.7	3.4	4.5
15.9	8.2	8.4	0.0	20.1	0.1	0.1	15.6
27.1	20.0	4.7	2.4	26.9	0.4	1.9	10.9
28.6	19.4	4.5	1.8	26.4	0.5	1.7	12.2
8.6	77.0	0.0	0.0	14.4	0.0	0.0	0.0
16.9	2.8	3.5	0.2	50.6	0.0	4.8	12.1
24.4	18.9	8.0	8.3	21.3	0.0	2.1	2.4
20.7	10.6	11.1	0.7	22.4	0.2	0.7	11.7
21.9	11.2	11.5	0.8	20.7	0.2	0.5	11.9
8.7	3.8	4.7	0.7	47.2	0.0	9.0	14.8
12.2	5.7	7.2	0.3	29.1	0.0	1.1	25.7
15.0	7.7	9.2	0.0	28.4	0.0	0.0	7.7
16.6	6.9	2.2	2.0	19.2	1.5	0.6	15.8
14.2	5.5	1.9	2.1	15.7	0.7	0.6	13.9
17.4	10.5	2.9	2.6	23.4	4.7	0.3	12.9
15.0	8.3	2.0	3.0	19.6	1.4	0.9	18.0
24.7	9.6	3.0	1.3	29.3	2.8	0.7	22.5

1-20(续2)

	人均天花费（美元/人天）	人均天花费构成（%）				
		长途交通	飞　机	火　车	汽　车	轮　船
包　头	189.41	18.6	13.3	5.1	0.1	0.0
外 国 人	203.38	18.3	12.7	5.4	0.2	0.0
香港同胞	161.68	18.9	14.7	4.2	0.0	0.0
澳门同胞	168.24	20.1	14.4	5.8	0.0	0.0
台湾同胞	165.91	19.2	15.0	4.2	0.0	0.0
二连浩特	206.69	3.2	0.0	1.0	2.2	0.0
外 国 人	206.69	3.2	0.0	1.0	2.2	0.0
香港同胞	—	—	—	—	—	—
澳门同胞	—	—	—	—	—	—
台湾同胞	—	—	—	—	—	—
赤　峰	170.59	0.0	0.0	0.0	0.0	0.0
外 国 人	170.59	0.0	0.0	0.0	0.0	0.0
香港同胞	—	—	—	—	—	—
澳门同胞	—	—	—	—	—	—
台湾同胞	—	—	—	—	—	—
沈　阳	245.02	35.0	34.5	0.4	0.1	0.0
外 国 人	248.12	35.2	34.9	0.2	0.1	0.0
香港同胞	244.42	36.6	35.6	0.4	0.5	0.0
澳门同胞	196.58	21.2	12.1	8.2	0.8	0.0
台湾同胞	246.20	36.4	35.2	1.2	0.0	0.0
大　连	272.90	28.9	28.1	0.7	0.0	0.0
外 国 人	273.69	28.9	27.9	0.9	0.0	0.0
香港同胞	245.71	27.9	27.9	0.0	0.0	0.0
澳门同胞	251.46	34.8	34.8	0.0	0.0	0.0
台湾同胞	273.57	26.0	25.7	0.3	0.0	0.0
鞍　山	177.87	44.0	38.9	3.5	1.3	0.3
外 国 人	178.00	43.9	38.6	3.5	1.4	0.4
香港同胞	255.67	43.9	43.9	0.0	0.0	0.0
澳门同胞	119.82	71.9	71.9	0.0	0.0	0.0
台湾同胞	67.40	33.3	0.0	33.3	0.0	0.0

住 宿	餐 饮	景 区游 览	娱 乐	购 物	市 内交 通	邮 电通 信	其 他
30.0	14.0	5.5	1.4	18.6	2.3	0.4	9.1
29.5	14.3	5.4	1.4	18.4	2.2	0.5	9.9
31.8	13.6	6.2	0.9	19.2	2.3	0.4	6.7
34.5	15.8	6.5	7.2	14.4	1.4	0.0	0.0
29.8	13.0	5.5	1.0	19.7	2.5	0.6	8.6
5.4	4.1	0.2	0.6	85.0	0.2	0.0	1.3
5.4	4.1	0.2	0.6	85.0	0.2	0.0	1.3
—	—	—	—	—	—	—	—
—	—	—	—	—	—	—	—
—	—	—	—	—	—	—	—
11.5	0.2	0.0	0.0	85.8	0.0	0.0	2.5
11.5	0.2	0.0	0.0	85.8	0.0	0.0	2.5
—	—	—	—	—	—	—	—
—	—	—	—	—	—	—	—
—	—	—	—	—	—	—	—
19.9	10.9	2.2	1.7	24.6	1.5	0.7	3.4
20.1	9.9	1.8	1.8	27.3	1.3	0.7	2.0
19.0	13.0	5.0	2.2	11.7	2.4	0.3	10.0
9.2	8.5	7.2	0.6	18.1	2.4	0.7	32.3
25.1	24.9	1.6	0.0	8.7	2.7	0.6	0.0
27.1	19.3	6.1	1.5	8.6	2.2	0.3	6.0
27.0	19.1	6.2	1.5	8.2	2.4	0.3	6.4
30.0	20.5	5.2	1.4	7.2	2.2	0.2	5.3
22.6	19.8	7.7	2.7	7.7	1.2	0.1	3.3
26.9	19.8	6.0	1.4	13.7	1.5	0.4	4.3
17.9	12.3	2.8	1.9	16.4	2.0	0.3	2.3
17.9	12.2	2.7	2.0	16.8	2.0	0.2	2.2
16.1	17.1	4.4	0.0	8.2	2.2	0.7	7.3
10.9	15.6	0.0	0.0	0.0	1.6	0.0	0.0
33.3	0.0	33.3	0.0	0.0	0.0	0.0	0.0

	人均天花费（美元/人天）	人均天花费构成（%）				
		长途交通	飞　机	火　车	汽　车	轮　船
抚　顺	255.45	8.8	7.6	0.9	0.3	0.0
外国人	254.86	8.7	7.5	0.9	0.3	0.0
香港同胞	283.42	12.4	11.1	0.6	0.7	0.0
澳门同胞	—	—	—	—	—	—
台湾同胞	—	—	—	—	—	—
本　溪	167.57	13.0	6.5	5.4	1.1	0.0
外国人	164.89	12.5	6.0	5.4	1.2	0.0
香港同胞	182.28	15.6	9.7	4.9	1.1	0.0
澳门同胞	148.99	14.1	8.4	4.4	1.3	0.0
台湾同胞	134.95	13.0	5.9	6.6	0.5	0.0
丹　东	157.63	23.6	17.1	5.1	0.5	0.8
外国人	153.82	25.3	16.4	7.2	0.5	1.3
香港同胞	269.96	21.6	19.4	1.0	1.3	0.0
澳门同胞	172.70	19.4	17.8	0.9	0.7	0.0
台湾同胞	254.13	20.8	17.6	3.2	0.0	0.0
锦　州	116.85	27.6	20.0	6.0	1.0	0.5
外国人	97.13	24.5	18.0	6.2	0.2	0.2
香港同胞	209.17	28.3	22.7	3.6	1.9	0.2
澳门同胞	262.22	27.6	23.9	2.0	1.7	0.0
台湾同胞	133.55	53.3	28.0	15.0	5.6	4.7
营　口	143.64	2.7	0.8	0.1	0.0	1.7
外国人	143.88	2.7	0.8	0.1	0.0	1.7
香港同胞	—	—	—	—	—	—
澳门同胞	125.13	0.0	0.0	0.0	0.0	0.0
台湾同胞	127.78	0.0	0.0	0.0	0.0	0.0
盘　锦	221.03	51.3	48.4	1.9	1.0	0.1
外国人	221.03	51.3	48.4	1.9	1.0	0.1
香港同胞	—	—	—	—	—	—
澳门同胞	—	—	—	—	—	—
台湾同胞	—	—	—	—	—	—

住 宿	餐 饮	景 区 游 览	娱 乐	购 物	市 内 交 通	邮 电 通 信	其 他
19.2	7.8	5.0	2.1	28.3	2.2	0.2	26.5
19.4	7.8	4.8	2.1	27.8	2.2	0.2	27.0
12.7	7.5	11.3	0.1	46.0	2.2	0.0	7.8
—	—	—	—	—	—	—	—
—	—	—	—	—	—	—	—
20.5	13.4	16.0	2.6	18.3	3.8	1.5	10.9
20.3	12.8	15.3	2.7	19.6	3.8	1.5	11.5
21.3	14.2	18.0	2.7	16.5	4.0	1.5	6.2
19.0	14.6	19.3	2.8	11.4	4.5	2.5	11.9
22.3	17.0	17.8	1.7	12.7	3.7	0.8	11.1
16.9	12.4	7.4	3.7	22.9	2.7	0.5	9.9
17.9	10.3	4.8	2.6	29.3	2.3	0.4	7.2
16.0	13.1	12.7	3.7	11.9	3.9	0.6	16.5
13.0	17.4	9.2	11.0	15.7	2.0	0.0	12.2
16.2	18.5	13.2	3.0	8.3	3.9	1.2	14.7
37.4	15.0	4.1	3.0	7.9	2.0	0.7	2.2
48.2	16.6	1.2	2.5	5.3	1.3	0.1	0.3
16.6	12.9	10.8	3.4	16.1	3.1	1.7	7.1
18.1	16.9	14.2	1.1	5.7	4.7	2.3	9.5
15.9	5.6	3.7	8.4	7.5	2.8	2.8	0.0
29.5	19.3	11.7	8.4	23.5	1.8	0.3	2.9
29.2	19.4	11.8	8.3	23.6	1.9	0.3	2.9
—	—	—	—	—	—	—	—
45.6	13.6	6.8	9.1	18.1	0.0	0.0	6.8
45.3	16.9	3.4	14.2	20.3	0.0	0.0	0.0
8.7	6.9	4.1	4.0	17.2	1.2	1.3	5.3
8.7	6.9	4.1	4.0	17.2	1.2	1.3	5.3
—	—	—	—	—	—	—	—
—	—	—	—	—	—	—	—
—	—	—	—	—	—	—	—

1-20（续4）

	人均天花费（美元/人天）	人均天花费构成（%）				
		长途交通	飞 机	火 车	汽 车	轮 船
葫芦岛	228.29	11.6	4.5	7.0	0.1	0.0
外国人	228.29	11.6	4.5	7.0	0.1	0.0
香港同胞	—	—	—	—	—	—
澳门同胞	—	—	—	—	—	—
台湾同胞	—	—	—	—	—	—
长 春	219.62	33.4	33.2	0.2	0.0	0.0
外国人	211.00	32.2	31.9	0.2	0.0	0.0
香港同胞	223.79	48.6	48.6	0.0	0.0	0.0
澳门同胞	186.35	17.4	17.4	0.0	0.0	0.0
台湾同胞	191.88	41.8	41.8	0.0	0.0	0.0
吉 林	195.98	32.7	32.2	0.5	0.0	0.0
外国人	199.73	32.8	32.4	0.4	0.0	0.0
香港同胞	156.92	49.9	49.1	0.8	0.0	0.0
澳门同胞	163.69	21.6	20.9	0.7	0.0	0.0
台湾同胞	172.24	28.1	27.0	1.1	0.0	0.0
通 化	196.24	38.9	38.3	0.3	0.3	0.0
外国人	200.98	38.7	38.2	0.4	0.2	0.0
香港同胞	181.96	29.3	28.1	0.0	1.3	0.0
澳门同胞	141.55	37.6	35.1	0.0	2.5	0.0
台湾同胞	144.75	52.9	51.8	0.0	1.1	0.0
白 山	126.96	29.4	27.6	0.4	1.4	0.0
外国人	125.86	30.3	28.4	0.4	1.4	0.0
香港同胞	139.37	17.3	15.4	0.0	1.9	0.0
澳门同胞	118.48	36.7	35.8	0.0	0.8	0.0
台湾同胞	133.39	28.7	27.7	0.0	1.0	0.0
延 吉	194.70	43.1	43.1	0.0	0.0	0.0
外国人	210.64	43.4	43.4	0.0	0.0	0.0
香港同胞	171.67	54.8	54.8	0.0	0.0	0.0
澳门同胞	—	—	—	—	—	—
台湾同胞	174.03	22.9	22.9	0.0	0.0	0.0

住 宿	餐 饮	景 区游 览	娱 乐	购 物	市 内交 通	邮 电通 信	其 他
21.0	11.1	10.2	3.0	29.7	2.7	0.2	10.5
21.0	11.1	10.2	3.0	29.7	2.7	0.2	10.5
—	—	—	—	—	—	—	—
—	—	—	—	—	—	—	—
—	—	—	—	—	—	—	—
12.5	7.5	6.1	4.0	23.7	2.8	1.6	8.5
12.7	7.4	6.4	4.0	24.3	2.9	1.7	8.5
9.8	7.0	3.7	1.7	19.5	1.5	0.9	7.4
11.1	12.1	8.9	6.3	28.2	2.4	1.0	12.8
13.5	8.3	2.2	5.2	15.4	2.6	1.9	9.2
13.3	8.8	8.3	5.2	20.4	3.0	1.3	7.0
14.1	8.2	8.1	5.2	20.8	2.9	1.2	6.8
5.6	7.0	5.5	2.1	20.0	1.6	1.3	7.2
13.6	13.6	11.0	6.5	20.3	3.6	2.2	7.7
12.4	12.1	9.9	6.5	17.5	3.9	1.9	7.9
12.2	7.4	7.0	4.5	16.2	2.6	1.8	9.3
12.3	7.7	7.1	4.5	16.1	2.7	1.8	9.0
14.0	6.5	8.4	5.8	24.0	2.5	1.8	7.7
14.6	5.3	7.2	5.5	12.2	1.2	0.8	15.6
8.7	4.0	3.5	2.4	11.9	1.9	1.7	13.0
10.6	7.7	6.3	5.2	19.4	3.1	2.3	16.1
10.8	7.9	6.6	5.2	18.3	3.1	2.4	15.3
11.0	6.6	4.7	6.2	35.8	3.3	2.0	13.2
11.2	6.6	6.7	10.1	12.8	2.1	1.7	12.0
7.1	5.9	3.1	0.7	15.4	3.2	1.9	34.0
12.6	6.9	6.6	3.7	18.5	2.5	1.3	4.8
13.1	6.7	6.4	3.7	18.3	2.5	1.2	4.7
4.4	8.1	7.1	2.4	17.1	2.4	1.2	2.6
—	—	—	—	—	—	—	—
9.1	11.7	10.9	4.5	25.5	3.3	3.1	9.1

1-20(续5)

	人均天花费 （美元/人天）	人均天花费构成（%）				
		长途交通	飞 机	火 车	汽 车	轮 船
哈 尔 滨	249.21	22.3	20.7	0.7	0.8	0.0
外 国 人	247.93	23.0	21.3	0.8	0.9	0.0
香港同胞	287.34	18.0	17.7	0.3	0.0	0.0
澳门同胞	200.41	7.1	7.1	0.0	0.0	0.0
台湾同胞	213.47	20.7	20.0	0.4	0.3	0.0
齐 齐 哈 尔	199.03	22.4	21.3	0.1	1.0	0.0
外 国 人	—	—	—	—	—	—
香港同胞	180.98	20.9	20.9	0.0	0.0	0.0
澳门同胞	—	—	—	—	—	—
台湾同胞	201.71	22.9	21.4	0.1	1.3	0.0
大 庆	177.37	31.1	29.3	0.4	1.4	0.0
外 国 人	177.61	31.1	29.3	0.4	1.4	0.0
香港同胞	173.94	28.4	26.8	0.0	1.6	0.0
澳门同胞	—	—	—	—	—	—
台湾同胞	—	—	—	—	—	—
佳 木 斯	201.89	28.6	25.9	0.2	2.5	0.0
外 国 人	201.89	28.6	25.9	0.2	2.5	0.0
香港同胞	—	—	—	—	—	—
澳门同胞	—	—	—	—	—	—
台湾同胞	—	—	—	—	—	—
牡 丹 江	172.10	25.5	22.2	0.9	2.4	0.0
外 国 人	175.19	24.5	21.0	0.9	2.5	0.0
香港同胞	358.25	31.2	30.9	0.0	0.3	0.0
澳门同胞	260.40	27.7	27.7	0.0	0.0	0.0
台湾同胞	171.21	64.9	61.5	2.1	1.3	0.0
上 海	266.63	29.6	29.0	0.5	0.1	0.1
外 国 人	267.00	30.9	30.3	0.5	0.1	0.1
香港同胞	265.34	19.1	18.8	0.3	0.0	0.0
澳门同胞	243.30	13.7	13.5	0.2	0.0	0.0
台湾同胞	250.14	21.6	21.1	0.4	0.0	0.0

住 宿	餐 饮	景 区 游 览	娱 乐	购 物	市 内 交 通	邮 电 通 信	其 他
21.4	14.4	3.2	1.4	26.9	1.6	0.4	8.5
19.7	13.9	3.2	1.3	27.8	1.5	0.4	9.1
31.5	19.2	1.5	2.0	21.3	1.9	0.3	4.3
25.5	8.9	8.5	1.2	37.6	0.5	0.0	10.7
37.0	18.3	2.1	2.5	14.0	2.9	0.5	2.1
22.2	24.4	1.3	0.0	24.7	0.0	0.0	5.1
—	—	—	—	—	—	—	—
28.1	32.2	0.0	0.0	15.1	0.0	0.0	3.8
—	—	—	—	—	—	—	—
20.4	21.9	1.7	0.0	27.7	0.0	0.0	5.5
17.8	16.0	3.0	0.3	11.5	0.4	1.3	18.7
17.7	16.0	2.9	0.3	11.2	0.4	1.3	19.0
19.1	15.2	8.4	0.0	23.4	0.0	1.4	4.2
—	—	—	—	—	—	—	—
—	—	—	—	—	—	—	—
19.9	20.0	3.1	0.0	19.2	0.0	0.1	9.1
19.9	20.0	3.1	0.0	19.2	0.0	0.1	9.1
—	—	—	—	—	—	—	—
—	—	—	—	—	—	—	—
—	—	—	—	—	—	—	—
17.2	17.5	2.9	1.4	21.6	0.2	1.4	12.3
17.2	17.5	3.0	1.4	22.1	0.2	1.5	12.7
17.1	16.7	3.1	0.0	24.4	0.3	0.0	7.0
22.9	27.0	0.0	0.0	16.3	0.0	0.0	6.1
10.6	9.1	0.8	3.4	4.6	0.5	0.0	6.2
32.3	13.1	2.7	3.1	13.7	3.0	0.4	2.2
32.1	12.8	2.6	2.9	13.4	2.9	0.4	2.1
34.2	15.9	2.6	4.9	16.6	2.9	1.0	2.7
28.7	13.8	2.6	6.3	20.8	3.6	0.6	9.9
34.9	16.3	4.5	3.5	13.3	4.2	0.5	1.1

1-20（续 6）

	人均天花费（美元/人天）	人均天花费构成（%）				
		长途交通	飞 机	火 车	汽 车	轮 船
南 京	282.71	25.7	22.4	2.5	0.5	0.3
外 国 人	288.90	26.7	23.2	2.6	0.6	0.3
香港同胞	284.45	25.8	22.4	2.0	0.2	1.2
澳门同胞	270.66	24.9	24.3	0.4	0.2	0.0
台湾同胞	244.97	18.7	15.6	2.8	0.3	0.0
无 锡	259.20	20.5	18.3	1.9	0.1	0.2
外 国 人	252.32	21.0	18.5	2.0	0.1	0.3
香港同胞	252.40	15.2	13.3	1.6	0.3	0.0
澳门同胞	252.51	22.7	21.6	0.9	0.1	0.0
台湾同胞	272.58	18.6	16.5	1.9	0.2	0.0
苏 州	285.60	21.4	20.4	0.5	0.5	0.1
外 国 人	293.77	24.8	23.8	0.2	0.6	0.1
香港同胞	277.09	11.2	10.1	0.9	0.2	0.0
澳门同胞	271.98	12.4	12.2	0.1	0.1	0.0
台湾同胞	281.40	17.6	16.0	1.3	0.3	0.0
南 通	208.43	3.9	2.6	0.8	0.4	0.1
外 国 人	216.43	2.2	1.3	0.5	0.3	0.1
香港同胞	199.64	10.9	6.7	2.8	0.7	0.6
澳门同胞	199.21	6.4	6.0	0.2	0.2	0.0
台湾同胞	193.37	4.3	3.4	0.4	0.5	0.0
扬 州	257.48	19.0	15.5	2.7	0.6	0.1
外 国 人	264.39	18.4	15.2	2.4	0.8	0.0
香港同胞	262.13	7.1	4.6	2.4	0.0	0.0
澳门同胞	231.26	17.4	14.5	2.8	0.1	0.0
台湾同胞	232.57	25.0	20.7	3.2	0.8	0.3
杭 州	289.84	26.9	25.3	0.9	0.1	0.6
外 国 人	257.93	27.2	25.6	0.9	0.1	0.6
香港同胞	289.30	26.4	24.0	1.1	0.1	1.2
澳门同胞	303.84	28.9	28.9	0.0	0.0	0.0
台湾同胞	249.92	23.3	21.3	1.3	0.7	0.0

住 宿	餐 饮	景 区 游 览	娱 乐	购 物	市 内 交 通	邮 电 通 信	其 他
21.3	8.7	3.9	3.4	18.0	2.8	2.1	14.1
21.0	8.6	3.5	3.2	18.3	2.8	2.0	13.8
20.5	11.7	3.4	1.4	16.2	2.2	1.7	16.9
16.5	7.3	5.6	5.8	16.9	1.2	1.3	20.6
25.3	8.4	6.3	5.3	17.4	3.5	3.3	11.8
23.9	9.6	4.3	5.3	19.6	3.3	2.5	11.1
25.9	9.8	3.9	4.4	18.9	3.3	2.0	10.9
17.3	8.4	6.1	4.3	20.9	2.7	13.4	11.6
17.5	8.5	4.4	7.8	22.4	3.1	2.4	11.3
21.8	9.8	5.3	7.4	20.3	3.5	1.8	11.6
24.5	6.7	1.5	1.6	6.8	0.5	0.4	36.5
25.3	5.8	1.0	1.6	4.3	0.6	0.4	36.2
12.3	6.7	0.8	1.3	8.6	0.3	0.2	58.7
45.2	3.9	3.0	6.0	2.5	0.3	0.3	26.4
30.1	10.9	4.1	1.4	17.0	0.8	0.9	17.3
21.8	13.8	4.5	9.4	22.9	0.7	2.7	20.4
26.9	16.7	3.7	11.3	22.7	0.6	2.8	13.1
13.3	8.6	3.7	4.2	20.3	0.2	0.9	37.8
12.8	6.6	5.6	7.9	44.0	0.3	0.0	16.3
10.9	8.3	7.9	6.1	21.8	1.2	4.2	35.3
17.7	9.2	4.1	5.0	16.6	1.6	4.5	22.4
18.0	8.8	3.5	4.7	14.8	1.8	5.1	24.8
22.8	15.1	3.5	3.2	21.4	1.3	4.1	21.5
15.8	8.7	6.7	6.4	15.4	0.9	5.1	23.7
15.5	7.6	4.8	5.8	17.4	1.4	3.5	18.9
28.5	13.7	2.3	2.8	17.7	1.5	0.7	6.1
27.2	14.4	2.2	2.3	17.2	1.4	0.9	7.2
31.1	11.7	3.1	2.5	20.4	1.4	0.2	3.2
36.7	8.9	2.0	8.5	12.6	0.6	0.0	1.8
28.6	14.8	2.0	2.7	21.6	2.4	0.2	4.3

1-20（续7）

	人均天花费（美元/人天）	人均天花费构成（%）				
		长途交通	飞　机	火　车	汽　车	轮　船
宁　波	224.20	34.9	32.2	1.1	0.9	0.6
外 国 人	231.85	36.6	34.4	1.1	0.9	0.3
香港同胞	200.38	30.6	26.1	1.9	1.0	1.6
澳门同胞	175.65	29.5	24.9	0.8	1.1	2.7
台湾同胞	212.90	28.8	26.0	0.2	1.2	1.5
温　州	191.18	41.6	39.5	1.7	0.3	0.0
外 国 人	189.37	42.2	40.2	1.6	0.4	0.0
香港同胞	204.24	50.9	50.0	1.0	0.0	0.0
澳门同胞	264.22	36.6	36.6	0.0	0.0	0.0
台湾同胞	189.27	28.5	23.0	4.7	0.5	0.3
绍　兴	231.80	12.6	11.1	0.7	0.5	0.4
外 国 人	266.55	12.4	10.8	0.7	0.5	0.4
香港同胞	206.87	10.3	9.1	0.4	0.5	0.2
澳门同胞	219.73	16.1	15.6	0.5	0.0	0.0
台湾同胞	272.80	19.4	17.2	0.9	0.8	0.4
金　华	206.82	40.4	37.5	2.2	0.5	0.2
外 国 人	204.03	41.8	38.8	2.4	0.3	0.2
香港同胞	205.32	31.5	28.9	1.4	0.8	0.3
澳门同胞	239.16	31.8	29.4	0.5	1.7	0.3
台湾同胞	203.93	40.4	37.7	0.9	1.4	0.4
衢　州	85.03	18.9	12.4	5.6	0.6	0.2
外 国 人	71.04	17.4	9.3	7.6	0.3	0.1
香港同胞	138.22	24.6	19.5	3.1	1.3	0.6
澳门同胞	—	—	—	—	—	—
台湾同胞	98.26	11.2	11.2	0.0	0.0	0.0
合　肥	242.30	32.9	32.5	0.4	0.1	0.0
外 国 人	243.03	36.8	36.2	0.5	0.1	0.0
香港同胞	201.51	19.5	19.3	0.0	0.2	0.0
澳门同胞	221.08	15.4	15.4	0.0	0.1	0.0
台湾同胞	217.43	19.8	19.8	0.0	0.0	0.0

住 宿	餐 饮	景 区 游 览	娱 乐	购 物	市 内 交 通	邮 电 通 信	其 他
14.4	11.4	2.9	4.5	20.2	1.3	1.0	9.5
14.3	10.4	2.5	4.1	21.4	1.2	1.0	8.5
16.1	15.9	3.8	6.9	13.7	1.9	0.9	10.2
16.6	19.9	5.1	5.9	13.6	1.5	0.6	7.3
9.8	7.1	3.8	3.2	24.4	0.8	2.2	19.7
20.0	11.3	1.8	2.7	11.9	1.1	0.1	9.4
19.8	11.1	1.7	3.0	11.7	1.0	0.1	9.5
18.4	11.2	1.6	1.2	12.0	1.1	0.0	3.6
17.7	10.8	0.0	0.0	21.6	1.9	1.3	10.1
25.8	14.4	4.3	1.3	11.1	1.2	0.2	13.1
15.0	9.2	2.0	3.6	33.4	1.8	4.6	17.7
13.1	9.6	1.9	2.8	35.2	1.9	5.3	17.8
29.6	5.2	2.9	2.9	27.4	1.1	2.6	18.0
17.2	6.5	0.4	30.6	24.1	1.2	0.0	3.9
11.8	13.2	3.6	1.2	23.4	1.2	0.3	25.8
18.6	10.3	4.2	3.5	16.3	1.9	0.8	4.0
18.6	10.0	2.9	3.6	17.0	1.9	0.7	3.5
20.8	12.9	7.6	2.7	16.8	2.3	1.3	4.2
15.3	10.8	8.9	8.4	5.7	0.3	1.4	17.3
16.2	9.8	10.8	2.7	11.8	1.6	1.1	5.5
35.4	14.2	2.2	3.2	12.3	2.8	1.6	9.5
46.0	12.5	1.7	3.2	10.2	2.4	2.5	4.2
18.9	16.1	4.1	3.1	14.6	3.8	0.2	14.7
—	—	—	—	—	—	—	—
14.7	19.6	0.0	4.0	19.3	1.9	0.0	29.2
15.9	16.0	4.2	1.5	20.7	0.7	0.8	7.1
16.4	16.5	3.8	1.4	18.3	0.6	0.9	5.4
15.2	13.6	6.0	0.3	28.5	1.8	0.2	14.9
14.3	12.9	6.7	2.0	27.1	1.0	1.0	19.6
13.2	15.3	5.6	3.0	31.0	0.9	0.4	10.7

1-20(续8)

	人均天花费 (美元/人天)	人均天花费构成（%）				
		长途交通	飞 机	火 车	汽 车	轮 船
芜　　湖	200.45	28.7	26.0	2.4	0.2	0.1
外 国 人	198.37	28.7	26.4	2.1	0.2	0.1
香港同胞	215.24	26.9	20.8	5.7	0.3	0.0
澳门同胞	177.68	27.3	18.2	9.1	0.0	0.0
台湾同胞	193.92	31.9	24.1	7.7	0.0	0.0
马 鞍 山	278.09	10.4	10.2	0.1	0.0	0.0
外 国 人	278.09	10.4	10.2	0.1	0.0	0.0
香港同胞	—	—	—	—	—	—
澳门同胞	—	—	—	—	—	—
台湾同胞	—	—	—	—	—	—
铜　　陵	184.20	10.5	2.9	5.2	2.4	0.0
外 国 人	184.50	10.5	2.5	5.7	2.3	0.0
香港同胞	170.78	8.8	0.0	5.0	3.8	0.0
澳门同胞	194.32	17.4	12.0	2.6	2.8	0.0
台湾同胞	173.27	4.2	0.0	2.8	1.4	0.0
安　　庆	201.45	18.6	17.3	0.4	0.2	0.6
外 国 人	201.15	18.4	17.3	0.5	0.2	0.3
香港同胞	244.77	21.9	21.7	0.0	0.2	0.0
澳门同胞	219.79	13.7	7.2	0.0	0.2	6.4
台湾同胞	162.36	23.8	19.7	0.0	0.0	4.0
黄　　山	236.51	12.6	11.3	0.9	0.3	0.0
外 国 人	239.19	13.0	11.7	1.0	0.3	0.0
香港同胞	226.94	9.1	8.0	0.7	0.4	0.0
澳门同胞	214.10	11.9	11.6	0.0	0.2	0.0
台湾同胞	223.63	11.6	10.8	0.6	0.1	0.1
滁　　州	195.21	8.6	0.1	8.5	0.1	0.0
外 国 人	195.21	8.6	0.1	8.5	0.1	0.0
香港同胞	—	—	—	—	—	—
澳门同胞	—	—	—	—	—	—
台湾同胞	—	—	—	—	—	—

住　宿	餐　饮	景　区 游　览	娱　乐	购　物	市　内 交　通	邮　电 通　信	其　他
17.6	9.8	6.0	5.6	17.8	1.7	0.4	12.5
17.8	9.8	5.9	5.4	17.8	1.7	0.4	12.4
14.7	7.9	6.6	10.9	16.1	1.3	0.5	15.1
27.3	18.2	9.1	9.1	4.5	4.5	0.0	0.0
14.9	9.7	9.7	0.0	22.7	1.5	0.0	9.7
7.5	15.3	2.5	6.6	43.4	1.2	0.7	12.4
7.5	15.3	2.5	6.6	43.4	1.2	0.7	12.4
—	—	—	—	—	—	—	—
—	—	—	—	—	—	—	—
—	—	—	—	—	—	—	—
28.2	22.3	3.7	5.6	19.5	3.8	1.2	5.2
29.8	22.0	3.8	5.9	18.3	3.7	1.4	4.7
24.5	24.2	1.8	6.4	25.4	4.6	0.6	3.6
18.7	19.6	7.0	4.6	16.2	4.3	0.7	11.5
25.4	26.9	1.0	2.8	31.0	3.5	0.8	4.4
8.7	5.9	10.2	3.2	28.7	3.8	1.7	19.0
8.7	5.8	10.1	3.1	28.8	3.8	1.7	19.7
9.1	8.2	11.7	4.8	27.1	4.4	1.7	11.0
7.2	5.5	12.7	2.5	33.4	3.2	1.7	20.1
10.4	8.0	11.4	5.0	25.0	4.1	1.6	10.8
7.0	4.5	10.5	1.8	38.7	2.6	1.7	20.8
7.2	4.6	10.1	1.9	38.0	2.7	1.6	20.9
6.1	4.6	12.0	2.0	38.9	2.2	1.9	23.2
6.3	4.3	11.6	1.6	42.4	2.3	1.7	17.9
6.2	3.6	11.8	0.9	43.0	2.1	1.8	19.0
16.7	23.8	6.6	7.3	21.8	4.5	0.1	10.6
16.7	23.8	6.6	7.3	21.8	4.5	0.1	10.6
—	—	—	—	—	—	—	—
—	—	—	—	—	—	—	—
—	—	—	—	—	—	—	—

1-20(续9)

	人均天花费（美元/人天）	人均天花费构成（%）				
		长途交通	飞 机	火 车	汽 车	轮 船
亳 州	196.12	23.5	21.0	1.8	0.7	0.0
外 国 人	201.53	24.0	21.7	1.6	0.7	0.0
香港同胞	50.27	19.8	16.1	2.7	1.0	0.0
澳门同胞	133.45	18.2	17.8	0.0	0.4	0.0
台湾同胞	44.58	29.2	22.7	4.8	1.7	0.0
池 州	182.52	12.8	10.7	1.5	0.5	0.1
外 国 人	186.08	12.9	10.9	1.4	0.5	0.0
香港同胞	164.63	16.1	8.3	6.2	0.7	0.8
澳门同胞	166.76	10.5	9.4	0.8	0.2	0.0
台湾同胞	166.39	8.4	5.6	2.2	0.6	0.0
宣 城	173.90	10.7	6.1	2.6	1.9	0.0
外 国 人	181.97	11.2	6.5	2.7	2.0	0.0
香港同胞	173.41	8.5	4.0	2.9	1.6	0.0
澳门同胞	155.25	6.9	0.0	4.5	2.4	0.0
台湾同胞	170.44	6.1	4.5	0.0	1.6	0.0
福 州	201.67	38.8	36.4	1.1	1.1	0.3
外 国 人	214.07	51.8	49.5	1.3	0.6	0.4
香港同胞	173.00	41.9	40.6	1.0	0.3	0.0
澳门同胞	153.96	46.6	46.2	0.1	0.3	0.0
台湾同胞	168.56	12.8	9.6	0.7	2.3	0.2
厦 门	277.67	40.0	38.6	0.6	0.4	0.4
外 国 人	279.21	45.1	44.1	0.5	0.2	0.3
香港同胞	223.69	31.0	28.1	2.2	0.2	0.4
澳门同胞	239.76	31.8	29.5	2.0	0.2	0.0
台湾同胞	218.91	23.6	21.7	0.0	1.4	0.5
泉 州	203.37	39.2	36.9	0.9	0.7	0.7
外 国 人	236.84	44.9	44.0	0.5	0.4	0.1
香港同胞	174.44	36.6	32.2	1.8	1.0	1.6
澳门同胞	199.59	29.3	26.5	1.2	0.7	0.9
台湾同胞	176.97	28.3	25.3	0.2	1.4	1.4

住 宿	餐 饮	景 区 游 览	娱 乐	购 物	市 内 交 通	邮 电 通 信	其 他
12.7	7.9	17.9	2.9	9.9	6.0	0.0	19.2
12.9	7.7	17.7	2.8	9.5	6.4	0.0	19.0
11.0	8.4	18.6	2.3	12.4	3.9	0.0	23.6
11.7	8.1	26.3	2.6	8.7	5.1	0.0	19.2
14.2	11.9	8.4	5.3	15.5	2.5	0.2	12.7
14.9	6.7	10.4	4.3	27.7	2.9	1.1	19.3
14.8	6.5	10.2	4.3	27.8	2.9	1.1	19.6
19.1	10.4	13.3	7.5	19.8	3.6	0.5	9.6
10.5	5.0	14.6	1.8	37.7	2.8	0.4	16.6
15.7	12.5	12.4	3.8	23.3	2.0	1.8	20.2
16.5	10.5	9.5	3.5	32.0	3.0	1.7	12.5
16.1	10.2	9.2	3.4	32.7	3.2	1.9	12.1
13.1	8.3	13.6	3.6	28.0	2.4	1.2	21.4
28.7	23.7	12.7	1.5	22.0	3.2	0.0	1.3
24.2	15.7	8.7	5.7	27.9	0.9	0.4	10.4
14.7	6.6	1.5	0.5	33.7	1.6	0.7	2.0
18.0	5.6	1.0	0.6	19.3	1.7	0.6	1.4
18.2	4.5	0.0	1.3	31.5	1.1	0.4	1.2
28.6	5.9	2.3	0.0	13.9	1.4	0.5	0.8
6.3	9.1	2.8	0.0	63.1	1.4	0.9	3.5
23.4	8.3	1.9	2.3	16.2	1.8	0.5	5.7
22.5	7.5	1.3	1.7	14.1	1.6	0.5	5.6
28.0	9.9	4.7	5.0	16.4	2.2	0.7	2.0
27.4	15.2	5.3	6.0	9.0	0.9	0.3	4.1
23.9	9.5	2.4	2.8	26.5	2.0	0.6	8.7
17.0	14.1	1.3	5.6	14.1	1.6	0.6	6.6
16.9	12.4	0.9	7.6	11.1	1.5	0.1	4.6
17.6	13.4	2.0	3.9	16.6	2.1	1.8	5.9
17.7	19.3	2.1	4.9	16.0	1.3	0.4	8.8
14.9	17.3	0.5	0.0	20.9	1.2	1.0	15.9

1-20（续10）

	人均天花费（美元/人天）	人均天花费构成（%）				
		长途交通	飞 机	火 车	汽 车	轮 船
漳 州	203.42	7.0	3.8	1.7	1.5	0.0
外 国 人	206.73	13.5	12.0	0.9	0.5	0.1
香港同胞	172.10	2.6	0.4	2.0	0.2	0.0
澳门同胞	172.29	3.8	0.0	3.8	0.0	0.0
台湾同胞	185.37	7.0	0.8	2.1	4.1	0.0
武 夷 山	165.02	8.6	1.4	3.8	3.3	0.1
外 国 人	187.35	7.5	1.3	4.6	1.4	0.2
香港同胞	143.59	15.4	2.4	11.7	1.2	0.1
澳门同胞	152.14	9.7	2.5	3.4	3.5	0.3
台湾同胞	165.44	6.8	1.0	0.5	5.3	0.0
南 昌	209.49	13.8	8.8	1.1	3.9	0.0
外 国 人	203.62	14.8	10.3	0.6	4.0	0.0
香港同胞	197.73	12.5	7.0	1.2	4.3	0.0
澳门同胞	171.63	15.0	9.6	3.9	1.5	0.0
台湾同胞	227.19	10.7	4.8	1.7	4.2	0.0
景 德 镇	215.79	14.8	12.3	0.5	2.0	0.0
外 国 人	216.73	19.4	17.1	0.5	1.8	0.0
香港同胞	216.60	10.3	8.0	0.1	2.2	0.0
澳门同胞	200.89	9.8	6.6	1.2	2.0	0.0
台湾同胞	193.33	11.2	8.1	0.5	2.5	0.0
九 江	200.56	7.0	1.0	0.5	5.5	0.0
外 国 人	214.35	6.7	0.8	0.5	5.4	0.0
香港同胞	175.61	9.0	3.5	0.2	5.4	0.0
澳门同胞	183.03	6.0	0.0	0.7	5.3	0.0
台湾同胞	174.78	7.2	1.1	0.2	5.9	0.0
鹰 潭	189.52	12.5	4.7	2.2	5.5	0.0
外 国 人	187.79	12.1	4.5	2.1	5.6	0.0
香港同胞	172.57	14.8	7.3	2.6	4.9	0.0
澳门同胞	200.44	10.5	1.8	3.4	5.3	0.0
台湾同胞	190.98	12.8	4.8	1.6	6.4	0.0

住 宿	餐 饮	景 区 游 览	娱 乐	购 物	市 内 交 通	邮 电 通 信	其 他
13.4	5.6	1.8	1.4	64.8	1.3	0.5	4.1
18.7	6.6	2.0	2.8	47.5	2.0	1.6	5.4
5.0	1.9	0.8	0.6	86.1	1.0	0.0	2.1
42.8	17.8	0.0	20.1	11.6	2.3	0.0	1.5
18.7	9.3	3.1	0.6	54.0	1.1	0.1	5.9
15.8	8.2	5.1	0.0	28.5	2.6	3.5	27.7
17.6	9.1	9.5	0.0	27.2	3.8	3.0	22.3
17.8	6.6	3.5	0.0	21.3	5.2	3.6	26.7
24.9	6.7	2.3	0.0	19.6	5.5	3.9	27.3
13.8	8.1	3.0	0.0	32.1	0.9	3.8	31.4
20.9	21.7	7.1	4.5	19.2	1.2	1.6	9.9
19.8	20.7	7.4	4.7	20.3	1.1	1.3	10.0
22.0	21.5	7.7	3.8	18.1	0.7	1.8	11.9
29.5	24.2	3.1	3.8	15.6	2.9	0.8	5.1
19.8	23.9	7.6	4.9	18.1	1.3	2.9	10.7
12.7	12.5	4.2	2.5	49.5	0.7	0.1	2.9
12.8	13.2	3.8	3.0	44.1	0.8	0.3	2.7
10.2	11.6	4.2	2.1	57.7	0.5	0.0	3.3
18.4	11.4	5.0	1.7	50.2	0.7	0.1	2.6
11.6	14.1	4.7	2.3	51.9	0.8	0.2	3.4
19.1	22.1	9.6	4.7	25.5	0.2	1.2	10.6
16.8	21.8	9.4	4.8	27.9	0.2	1.3	11.1
18.5	24.0	10.3	4.7	22.1	0.7	1.0	9.7
34.1	20.2	9.1	4.5	16.3	0.1	0.7	9.0
18.1	23.7	10.2	4.7	24.0	0.2	1.2	10.7
21.8	23.6	11.3	5.9	12.3	0.5	0.7	11.3
20.9	23.9	11.4	6.4	12.6	0.5	0.7	11.4
19.6	23.0	11.7	4.7	14.0	0.7	0.8	10.6
34.4	20.6	10.1	4.9	9.8	0.2	0.2	9.4
20.8	25.3	11.3	5.4	10.2	0.7	0.9	12.6

	人均天花费 (美元/人天)	人均天花费构成(%)				
		长途交通	飞 机	火 车	汽 车	轮 船
赣　州	174.11	14.8	9.1	0.7	4.9	0.1
外 国 人	178.63	15.2	9.4	0.3	5.5	0.0
香港同胞	180.71	20.1	14.5	1.5	3.5	0.5
澳门同胞	156.09	5.5	0.8	0.8	3.9	0.0
台湾同胞	171.91	12.2	6.1	0.3	5.8	0.0
吉　安	165.51	19.9	14.1	1.7	4.1	0.0
外 国 人	170.07	23.6	18.2	1.3	4.0	0.0
香港同胞	155.65	14.8	8.0	2.4	4.3	0.0
澳门同胞	160.02	13.5	6.5	4.3	2.7	0.0
台湾同胞	173.54	15.3	9.4	0.9	5.0	0.0
济　南	214.07	34.5	32.5	1.3	0.6	0.0
外 国 人	201.33	37.2	35.1	1.4	0.7	0.0
香港同胞	223.67	27.0	25.6	1.1	0.3	0.1
澳门同胞	215.60	34.7	32.0	1.7	0.9	0.1
台湾同胞	187.61	25.6	24.3	0.7	0.6	0.1
青　岛	280.91	30.2	29.7	0.4	0.1	0.0
外 国 人	282.36	32.1	31.5	0.5	0.1	0.0
香港同胞	290.92	28.7	28.0	0.5	0.1	0.0
澳门同胞	271.29	23.1	22.7	0.3	0.1	0.0
台湾同胞	251.66	26.1	26.0	0.1	0.0	0.0
烟　台	244.84	35.5	32.9	1.2	1.3	0.1
外 国 人	264.54	36.7	34.2	1.0	1.6	0.0
香港同胞	241.29	36.2	33.4	2.0	0.6	0.2
澳门同胞	248.40	30.3	27.1	1.6	0.7	0.9
台湾同胞	233.84	30.4	28.2	1.9	0.3	0.0
曲　阜	172.34	23.1	19.4	2.6	1.1	0.0
外 国 人	220.06	26.1	21.6	3.0	1.4	0.0
香港同胞	102.97	21.1	18.6	1.9	0.6	0.0
澳门同胞	96.84	19.2	15.7	2.7	0.8	0.0
台湾同胞	73.64	20.8	17.6	2.1	1.0	0.0

住 宿	餐 饮	景 区 游 览	娱 乐	购 物	市 内 交 通	邮 电 通 信	其 他
19.1	20.7	8.6	5.0	20.0	0.7	0.7	10.4
18.1	21.7	9.3	5.4	17.9	0.4	0.6	11.4
17.7	18.9	6.5	4.2	22.9	1.5	0.7	7.6
28.5	17.1	7.0	3.4	22.3	0.6	2.4	13.2
18.0	22.5	10.4	5.9	20.9	0.4	0.2	9.5
19.3	20.6	8.4	4.2	16.7	0.9	0.9	9.1
17.9	19.0	7.7	4.3	16.6	0.7	0.9	9.2
20.0	23.5	9.8	4.1	18.7	1.0	0.8	7.4
27.2	19.6	6.6	3.9	13.3	2.0	0.5	13.4
20.3	23.3	9.9	4.2	16.2	1.0	0.9	8.7
15.3	9.8	2.5	0.3	24.9	1.4	0.1	11.1
14.4	9.2	2.3	0.3	23.9	1.4	0.1	11.2
21.1	12.3	2.8	0.0	26.4	1.6	0.0	8.7
18.5	13.0	2.8	0.6	19.9	2.0	0.2	8.3
14.3	10.0	3.5	0.3	30.7	1.5	0.1	14.0
21.7	17.7	3.5	2.1	20.2	2.8	0.3	1.6
20.8	16.7	3.3	2.2	20.9	2.6	0.3	1.2
25.3	19.3	4.6	1.6	15.1	2.9	0.2	2.4
21.9	18.6	3.3	3.2	22.5	3.8	0.3	3.3
22.1	20.7	3.1	1.4	21.2	3.2	0.5	1.7
13.5	9.1	7.7	2.0	25.2	1.5	1.0	4.4
12.8	9.0	8.6	2.7	23.4	1.6	1.1	4.0
15.7	9.0	6.1	0.5	27.9	1.3	0.6	2.8
13.8	10.3	5.8	0.1	31.1	1.5	0.7	6.5
15.6	9.0	4.9	0.1	30.4	1.6	0.7	7.2
13.8	8.7	5.7	0.6	31.1	1.7	1.5	13.8
13.6	8.3	4.9	0.4	30.5	1.8	1.3	13.0
16.4	9.8	7.5	1.6	30.4	2.7	1.4	9.1
12.7	9.3	6.1	0.5	31.1	1.0	2.1	18.1
13.4	8.0	5.7	0.7	33.1	1.3	1.8	15.2

1-20（续 12）

	人均天花费（美元/人天）	人均天花费构成（%）				
		长途交通	飞　机	火　车	汽　车	轮　船
泰　安	207.57	31.3	27.5	1.3	2.3	0.2
外 国 人	208.24	30.7	27.7	0.8	2.2	0.0
香港同胞	172.86	34.0	30.7	0.7	2.6	0.0
澳门同胞	191.97	30.0	23.4	3.6	2.4	0.6
台湾同胞	208.41	30.8	24.9	3.0	2.2	0.6
威　海	219.03	26.0	21.9	2.3	1.6	0.2
外 国 人	218.31	26.4	21.7	2.7	1.8	0.2
香港同胞	210.66	15.9	15.0	0.4	0.5	0.0
澳门同胞	190.77	29.9	28.9	0.1	0.9	0.0
台湾同胞	221.02	23.4	22.2	0.4	0.8	0.0
郑　州	177.59	9.7	0.3	4.1	5.4	0.0
外 国 人	199.78	9.7	0.1	4.0	5.6	0.0
香港同胞	145.69	9.6	2.4	4.8	2.4	0.0
澳门同胞	127.88	10.2	2.0	5.3	3.0	0.0
台湾同胞	132.89	10.1	0.0	1.9	8.2	0.0
开　封	210.41	23.1	19.7	2.2	1.2	0.0
外 国 人	202.69	24.8	21.4	2.1	1.2	0.0
香港同胞	220.73	19.3	16.3	2.0	1.0	0.0
澳门同胞	213.99	16.6	9.6	5.7	1.3	0.0
台湾同胞	207.43	3.5	0.0	0.0	3.5	0.0
洛　阳	156.27	14.8	6.3	6.9	1.6	0.0
外 国 人	157.34	14.8	6.1	7.1	1.6	0.0
香港同胞	149.87	23.2	20.4	2.8	0.0	0.0
澳门同胞	—	—	—	—	—	—
台湾同胞	198.27	6.8	6.0	0.8	0.0	0.0
三 门 峡	200.57	8.7	0.2	7.1	1.5	0.0
外 国 人	195.18	8.8	0.2	7.2	1.3	0.0
香港同胞	202.94	8.9	0.6	7.1	1.2	0.0
澳门同胞	211.60	8.5	0.0	7.2	1.3	0.0
台湾同胞	203.46	8.6	0.0	6.7	1.9	0.0

住　宿	餐　饮	景　区游　览	娱　乐	购　物	市　内交　通	邮　电通　信	其　他
11.1	7.7	5.3	0.3	27.4	1.5	2.2	13.2
13.5	8.2	5.2	0.5	25.2	1.9	2.2	12.5
9.2	6.6	6.7	0.0	27.0	1.4	1.9	13.2
5.2	5.5	4.1	0.0	38.9	0.2	5.0	11.2
6.6	7.9	4.5	0.2	30.9	0.4	1.2	17.5
10.1	7.2	2.1	1.4	36.0	1.8	1.0	14.5
9.2	6.5	1.8	1.6	36.7	1.8	1.0	15.0
14.1	10.2	2.5	0.0	41.8	1.8	1.4	12.4
14.8	9.9	3.4	0.1	26.7	1.5	0.7	13.1
15.0	13.4	4.4	0.2	31.7	1.7	1.7	8.5
15.3	13.7	7.1	4.4	18.3	1.8	1.4	28.3
15.4	13.6	7.2	4.6	17.7	1.8	1.4	28.6
17.7	14.6	5.4	4.9	23.2	1.8	1.3	21.5
12.5	15.3	5.6	1.0	23.7	2.0	0.5	29.1
14.7	11.0	9.9	2.1	18.2	1.8	3.0	29.2
12.0	7.7	6.2	2.2	19.9	1.5	0.3	26.9
12.0	7.4	6.7	2.2	16.9	1.5	0.4	28.2
12.5	8.2	4.0	2.3	36.6	0.8	0.2	16.2
16.3	11.7	4.8	2.9	25.5	3.1	0.0	19.2
6.9	10.1	4.9	0.4	17.1	2.5	0.0	54.4
15.2	6.2	8.4	0.6	35.7	3.7	0.8	14.5
15.1	6.1	8.5	0.6	36.0	3.7	0.8	14.3
26.8	8.6	10.0	1.9	26.3	2.1	0.9	0.0
—	—	—	—	—	—	—	—
12.2	7.9	2.3	0.0	29.9	2.2	0.0	38.7
16.2	9.1	4.7	7.5	39.2	2.2	1.6	10.7
15.9	8.7	4.8	7.5	40.0	2.4	1.6	10.3
17.2	10.3	4.0	7.9	38.7	1.8	1.6	9.6
16.7	9.0	4.3	8.4	37.9	1.9	1.7	11.4
15.9	9.0	5.3	6.8	38.9	2.4	1.5	11.8

1-20(续 13)

	人均天花费 (美元/人天)	人均天花费构成(%)				
		长途交通	飞　机	火　车	汽　车	轮　船
武　汉	224.72	33.8	31.7	1.6	0.0	0.4
外国人	237.18	42.0	40.1	1.6	0.0	0.4
香港同胞	193.45	25.9	24.3	0.9	0.0	0.7
澳门同胞	229.00	27.2	25.9	1.0	0.0	0.2
台湾同胞	229.90	23.6	20.8	2.5	0.0	0.4
十　堰	185.46	29.2	22.0	5.9	0.5	0.7
外国人	208.68	30.7	24.3	5.0	0.7	0.7
香港同胞	158.86	26.9	16.4	9.3	0.4	0.7
澳门同胞	173.64	37.0	32.7	3.5	0.0	0.8
台湾同胞	197.50	23.5	14.9	7.6	0.0	0.9
宜　昌	260.20	35.5	32.1	2.8	0.4	0.2
外国人	259.95	34.6	30.6	3.2	0.6	0.2
香港同胞	233.72	45.8	41.9	3.7	0.2	0.0
澳门同胞	266.81	38.8	37.5	1.0	0.0	0.3
台湾同胞	209.40	33.0	31.7	0.9	0.1	0.4
襄　阳	248.04	22.3	20.3	1.9	0.1	0.1
外国人	200.96	22.9	20.7	2.0	0.1	0.1
香港同胞	236.95	21.0	19.0	1.9	0.0	0.0
澳门同胞	184.58	21.5	19.8	1.5	0.1	0.0
台湾同胞	252.17	20.6	18.9	1.7	0.1	0.0
荆　州	179.61	18.1	15.4	2.0	0.1	0.6
外国人	184.98	17.6	14.7	2.1	0.3	0.5
香港同胞	162.08	20.6	18.5	1.4	0.0	0.7
澳门同胞	157.75	27.7	25.7	1.3	0.0	0.7
台湾同胞	179.89	11.7	8.5	2.6	0.0	0.5
湖北游船	173.20	35.0	29.3	3.7	0.3	1.6
外国人	173.72	35.0	29.5	3.7	0.4	1.4
香港同胞	147.51	35.6	29.6	3.1	0.0	2.8
澳门同胞	166.43	40.1	36.2	1.8	0.0	2.0
台湾同胞	155.57	31.9	24.4	5.2	0.0	2.3

住　宿	餐　饮	景　区 游　览	娱　乐	购　物	市　内 交　通	邮　电 通　信	其　他
19.1	8.6	2.9	3.0	19.5	1.8	0.4	10.8
18.9	8.2	2.6	2.1	15.6	1.7	0.4	8.5
21.2	9.5	3.2	4.4	20.5	1.8	0.4	13.1
23.2	9.7	3.5	2.8	16.1	1.9	0.1	15.6
16.7	8.1	3.1	3.9	28.8	2.1	0.6	13.1
15.1	10.8	9.2	4.0	13.1	3.8	1.7	13.1
13.9	10.8	8.2	4.1	14.9	3.5	1.6	12.3
23.8	10.7	16.7	1.4	10.1	4.7	2.6	3.2
12.7	10.1	6.1	3.1	7.8	3.4	1.7	18.1
14.8	10.9	9.4	5.3	12.1	4.4	1.4	18.0
12.1	6.8	6.2	2.7	24.5	1.8	0.6	9.7
12.1	6.7	6.4	2.6	25.0	1.8	0.7	10.2
13.6	7.1	7.1	1.4	15.5	2.0	0.7	6.8
8.6	5.5	4.5	3.0	32.0	1.1	0.5	6.0
12.4	7.7	5.2	3.8	25.9	2.0	0.4	9.5
7.4	9.0	2.5	8.0	15.3	1.8	0.4	33.3
7.8	7.6	2.7	8.2	12.0	1.6	0.5	36.8
7.0	13.1	2.1	6.7	23.7	3.0	0.0	23.4
6.7	11.5	2.4	8.4	21.2	2.5	0.3	25.6
5.1	12.7	2.3	6.7	23.2	1.5	0.0	27.8
6.2	5.1	3.6	2.4	48.2	1.9	3.3	11.3
6.6	5.1	3.5	2.6	56.0	1.7	1.0	5.9
6.1	5.1	4.3	1.5	42.7	2.0	6.8	11.0
6.7	6.5	3.5	2.5	35.2	2.2	2.8	12.9
5.3	4.4	2.9	3.1	45.0	1.8	3.9	21.9
11.8	9.7	6.9	4.9	10.4	3.3	0.0	17.8
11.8	9.5	6.8	4.7	9.8	3.2	0.1	19.1
11.7	9.8	8.7	3.7	13.0	3.7	0.0	13.7
11.2	10.2	6.2	4.6	7.8	3.6	0.0	16.3
12.3	10.6	7.5	6.6	13.9	4.1	0.0	13.1

1-20（续14）

	人均天花费（美元/人天）	人均天花费构成（%）				
		长途交通	飞 机	火 车	汽 车	轮 船
长 沙	186.25	15.5	3.1	1.7	10.6	0.1
外 国 人	179.76	15.9	2.6	1.7	11.5	0.1
香港同胞	196.67	7.5	5.4	1.4	0.7	0.0
澳门同胞	139.24	24.2	24.2	0.0	0.0	0.0
台湾同胞	254.76	20.3	14.0	2.4	3.9	0.0
湘 潭	190.53	22.5	16.1	3.8	2.6	0.0
外 国 人	199.26	21.3	15.1	3.6	2.6	0.0
香港同胞	193.10	24.7	16.6	5.5	2.6	0.0
澳门同胞	204.25	26.3	17.3	5.9	3.1	0.0
台湾同胞	177.88	26.4	23.0	0.7	2.6	0.0
衡 阳	197.16	15.3	6.9	6.6	1.8	0.0
外 国 人	190.92	16.3	8.5	5.9	1.9	0.0
香港同胞	182.75	13.0	0.9	11.6	0.5	0.0
澳门同胞	210.06	17.8	4.4	8.6	4.8	0.0
台湾同胞	222.59	10.1	5.9	3.4	0.8	0.0
岳 阳	179.27	7.7	0.1	3.1	4.4	0.0
外 国 人	201.57	6.6	0.0	3.3	3.2	0.0
香港同胞	154.63	6.1	0.0	2.3	3.8	0.0
澳门同胞	148.92	21.6	0.0	3.3	18.3	0.0
台湾同胞	162.57	11.1	3.0	1.2	7.0	0.0
张 家 界	212.65	5.0	4.7	0.3	0.1	0.0
外 国 人	213.51	4.5	4.2	0.3	0.1	0.0
香港同胞	211.67	39.3	37.9	1.4	0.0	0.0
澳门同胞	252.43	25.9	25.9	0.0	0.0	0.0
台湾同胞	186.58	46.2	46.2	0.0	0.0	0.0
广 州	205.85	26.6	22.4	1.7	1.2	1.3
外 国 人	206.63	31.2	26.8	1.2	1.5	1.8
香港同胞	184.98	8.8	3.8	4.6	0.4	0.1
澳门同胞	222.16	7.7	4.5	2.3	0.9	0.0
台湾同胞	218.81	26.8	25.5	0.8	0.4	0.2

住 宿	餐 饮	景 区 游 览	娱 乐	购 物	市 内 交 通	邮 电 通 信	其 他
12.1	5.2	14.2	1.1	31.3	0.4	1.6	18.5
11.8	4.7	15.1	0.8	31.9	0.3	1.8	17.7
12.1	8.9	3.0	3.9	31.5	0.9	0.4	31.9
30.3	27.3	3.0	0.0	6.1	0.0	0.0	9.1
20.4	14.7	7.0	4.1	13.0	0.7	0.0	19.8
15.9	14.8	6.3	2.8	24.4	1.7	0.5	11.1
15.4	14.7	6.6	2.9	24.7	1.9	0.7	11.9
18.9	16.6	4.8	2.9	21.6	2.0	0.2	8.4
15.0	14.6	4.9	2.8	27.0	1.1	0.0	8.4
17.2	14.0	6.4	2.4	22.3	1.0	0.5	9.8
17.3	16.4	8.9	7.7	18.5	2.7	0.9	12.2
16.3	16.1	8.8	6.9	18.6	2.8	0.9	13.4
19.1	18.5	9.1	9.0	20.2	2.7	1.1	7.4
19.7	14.9	11.0	9.7	17.1	2.0	1.0	6.8
20.1	17.2	8.0	10.4	16.5	3.0	0.7	14.0
18.4	12.5	13.0	4.3	21.3	4.9	0.3	17.6
18.8	13.6	12.9	5.1	21.1	5.2	0.2	16.7
17.5	11.0	15.0	1.7	21.6	5.1	0.8	21.2
17.9	5.9	12.2	1.4	19.3	1.9	0.2	19.6
13.2	5.5	11.4	2.1	28.5	3.3	0.6	24.2
10.7	9.8	13.7	4.7	25.3	7.1	0.7	22.8
10.6	9.8	13.5	4.7	25.6	7.2	0.8	23.2
19.4	4.9	22.4	5.0	9.1	0.0	0.0	0.0
16.4	7.7	32.1	4.8	13.1	0.0	0.0	0.0
11.2	4.7	33.4	2.8	1.7	0.0	0.0	0.0
18.9	13.4	2.6	6.5	25.2	2.8	0.7	3.3
19.1	12.6	1.8	5.2	23.9	2.7	0.6	2.8
20.8	17.2	6.1	12.0	29.3	3.2	1.2	1.5
16.0	16.5	5.1	12.1	35.3	3.1	1.1	3.1
17.0	12.0	2.1	5.3	21.8	3.0	0.9	11.2

1-20(续15)

	人均天花费（美元/人天）	人均天花费构成（%）				
		长途交通	飞　机	火　车	汽　车	轮　船
深　圳	217.61	19.0	17.7	0.8	0.2	0.3
外 国 人	228.75	27.8	26.5	0.6	0.1	0.5
香港同胞	200.56	4.8	3.4	1.0	0.3	0.1
澳门同胞	195.44	5.5	2.7	1.4	0.5	0.8
台湾同胞	241.11	22.5	21.8	0.5	0.1	0.1
珠　海	191.67	17.9	14.6	0.6	0.8	2.0
外 国 人	218.23	24.8	22.8	0.6	0.5	1.0
香港同胞	172.18	11.9	3.4	0.6	1.5	6.4
澳门同胞	144.89	4.8	2.4	0.8	0.9	0.7
台湾同胞	194.92	14.3	12.5	0.5	0.7	0.6
汕　头	211.70	17.5	14.4	1.1	2.0	0.0
外 国 人	216.94	22.3	19.7	1.0	1.6	0.0
香港同胞	200.03	5.4	0.4	2.1	2.9	0.0
澳门同胞	213.20	4.8	0.6	0.7	3.3	0.2
台湾同胞	188.48	9.9	6.5	1.4	2.0	0.0
江　门	166.89	9.2	3.4	1.3	4.4	0.1
外 国 人	167.36	9.7	4.9	1.4	3.1	0.3
香港同胞	148.62	7.4	0.0	0.8	6.5	0.0
澳门同胞	155.34	10.5	3.4	1.8	5.4	0.0
台湾同胞	157.20	10.6	5.7	1.3	3.5	0.0
湛　江	156.26	23.9	20.0	1.0	2.1	0.8
外 国 人	187.38	36.4	34.2	0.6	1.3	0.3
香港同胞	140.14	10.8	4.5	1.6	4.0	0.7
澳门同胞	144.26	12.0	6.0	1.1	2.2	2.8
台湾同胞	155.09	21.7	19.8	0.8	0.3	0.8
惠　州	136.00	9.7	6.7	0.4	2.5	0.1
外 国 人	142.59	9.0	6.1	0.2	2.4	0.3
香港同胞	130.79	3.7	0.6	0.1	3.0	0.0
澳门同胞	133.43	9.6	5.2	1.6	2.7	0.0
台湾同胞	127.97	33.0	31.8	0.2	1.1	0.0

住 宿	餐 饮	景 区 游 览	娱 乐	购 物	市 内 交 通	邮 电 通 信	其 他
21.9	12.9	3.4	6.9	27.1	2.5	0.6	5.9
21.5	10.7	3.2	4.5	24.3	2.3	0.6	5.1
22.0	16.4	3.7	10.7	30.7	2.9	0.6	8.2
15.3	10.0	5.2	11.6	40.9	2.7	1.0	7.8
25.0	13.4	2.8	5.5	27.0	2.3	0.3	1.2
19.6	13.0	4.8	5.3	31.2	2.2	0.8	5.2
15.1	9.9	3.1	3.9	32.9	2.2	0.9	7.2
28.8	16.2	8.2	5.9	25.2	2.0	0.4	1.5
21.0	16.5	5.6	9.3	35.3	2.9	1.0	3.6
25.2	18.1	6.2	4.3	25.4	1.5	0.5	4.5
16.8	14.6	3.8	5.8	31.4	2.0	0.5	7.5
16.5	14.0	3.1	4.7	28.6	1.9	0.4	8.4
15.5	16.3	6.2	8.9	40.5	2.3	0.6	4.2
16.8	14.7	4.4	6.3	40.3	1.6	0.4	10.7
21.4	17.3	5.6	9.9	31.3	2.5	0.5	1.5
25.3	21.0	3.5	4.8	27.4	4.4	0.8	3.6
28.1	20.1	2.4	5.1	28.3	4.1	0.6	1.6
21.7	21.4	5.9	4.2	25.9	5.3	0.9	7.2
25.0	23.8	2.7	4.3	24.3	4.3	1.3	3.9
21.5	20.6	2.6	6.1	32.4	3.3	1.1	1.7
18.0	13.0	1.7	4.7	28.1	2.2	0.7	7.8
15.5	10.1	1.8	5.4	22.3	2.1	0.7	5.8
15.6	13.3	1.1	3.3	43.1	2.1	0.9	9.9
24.3	20.4	1.6	4.4	23.8	2.9	0.3	10.4
28.1	16.7	2.6	6.2	14.5	2.0	0.3	7.9
20.4	17.0	2.3	8.3	30.4	2.8	1.2	7.9
26.4	22.4	0.9	5.2	26.6	3.4	2.2	4.0
20.1	17.2	2.7	9.9	33.9	2.4	0.9	9.2
14.4	10.1	2.7	10.1	37.0	3.1	0.9	12.1
17.0	13.5	2.8	6.8	17.6	2.9	0.4	5.8

1-20(续16)

	人均天花费（美元/人天）	人均天花费构成（%）				
		长途交通	飞 机	火 车	汽 车	轮 船
东　莞	125.51	9.1	4.8	3.6	0.6	0.1
外 国 人	134.47	18.8	14.8	3.0	0.6	0.4
香港同胞	115.37	4.9	0.0	4.2	0.7	0.0
澳门同胞	129.15	4.0	0.0	2.8	1.2	0.0
台湾同胞	140.30	7.8	4.2	3.6	0.0	0.0
中　山	148.41	19.1	13.7	1.0	1.8	2.7
外 国 人	160.35	24.7	21.4	1.0	1.3	1.0
香港同胞	139.50	9.1	0.2	1.1	2.9	4.9
澳门同胞	131.23	14.7	1.1	1.4	2.9	9.3
台湾同胞	141.83	19.2	17.0	0.6	1.0	0.6
南　宁	196.41	18.4	15.7	1.9	0.5	0.4
外 国 人	204.50	19.5	16.8	1.8	0.4	0.4
香港同胞	156.45	11.1	8.1	2.2	0.5	0.3
澳门同胞	179.70	8.9	7.0	1.6	0.2	0.1
台湾同胞	175.06	20.9	17.3	2.2	0.9	0.5
桂　林	245.13	7.5	5.4	1.7	0.2	0.1
外 国 人	248.93	7.5	5.5	1.7	0.2	0.1
香港同胞	214.83	4.8	2.2	2.2	0.3	0.2
澳门同胞	217.15	8.4	6.0	1.4	0.9	0.1
台湾同胞	225.63	8.9	7.0	1.3	0.5	0.1
梧　州	248.17	37.5	31.9	3.9	1.5	0.1
外 国 人	277.25	41.2	35.5	3.9	1.5	0.2
香港同胞	220.19	31.9	27.0	3.6	1.1	0.1
澳门同胞	211.33	33.3	27.0	4.1	2.0	0.1
台湾同胞	256.63	39.0	33.9	3.8	1.2	0.1
北　海	251.45	10.5	7.4	2.3	0.4	0.4
外 国 人	252.19	9.1	6.2	2.3	0.3	0.2
香港同胞	224.49	17.0	13.5	2.1	1.1	0.4
澳门同胞	232.77	10.5	6.8	2.5	0.2	0.9
台湾同胞	238.45	11.6	8.1	2.2	0.4	0.9

住 宿	餐 饮	景 区 游 览	娱 乐	购 物	市 内 交 通	邮 电 通 信	其 他
27.3	21.1	1.6	10.2	18.7	3.0	1.2	7.8
23.8	18.4	2.1	5.5	17.6	2.8	1.4	9.7
29.6	23.6	1.6	10.9	19.2	3.4	1.1	5.6
30.4	19.8	0.7	13.8	18.5	3.3	1.2	8.3
24.5	20.1	1.3	13.8	19.3	2.1	1.0	10.1
29.2	14.7	3.7	7.1	19.5	3.2	1.0	2.5
28.1	13.4	3.3	6.4	17.7	3.3	0.9	2.2
33.3	18.2	4.2	6.6	22.3	2.7	0.9	2.7
27.1	13.5	4.6	13.8	18.2	3.8	0.9	3.4
25.6	13.7	4.0	6.4	23.0	3.6	1.2	3.2
10.5	5.2	7.2	3.6	17.5	3.6	2.6	31.4
10.6	5.1	7.2	3.4	17.3	3.6	2.5	30.8
10.1	3.8	6.5	3.2	17.0	4.4	3.5	40.6
11.4	5.8	6.9	4.2	22.8	3.6	2.5	33.8
9.7	6.7	7.7	5.7	15.9	3.1	2.5	27.8
10.6	4.8	5.6	4.5	32.8	3.8	1.1	29.3
10.6	4.7	5.6	4.5	32.7	3.8	1.1	29.4
9.3	1.9	6.3	0.9	36.9	4.7	1.0	34.2
10.7	7.0	4.6	6.4	30.7	3.4	1.4	27.4
11.9	7.2	7.3	6.9	33.6	3.4	1.7	19.0
13.4	5.8	3.9	3.9	17.5	2.8	0.7	14.4
12.7	6.2	3.2	4.2	17.3	2.5	0.7	11.9
12.1	4.4	4.0	3.7	20.0	3.6	0.5	20.0
13.4	6.4	5.0	2.9	17.8	3.1	0.6	17.5
15.4	5.3	4.0	4.8	16.2	2.5	0.7	12.2
12.2	4.2	6.3	1.2	29.0	4.5	1.8	30.2
12.0	3.7	6.5	1.1	28.4	4.8	1.9	32.4
13.9	6.8	5.1	1.2	31.7	3.0	1.4	19.9
11.9	3.4	6.8	1.3	27.9	4.7	1.8	31.6
12.0	4.9	5.8	1.7	30.6	3.8	2.0	27.8

1-20(续 17)

	人均天花费（美元/人天）	人均天花费构成（%）				
		长途交通	飞 机	火 车	汽 车	轮 船
防城港	168.53	22.8	18.8	3.2	0.8	0.0
外 国 人	166.79	21.3	17.1	3.2	0.9	0.0
香港同胞	180.31	37.3	33.6	2.8	0.8	0.0
澳门同胞	184.59	30.0	27.3	2.3	0.4	0.0
台湾同胞	163.98	49.7	45.2	4.5	0.0	0.0
贺 州	226.34	10.0	6.3	2.9	0.6	0.2
外 国 人	274.58	10.3	5.9	3.5	0.7	0.2
香港同胞	203.16	10.5	7.5	2.4	0.4	0.2
澳门同胞	213.27	11.8	8.6	2.1	0.7	0.4
台湾同胞	201.09	7.0	3.7	2.5	0.6	0.2
崇 左	165.92	8.6	3.6	2.5	2.2	0.2
外 国 人	155.22	9.5	3.7	2.5	3.1	0.2
香港同胞	160.98	8.7	5.0	2.7	0.8	0.2
澳门同胞	196.34	6.8	3.3	2.6	0.6	0.2
台湾同胞	187.94	6.4	3.0	2.5	0.7	0.2
海 口	207.51	20.9	20.7	0.2	0.0	0.0
外 国 人	201.25	19.8	19.5	0.2	0.0	0.0
香港同胞	260.34	24.7	24.6	0.1	0.0	0.0
澳门同胞	228.15	30.1	30.1	0.0	0.0	0.0
台湾同胞	346.22	24.0	23.9	0.0	0.1	0.0
三 亚	223.95	25.7	25.5	0.2	0.1	0.1
外 国 人	223.46	26.5	26.2	0.2	0.0	0.1
香港同胞	231.81	16.4	16.2	0.0	0.1	0.1
澳门同胞	188.04	11.2	11.1	0.0	0.0	0.0
台湾同胞	281.67	16.7	16.5	0.1	0.2	0.0
琼 海	117.88	12.5	11.9	0.4	0.1	0.2
外 国 人	120.06	12.4	11.8	0.4	0.1	0.2
香港同胞	113.57	0.0	0.0	0.0	0.0	0.0
澳门同胞	71.63	12.5	12.5	0.0	0.0	0.0
台湾同胞	49.15	93.3	83.3	8.3	0.0	1.7

住 宿	餐 饮	景 区 游 览	娱 乐	购 物	市 内 交 通	邮 电 通 信	其 他
9.8	7.6	7.2	5.8	26.3	3.3	0.6	16.6
9.9	7.7	7.1	5.9	28.1	3.4	0.6	16.1
7.8	6.7	6.2	6.7	8.4	3.4	1.1	22.4
8.9	6.2	7.8	4.0	15.1	3.1	0.8	24.0
12.4	11.3	9.0	2.3	11.3	1.1	0.0	2.8
11.3	3.0	7.0	2.1	23.7	5.3	1.1	36.6
11.2	3.1	7.0	2.2	23.5	5.4	1.2	36.0
11.3	3.0	6.9	2.1	23.4	5.4	1.0	36.4
11.6	3.5	6.7	2.9	22.5	4.7	0.9	35.3
11.2	2.4	7.2	1.0	25.1	5.5	1.3	39.3
13.8	4.9	7.5	2.6	19.6	5.6	1.7	35.7
14.9	6.0	7.4	3.3	17.9	5.6	1.7	33.6
13.8	4.7	7.9	2.1	18.6	5.9	1.7	36.5
11.7	2.7	7.6	1.5	21.5	5.8	1.9	40.5
11.3	2.7	7.3	1.5	25.0	5.5	1.6	38.7
16.5	7.9	2.2	1.5	22.1	2.1	1.6	25.2
15.7	6.9	1.9	1.5	22.6	1.6	1.9	28.1
22.1	11.5	2.8	2.1	21.2	5.2	0.5	10.0
19.8	11.8	3.4	0.1	13.1	3.3	0.6	17.8
16.8	11.5	4.0	0.8	22.1	3.6	0.8	16.4
21.4	6.8	3.5	3.0	20.3	2.8	2.3	14.0
21.4	6.5	3.2	2.8	20.2	2.5	2.4	14.3
20.6	9.2	6.6	5.4	22.0	5.7	0.6	13.5
22.8	11.3	7.3	3.3	25.4	8.4	2.3	8.0
21.3	13.9	8.5	5.4	19.0	5.5	1.8	7.7
19.6	4.3	1.9	0.5	42.9	2.4	4.3	11.6
19.2	4.2	1.7	0.5	43.8	2.1	4.3	11.8
34.1	4.1	6.3	0.0	33.7	12.2	1.7	7.8
29.7	10.0	4.6	0.4	11.0	13.9	7.5	10.4
3.3	0.0	0.0	3.3	0.0	0.0	0.0	0.0

	人均天花费 （美元/人天）	人均天花费构成（%）				
		长途交通	飞　机	火　车	汽　车	轮　船
澄　迈	113.16	9.6	9.2	0.3	0.1	0.1
外国人	113.69	8.9	8.8	0.1	0.0	0.0
香港同胞	96.71	15.5	0.0	10.3	2.6	2.6
澳门同胞	94.59	9.7	9.5	0.2	0.0	0.0
台湾同胞	150.76	28.8	28.5	0.0	0.3	0.0
保　亭	117.29	6.8	6.7	0.1	0.0	0.0
外国人	118.84	6.2	6.1	0.1	0.0	0.0
香港同胞	113.61	14.8	14.8	0.0	0.0	0.0
澳门同胞	79.24	14.1	14.1	0.0	0.0	0.0
台湾同胞	—	—	—	—	—	—
重　庆	216.96	6.1	1.3	0.0	2.3	2.4
外国人	226.50	4.0	1.3	0.0	2.3	0.3
香港同胞	197.04	13.9	1.2	0.0	1.3	11.3
澳门同胞	207.85	5.0	2.7	0.0	1.1	1.2
台湾同胞	223.21	12.7	1.0	0.1	2.9	8.5
重庆游船	209.48	14.9	0.0	0.0	3.1	11.8
外国人	204.21	3.8	0.0	0.0	3.8	0.0
香港同胞	224.90	25.4	0.0	0.0	2.6	22.7
澳门同胞	259.15	12.8	0.0	0.0	2.9	9.9
台湾同胞	228.68	14.5	0.0	0.0	3.3	11.2
成　都	219.77	23.9	20.2	0.7	3.0	0.0
外国人	235.61	24.0	19.9	0.6	3.4	0.0
香港同胞	183.34	25.5	23.5	0.7	1.3	0.0
澳门同胞	222.06	16.8	14.0	0.1	2.7	0.0
台湾同胞	200.50	26.3	23.1	1.0	2.1	0.0
绵　阳	148.08	33.4	29.3	2.4	1.8	0.0
外国人	147.50	36.9	33.2	2.3	1.4	0.0
香港同胞	155.78	26.9	22.1	2.3	2.4	0.0
澳门同胞	152.01	24.6	18.4	2.1	4.1	0.0
台湾同胞	149.00	23.7	18.6	2.9	2.2	0.0
乐山(峨眉山)	191.74	12.4	7.8	0.3	4.1	0.2
外国人	184.72	12.9	8.0	0.4	4.3	0.2
香港同胞	190.22	13.3	9.6	0.3	3.3	0.2
澳门同胞	170.42	24.6	20.2	1.9	2.3	0.2
台湾同胞	216.08	9.1	4.9	0.1	4.1	0.1

住 宿	餐 饮	景 区游 览	娱 乐	购 物	市 内交 通	邮 电通 信	其 他
26.9	3.7	3.2	0.2	34.6	3.2	4.4	14.3
27.1	3.2	3.0	0.2	35.3	2.5	4.6	15.1
22.0	2.7	4.1	0.0	39.8	7.8	2.5	5.6
29.6	10.0	4.6	0.6	26.0	13.9	0.9	4.6
20.5	9.2	6.6	0.1	17.7	7.0	3.1	6.9
24.3	2.9	1.9	0.1	42.7	2.7	4.3	14.4
24.2	2.7	1.7	0.1	43.3	2.2	4.6	15.0
24.8	3.0	4.6	0.0	37.5	8.9	0.6	5.9
26.5	8.9	4.1	0.0	27.5	12.2	1.0	5.7
—	—	—	—	—	—	—	—
17.9	19.1	3.4	3.0	17.7	0.7	0.1	32.0
19.5	20.0	3.7	3.0	18.3	0.8	0.1	30.6
15.6	26.0	4.5	3.1	15.4	0.0	0.1	21.5
23.5	32.6	3.4	9.0	19.2	0.3	0.4	6.6
10.7	9.7	2.2	0.6	15.4	0.5	0.2	48.1
8.5	3.5	2.1	0.0	24.9	0.6	0.2	45.3
14.7	4.9	3.4	0.0	25.9	1.2	0.1	46.1
3.1	2.4	0.9	0.0	22.8	0.0	0.2	45.2
8.2	3.3	2.0	0.0	27.4	0.6	0.4	45.5
9.3	3.7	2.2	0.0	25.6	0.6	0.0	44.1
19.6	9.8	5.4	2.1	23.5	2.4	0.8	12.4
19.6	9.7	5.5	2.1	22.3	2.6	0.8	13.5
20.9	10.8	5.3	2.5	25.0	2.4	0.9	6.6
18.4	10.2	5.4	2.3	32.0	1.7	0.9	12.3
18.5	9.3	4.9	1.6	26.6	2.0	0.5	10.4
25.4	13.7	2.7	0.1	15.9	1.9	0.1	6.7
26.3	13.0	1.6	0.1	14.2	2.1	0.1	5.5
24.0	13.8	5.4	0.0	19.8	1.4	0.1	8.5
23.2	13.1	7.1	0.0	18.7	1.7	0.1	11.5
22.4	17.8	4.7	0.0	20.3	1.4	0.1	9.6
12.0	7.5	5.7	0.9	41.5	0.9	1.9	17.2
12.2	7.3	5.2	0.6	41.4	1.3	1.6	17.5
13.3	8.0	6.0	2.8	37.7	0.3	0.5	18.1
14.7	9.5	5.5	2.6	29.0	1.0	0.2	13.1
10.7	7.5	6.6	0.6	45.1	0.0	3.6	16.8

1-20(续19)

	人均天花费（美元/人天）	人均天花费构成（%）				
		长途交通	飞 机	火 车	汽 车	轮 船
阿 坝 州	189.61	25.6	16.9	0.3	8.4	0.0
外 国 人	187.90	31.2	22.3	0.4	8.5	0.0
香港同胞	164.39	8.4	0.0	0.1	8.4	0.0
澳门同胞	175.51	10.3	2.4	1.0	7.0	0.0
台湾同胞	149.84	14.1	5.8	0.0	8.2	0.0
贵 阳	219.51	32.0	28.1	0.6	3.2	0.0
外 国 人	224.90	34.0	28.9	0.6	4.5	0.0
香港同胞	201.82	28.0	25.3	1.1	1.7	0.0
澳门同胞	213.41	39.5	37.8	0.6	1.2	0.0
台湾同胞	182.25	26.4	24.4	0.3	1.7	0.0
安 顺	212.94	30.3	26.4	0.6	3.3	0.0
外 国 人	221.45	33.0	27.8	0.6	4.6	0.0
香港同胞	207.58	28.1	24.8	1.5	1.7	0.0
澳门同胞	163.61	23.5	21.7	0.1	1.7	0.0
台湾同胞	193.89	27.6	25.6	0.0	1.9	0.0
黔 东 南	206.92	31.2	26.5	0.8	3.9	0.0
外 国 人	214.99	32.6	26.6	0.7	5.3	0.0
香港同胞	174.07	31.2	27.7	1.5	2.0	0.0
澳门同胞	152.86	15.3	10.2	0.4	4.7	0.0
台湾同胞	161.11	31.9	29.7	0.4	1.8	0.0
昆 明	256.33	28.6	26.5	0.4	1.7	0.1
外 国 人	290.87	29.0	27.2	0.4	1.4	0.1
香港同胞	202.95	23.3	17.3	0.3	5.6	0.0
澳门同胞	242.36	27.1	24.0	0.0	3.1	0.0
台湾同胞	248.28	30.7	30.6	0.1	0.1	0.0
景 洪	218.58	25.6	24.0	0.3	1.1	0.2
外 国 人	218.74	26.6	25.2	0.3	0.8	0.2
香港同胞	184.83	20.3	12.8	0.3	7.3	0.0
澳门同胞	167.72	28.4	22.2	0.0	6.2	0.0
台湾同胞	190.55	17.1	17.1	0.0	0.0	0.0
大 理	198.80	42.5	42.0	0.2	0.1	0.1
外 国 人	221.10	42.4	42.1	0.1	0.1	0.1
香港同胞	156.78	45.5	43.9	1.2	0.4	0.0
澳门同胞	149.60	40.9	40.9	0.0	0.0	0.0
台湾同胞	205.18	40.5	38.9	0.9	0.5	0.3

住 宿	餐 饮	景 区 游 览	娱 乐	购 物	市 内 交 通	邮 电 通 信	其 他
17.5	11.0	8.9	0.2	19.7	1.5	1.0	14.6
17.0	9.9	7.8	0.3	17.8	2.2	1.0	12.9
23.2	14.9	11.8	0.0	28.5	0.0	0.4	12.7
18.0	9.8	5.8	0.0	44.7	1.2	0.5	9.7
18.2	13.8	12.0	0.1	21.0	0.0	1.1	19.9
15.2	10.4	2.7	2.3	21.3	2.6	0.7	12.7
14.8	10.3	2.7	2.2	19.1	2.3	0.6	13.9
12.9	8.9	3.3	1.8	29.4	2.9	0.8	11.9
14.7	11.5	2.7	3.4	11.9	3.8	0.8	11.6
18.5	11.5	2.3	2.5	25.1	2.6	0.9	10.2
15.1	10.1	3.2	2.1	23.5	2.3	0.6	12.8
15.5	10.8	3.2	2.1	19.4	2.1	0.5	13.5
13.2	8.6	4.4	2.9	26.8	3.4	0.7	12.0
15.8	10.9	3.1	3.3	29.3	2.6	0.7	10.8
15.6	9.4	2.2	1.0	29.0	1.9	0.8	12.5
16.7	10.1	3.4	2.1	20.8	2.5	0.9	12.3
16.3	10.5	3.0	2.0	18.0	2.1	0.7	14.9
15.8	8.8	4.6	1.5	25.7	3.7	1.3	7.4
16.8	10.3	6.2	1.2	35.5	1.8	2.4	10.5
18.4	10.1	2.7	2.9	20.2	3.1	1.0	9.8
16.2	8.0	3.9	2.4	21.7	1.6	0.7	16.9
16.5	8.4	3.9	2.6	22.5	1.4	0.7	15.1
17.2	6.9	3.5	1.1	17.0	3.5	0.4	27.0
14.7	7.8	4.0	3.4	12.8	1.2	1.4	27.6
12.8	4.4	4.9	0.6	19.7	2.1	0.5	24.2
16.4	6.8	3.1	1.5	18.7	1.0	0.2	26.6
17.1	7.3	3.1	1.7	18.5	0.8	0.2	24.8
17.2	6.7	2.3	0.6	8.0	3.2	0.0	41.8
18.5	4.7	5.3	0.1	10.9	1.0	0.0	31.1
6.9	1.6	3.4	0.0	30.5	1.6	0.0	39.0
19.0	9.7	3.3	1.9	13.3	0.6	0.2	9.5
18.7	10.2	2.9	1.7	13.2	0.5	0.2	10.1
28.4	1.6	5.0	7.4	11.4	0.4	0.2	0.0
24.7	0.0	10.3	0.0	0.0	0.0	0.0	24.1
17.9	6.1	10.9	1.1	19.3	1.9	0.4	1.7

	人均天花费（美元/人天）	人均天花费构成（%）				
		长途交通	飞 机	火 车	汽 车	轮 船
拉 萨	222.52	17.6	1.5	1.4	14.8	0.0
外国人	226.94	18.5	1.8	1.5	15.1	0.0
香港同胞	180.99	17.4	1.1	1.1	15.2	0.0
澳门同胞	181.31	14.2	0.0	0.9	13.3	0.0
台湾同胞	204.69	12.2	0.0	0.9	11.3	0.0
日 喀 则	236.88	23.5	1.1	1.9	20.5	0.0
外国人	239.74	26.3	1.6	2.3	22.4	0.0
香港同胞	240.87	21.8	1.0	1.4	19.4	0.0
澳门同胞	246.89	19.6	0.0	1.2	18.4	0.0
台湾同胞	218.35	16.7	0.0	1.3	15.4	0.0
林 芝	252.55	16.4	0.8	1.3	14.3	0.0
外 国 人	259.14	18.0	1.1	1.5	15.4	0.0
香港同胞	232.33	15.8	0.7	1.0	14.1	0.0
澳门同胞	214.91	15.3	0.0	0.9	14.4	0.0
台湾同胞	234.30	10.9	0.0	0.8	10.1	0.0
西 安	225.87	23.3	17.9	3.9	1.3	0.0
外 国 人	224.61	23.5	18.0	4.0	1.3	0.0
香港同胞	221.35	19.3	17.6	0.1	1.6	0.0
澳门同胞	233.28	19.4	16.9	1.5	1.0	0.0
台湾同胞	235.19	17.4	12.3	3.9	1.3	0.0
咸 阳	178.34	21.9	17.2	3.7	1.0	0.0
外 国 人	179.07	21.1	16.2	3.9	1.1	0.0
香港同胞	—	—	—	—	—	—
澳门同胞	—	—	—	—	—	—
台湾同胞	141.29	43.3	43.3	0.0	0.0	0.0
兰 州	175.90	22.8	15.2	0.9	5.7	0.9
外国人	188.96	24.2	16.0	0.9	6.2	1.0
香港同胞	158.61	18.2	12.3	0.7	4.7	0.5
澳门同胞	170.23	18.0	10.4	1.0	5.8	0.8
台湾同胞	145.77	21.5	16.6	0.7	3.6	0.6
敦 煌	186.16	19.9	11.5	1.0	6.6	0.8
外国人	192.63	21.6	11.5	1.0	8.1	1.1
香港同胞	174.10	16.5	11.3	1.3	3.6	0.3
澳门同胞	185.77	18.7	12.1	1.1	5.0	0.5
台湾同胞	171.39	15.9	10.8	0.9	3.9	0.3

住 宿	餐 饮	景 区 游 览	娱 乐	购 物	市 内 交 通	邮 电 通 信	其 他
13.5	4.7	6.5	1.7	32.5	0.2	1.5	21.8
13.0	4.5	5.9	1.5	32.6	0.2	1.6	22.1
14.6	5.1	8.1	2.0	33.6	0.2	1.1	17.9
13.3	4.5	6.5	1.6	28.4	0.1	1.2	30.1
15.1	4.9	7.0	1.8	30.3	0.1	2.5	26.0
18.9	6.5	9.2	2.2	20.9	0.2	1.2	17.4
18.6	6.5	8.7	2.0	20.7	0.2	1.2	15.8
18.5	6.5	10.3	2.5	23.0	0.2	1.3	15.9
18.3	6.2	9.0	2.2	24.3	0.2	0.0	20.2
20.7	6.7	9.5	2.4	17.2	0.1	1.5	25.2
13.1	4.5	6.6	1.6	34.4	0.1	2.3	21.0
12.8	4.4	5.9	1.4	33.8	0.1	2.1	21.4
13.4	4.7	7.5	1.8	33.3	0.2	2.2	21.2
14.4	4.9	7.1	1.8	34.9	0.1	4.6	17.0
13.5	4.4	6.2	1.6	40.9	0.1	2.5	20.0
14.3	9.8	9.2	6.1	22.5	2.6	0.6	11.7
14.3	9.8	9.1	6.1	22.3	2.6	0.6	11.6
11.2	8.5	10.0	5.2	24.9	3.3	1.6	15.9
16.6	10.3	8.9	4.2	22.2	2.7	1.5	14.1
11.3	8.6	11.6	7.2	32.3	1.3	0.8	9.5
12.7	10.2	11.3	8.0	26.8	1.4	0.6	7.1
12.9	10.0	10.8	8.3	27.4	1.5	0.6	7.4
—	—	—	—	—	—	—	—
—	—	—	—	—	—	—	—
9.0	15.0	23.0	0.0	9.7	0.0	0.0	0.0
24.5	11.2	8.0	1.8	20.3	1.4	0.5	9.5
24.4	10.9	7.5	1.6	19.8	1.1	0.4	10.0
25.7	11.8	9.0	2.1	20.9	2.7	0.7	9.0
25.4	12.8	8.8	2.1	21.8	1.9	0.3	8.9
23.7	11.6	9.2	2.6	21.8	1.4	0.6	7.6
24.8	11.8	11.2	2.3	17.8	1.5	0.5	10.2
24.5	11.7	10.9	1.6	16.6	1.0	0.5	11.4
27.1	11.3	11.4	3.7	19.6	3.2	0.5	6.6
25.4	11.6	11.1	3.4	18.6	2.0	0.5	8.6
23.4	12.4	12.8	3.3	20.7	1.7	0.5	9.2

1-20(续21)

	人均天花费（美元/人天）	人均天花费构成（%）				
		长途交通	飞 机	火 车	汽 车	轮 船
西　宁	171.99	17.1	8.2	5.3	3.5	0.1
外国人	174.12	16.0	8.4	5.1	2.5	0.0
香港同胞	159.31	22.7	4.6	6.0	11.8	0.4
澳门同胞	164.28	9.2	3.5	3.0	2.6	0.0
台湾同胞	169.10	24.6	14.1	8.5	2.0	0.0
黄南州	127.01	47.7	42.4	2.5	2.8	0.0
外国人	126.93	9.8	0.0	6.8	3.0	0.0
香港同胞	140.88	69.1	66.4	0.0	2.7	0.0
澳门同胞	0.00	—	—	—	—	—
台湾同胞	0.00	—	—	—	—	—
海西州	172.89	8.1	0.9	4.1	3.0	0.0
外国人	190.37	6.5	0.2	4.0	2.4	0.0
香港同胞	168.68	11.1	0.6	3.4	7.0	0.0
澳门同胞	131.41	11.7	2.5	5.6	3.6	0.0
台湾同胞	165.67	19.2	10.7	6.3	1.9	0.3
银　川	200.15	42.0	40.5	0.4	1.1	0.0
外国人	204.36	50.7	48.8	0.5	1.4	0.0
香港同胞	135.06	19.5	19.0	0.0	0.1	0.4
澳门同胞	170.94	15.4	13.9	0.4	1.1	0.0
台湾同胞	158.27	16.7	16.4	0.0	0.2	0.1
乌鲁木齐	222.80	11.0	7.8	0.2	3.0	0.0
外国人	222.80	11.0	7.8	0.2	3.0	0.0
香港同胞	—	—	—	—	—	—
澳门同胞	—	—	—	—	—	—
台湾同胞	—	—	—	—	—	—
博尔塔拉	214.82	3.8	0.0	0.3	3.4	0.0
外国人	214.82	3.8	0.0	0.3	3.4	0.0
香港同胞	—	—	—	—	—	—
澳门同胞	—	—	—	—	—	—
台湾同胞	—	—	—	—	—	—
伊　宁	171.88	8.1	5.5	0.0	2.5	0.0
外国人	171.88	8.1	5.5	0.0	2.5	0.0
香港同胞	—	—	—	—	—	—
澳门同胞	—	—	—	—	—	—
台湾同胞	—	—	—	—	—	—

住　宿	餐　饮	景　区游　览	娱　乐	购　物	市　内交　通	邮　电通　信	其　他
22.9	10.7	6.6	0.9	11.3	8.3	0.8	21.4
22.5	10.1	5.8	0.8	11.7	8.4	0.8	23.8
23.4	12.7	11.6	0.7	8.2	9.8	0.7	10.2
23.2	10.4	5.2	4.4	23.7	4.4	1.9	17.6
26.5	13.9	8.3	0.2	5.5	7.1	0.9	13.0
14.6	4.6	5.4	0.4	10.7	4.3	0.0	12.2
17.0	6.8	5.5	0.0	15.6	11.4	0.0	33.8
13.3	3.3	5.3	0.7	8.0	0.3	0.0	0.0
—	—	—	—	—	—	—	—
—	—	—	—	—	—	—	—
13.6	6.0	5.4	0.6	20.7	7.1	11.9	26.6
12.6	5.3	4.5	0.6	20.4	7.3	12.8	29.8
15.8	7.6	9.1	0.3	24.5	6.2	10.3	15.2
15.6	7.3	5.9	0.3	16.5	8.5	9.0	25.1
21.6	10.6	8.0	2.0	19.7	5.4	4.7	8.7
13.7	6.8	3.5	1.9	15.7	2.6	0.9	13.0
14.2	6.9	2.2	0.7	9.7	2.6	0.5	12.6
9.8	7.8	9.3	12.4	27.8	2.5	1.3	9.6
8.3	5.8	2.2	8.3	43.7	1.4	1.6	13.3
14.9	6.1	8.6	0.5	31.2	3.1	2.2	16.7
5.0	4.3	2.9	1.3	56.2	0.2	0.4	18.7
5.0	4.3	2.9	1.3	56.2	0.2	0.4	18.7
—	—	—	—	—	—	—	—
—	—	—	—	—	—	—	—
—	—	—	—	—	—	—	—
5.8	5.3	3.7	2.0	53.6	0.2	0.7	24.9
5.8	5.3	3.7	2.0	53.6	0.2	0.7	24.9
—	—	—	—	—	—	—	—
—	—	—	—	—	—	—	—
—	—	—	—	—	—	—	—
4.2	3.7	2.7	1.3	62.8	0.1	0.5	16.6
4.2	3.7	2.7	1.3	62.8	0.1	0.5	16.6
—	—	—	—	—	—	—	—
—	—	—	—	—	—	—	—

二、入境游客停留时间

2-1 2018 年入境过夜游客停留时间

（按外国人、港澳台胞、团体及散客分组）

		调查人数		1~3 天	4~7 天	8~14 天	15 天及以上
		（人）	（%）	（%）	（%）	（%）	（%）
全　国　总　计		**13815**	**100**	**32.5**	**48.4**	**16.4**	**2.7**
	团体	3452	100	19.9	54.1	24.9	1.2
	散客	10363	100	36.7	46.5	13.5	3.3
外 国 人	小计	9335	100	24.8	51.7	20.0	3.5
	团体	2674	100	17.9	53.3	27.3	1.5
	散客	6661	100	27.5	51.0	17.1	4.3
香港同胞	小计	2083	100	57.0	36.2	6.2	0.5
	团体	201	100	31.3	55.2	13.4	0.0
	散客	1882	100	59.7	34.2	5.5	0.6
澳门同胞	小计	1065	100	51.6	40.9	6.4	1.0
	团体	188	100	34.0	54.8	11.2	0.0
	散客	877	100	55.4	38.0	5.4	1.3
台湾同胞	小计	1332	100	32.7	50.8	14.5	2.0
	团体	389	100	20.8	58.6	20.3	0.3
	散客	943	100	37.6	47.5	12.1	2.8

2-2 2018年入境过夜游客停留时间
（按性别、职业、团体及散客分组）

		调查人数 (人)	(%)	1~3天 (%)	4~7天 (%)	8~14天 (%)	15天及以上 (%)
全　国	总计	13815	100	32.5	48.4	16.4	2.7
	团体	3452	100	19.9	54.1	24.9	1.2
	散客	10363	100	36.7	46.5	13.5	3.3
男　性	小计	7649	100	34.4	46.5	16.2	2.9
	团体	1720	100	21.5	51.7	25.3	1.5
	散客	5929	100	38.2	45.0	13.5	3.3
女　性	小计	6166	100	30.1	50.8	16.6	2.5
	团体	1732	100	18.4	56.4	24.4	0.9
	散客	4434	100	34.7	48.6	13.6	3.2
政府工作人员	小计	516	100	31.6	47.3	15.7	5.4
	团体	134	100	15.7	57.5	23.9	3.0
	散客	382	100	37.2	43.7	12.8	6.3
专业技术人员	小计	2162	100	30.2	48.8	18.2	2.8
	团体	493	100	16.2	52.7	29.8	1.2
	散客	1669	100	34.3	47.7	14.7	3.2
职　员	小计	3283	100	35.3	49.5	13.6	1.6
	团体	850	100	28.1	50.0	21.1	0.8
	散客	2433	100	37.8	49.4	11.0	1.8
技工/工人	小计	652	100	40.2	39.0	18.6	2.3
	团体	151	100	17.2	47.7	34.4	0.7
	散客	501	100	47.1	36.3	13.8	2.8
商贸人员	小计	2078	100	34.9	47.9	14.8	2.4
	团体	317	100	14.8	59.6	23.7	1.9
	散客	1761	100	38.6	45.8	13.2	2.5
服务员/推销员	小计	695	100	34.5	47.5	15.5	2.4
	团体	216	100	12.5	59.3	25.9	2.3
	散客	479	100	44.5	42.2	10.9	2.5
退休人员	小计	1175	100	24.9	53.3	20.7	1.1
	团体	455	100	13.4	62.0	24.4	0.2
	散客	720	100	32.2	47.8	18.3	1.7
家庭妇女	小计	855	100	33.3	50.9	13.9	1.9
	团体	282	100	25.2	58.5	16.0	0.4
	散客	573	100	37.3	47.1	12.9	2.6
军　人	小计	32	100	21.9	56.3	18.8	3.1
	团体	19	100	10.5	57.9	26.3	5.3
	散客	13	100	38.5	53.8	7.7	0.0
学　生	小计	1538	100	27.8	45.8	20.2	6.2
	团体	337	100	13.6	50.7	33.8	1.8
	散客	1201	100	31.7	44.5	16.4	7.4
其　他	小计	829	100	32.8	48.3	15.1	3.9
	团体	198	100	33.8	43.4	21.2	1.5
	散客	631	100	32.5	49.8	13.2	4.6

2-3 2018年入境过夜游客停留时间

（按年龄、旅游目的、团体及散客分组）

		调查人数		1~3 天	4~7 天	8~14 天	15 天及以上
		（人）	（%）	（%）	（%）	（%）	（%）
全 国	总计	13815	100	32.5	48.4	16.4	2.7
	团体	3452	100	19.9	54.1	24.9	1.2
	散客	10363	100	36.7	46.5	13.5	3.3
65 岁及以上	小计	881	100	28.0	51.1	19.2	1.7
	团体	341	100	13.5	63.0	23.2	0.3
	散客	540	100	37.2	43.5	16.7	2.6
45~64 岁	小计	4380	100	33.1	49.3	15.2	2.4
	团体	1232	100	22.0	56.1	21.1	0.8
	散客	3148	100	37.5	46.6	12.8	3.0
25~44 岁	小计	6647	100	32.6	48.3	16.8	2.3
	团体	1462	100	20.8	49.7	28.0	1.4
	散客	5185	100	35.9	47.9	13.7	2.5
15~24 岁	小计	1836	100	32.5	45.9	16.1	5.4
	团体	390	100	15.4	56.4	25.9	2.3
	散客	1446	100	37.1	43.1	13.5	6.3
14 岁及以下	小计	71	100	35.2	39.4	19.7	5.6
	团体	27	100	22.2	48.1	29.6	0.0
	散客	44	100	43.2	34.1	13.6	9.1
观光游览	小计	5380	100	23.1	57.2	18.5	1.2
	团体	2081	100	17.8	55.6	25.8	0.8
	散客	3299	100	26.5	58.1	13.9	1.5
休闲度假	小计	3139	100	34.2	46.0	18.2	1.6
	团体	942	100	22.1	48.3	28.7	1.0
	散客	2197	100	39.4	45.0	13.7	1.9
探亲访友	小计	1454	100	36.4	43.1	16.7	3.9
	团体	70	100	15.7	60.0	20.0	4.3
	散客	1384	100	37.4	42.2	16.5	3.8
商 务	小计	1908	100	40.9	42.5	11.5	5.1
	团体	95	100	14.7	68.4	9.5	7.4
	散客	1813	100	42.3	41.1	11.6	5.0
会 议	小计	648	100	51.7	37.3	8.5	2.5
	团体	33	100	12.1	78.8	6.1	3.0
	散客	615	100	53.8	35.1	8.6	2.4
宗教朝拜	小计	101	100	36.6	45.5	16.8	1.0
	团体	42	100	14.3	54.8	28.6	2.4
	散客	59	100	52.5	39.0	8.5	0.0
文体交流	小计	507	100	29.4	46.5	16.4	7.7
	团体	64	100	17.2	70.3	9.4	3.1
	散客	443	100	31.2	43.1	17.4	8.4
购 物	小计	290	100	65.2	22.8	10.3	1.7
	团体	85	100	65.9	30.6	2.4	1.2
	散客	205	100	64.9	19.5	13.7	2.0
医疗保健	小计	71	100	33.8	54.9	11.3	0.0
	团体	12	100	0.0	83.3	16.7	0.0
	散客	59	100	40.7	49.2	10.2	0.0
其 他	小计	317	100	39.4	32.8	13.2	14.5
	团体	28	100	25.0	57.1	17.9	0.0
	散客	289	100	40.8	30.4	12.8	15.9

2-4 2018 年外国过夜游客停留时间
（按国别分组）

	调查人数 (人)	调查人数 (%)	1~3 天 (%)	4~7 天 (%)	8~14 天 (%)	15 天及以上 (%)
日　　本	1217	100	24.4	54.8	18.0	2.8
菲 律 宾	156	100	34.6	50.0	13.5	1.9
泰　　国	300	100	22.0	65.0	10.7	2.3
新 加 波	487	100	22.8	61.2	14.8	1.2
印度尼西亚	128	100	18.0	63.3	14.8	3.9
马 来 西 亚	307	100	19.2	62.5	16.6	1.6
韩　　国	1825	100	25.2	51.1	19.0	4.7
朝　　鲜	66	100	34.8	50.0	15.2	0.0
蒙　　古	154	100	77.9	18.2	3.9	0.0
印　　度	225	100	33.8	45.8	16.0	4.4
越　　南	89	100	27.0	60.7	12.4	0.0
缅　　甸	53	100	22.6	64.2	13.2	0.0
哈萨克斯坦	27	100	14.8	51.9	33.3	0.0
英　　国	445	100	11.7	41.3	41.3	5.6
法　　国	360	100	15.3	56.4	26.7	1.7
德　　国	230	100	24.8	47.8	23.0	4.3
西 班 牙	85	100	15.3	54.1	25.9	4.7
意 大 利	148	100	17.6	56.8	20.9	4.7
荷　　兰	124	100	13.7	60.5	21.8	4.0
瑞　　典	111	100	18.9	60.4	19.8	0.9
俄 罗 斯	1014	100	44.5	38.7	16.2	0.7
瑞　　士	78	100	21.8	57.7	19.2	1.3
乌 克 兰	69	100	27.5	47.8	18.8	5.8
美　　国	681	100	13.5	56.1	25.4	5.0
加 拿 大	358	100	16.2	57.3	23.7	2.8
澳 大 利 亚	172	100	20.3	50.0	25.0	4.7
新 西 兰	115	100	15.7	56.5	22.6	5.2
非 洲 国 家	91	100	17.6	29.7	28.6	24.2
中南美洲国家	56	100	12.5	44.6	32.1	10.7
其 他 国 家	164	100	19.5	50.6	19.5	10.4

2-5 2018 年入境过夜游客平均停留时间

单位：天/人

	平均停留	团 体	散 客
总 平 均	**7.0**	**6.4**	**7.1**
外 国 人	7.9	6.7	8.4
香港同胞	4.4	5.4	4.3
澳门同胞	5.3	5.1	5.4
台湾同胞	5.9	6.2	5.8
男 性	7.0	6.5	7.1
女 性	6.9	6.4	7.1
65 岁及以上	6.1	6.3	6.0
45~64 岁	6.5	6.1	6.6
25~44 岁	6.7	6.7	6.7
15~24 岁	9.7	6.8	10.5
14 岁及以下	6.9	6.3	7.0
观光游览	6.1	6.4	6.0
休闲度假	5.8	6.6	5.5
探亲访友	6.6	6.5	6.7
商 务	8.2	7.6	8.3
会 议	5.1	5.2	5.0
宗教朝拜	5.5	7.1	5.0
文体交流	11.6	9.0	11.7
购 物	4.5	3.9	4.7
医疗保健	5.0	5.8	4.8
其 他	18.8	13.9	18.9
政府工作人员	6.9	6.5	7.0
专业技术人员	7.0	6.8	7.1
职 员	6.2	6.1	6.3
技工/工人	5.8	6.6	5.5
商贸人员	6.1	6.6	6.0
服务员/推销员	5.8	6.7	5.3
退休人员	6.1	6.5	5.9
家庭妇女	6.3	5.8	7.1
军 人	5.8	6.9	4.9
学 生	11.6	7.4	13.0
其 他	8.3	6.3	9.0

2-6 2018年入境过夜游客平均停留时间

（按外国人、港澳台胞、团体及散客、性别、年龄分组）

单位：天/人

		平均停留	性别		年龄				
			男性	女性	14岁及以下	15~24岁	25~44岁	45~64岁	65岁及以上
全　国	平均	**7.0**	**7.0**	**6.9**	**6.9**	**9.7**	**6.7**	**6.5**	**6.1**
	团体	6.4	6.5	6.4	6.3	6.8	6.7	6.1	6.3
	散客	7.1	7.1	7.1	7.0	10.5	6.7	6.6	6.0
外国人	小计	7.9	8.0	7.8	6.9	11.4	7.3	7.1	6.7
	团体	6.7	6.7	6.6	6.5	7.3	6.9	6.2	6.5
	散客	8.4	8.4	8.3	7.4	11.8	7.5	7.5	6.9
香港同胞	小计	4.4	4.3	4.5	6.6	4.5	4.2	4.4	4.5
	团体	5.4	5.4	5.4	7.2	5.9	5.2	5.2	5.5
	散客	4.3	4.2	4.4	5.8	4.4	4.1	4.3	4.3
澳门同胞	小计	5.3	4.6	5.9	4.8	4.6	5.9	4.4	5.1
	团体	5.1	5.4	4.8	3.5	4.6	5.4	5.3	5.3
	散客	5.4	4.5	6.0	5.1	4.6	6.0	4.2	5.0
台湾同胞	小计	5.9	5.9	5.9	7.6	5.7	5.6	6.1	6.2
	团体	6.2	6.0	6.3	8.5	6.0	6.2	6.1	6.1
	散客	5.8	5.8	5.7	7.5	5.6	5.5	6.1	6.6

2-7 2018年入境过夜游客平均停留时间

		平 均 停 留	职 业				
			政府工作人员	专业技术人员	职 员	技 工/工 人	商 贸人 员
全 国	平均	**7.0**	**6.9**	**7.0**	**6.2**	**5.8**	**6.1**
	团体	6.4	6.5	6.8	6.1	6.6	6.6
	散客	7.1	7.0	7.1	6.3	5.5	6.0
外 国 人	小计	7.9	8.0	8.5	6.9	6.7	6.6
	团体	6.7	6.7	7.0	6.2	6.5	6.7
	散客	8.4	8.5	8.7	7.2	6.8	6.5
香港同胞	小计	4.4	4.2	4.2	4.1	3.7	4.6
	团体	5.4	5.1	5.2	5.3	4.8	5.5
	散客	4.3	4.1	4.1	4.0	3.6	4.5
澳门同胞	小计	5.3	3.9	5.0	4.5	4.2	4.9
	团体	5.1	6.0	5.4	5.3	5.5	5.5
	散客	5.4	3.5	4.9	4.4	4.0	4.8
台湾同胞	小计	5.9	6.3	5.6	6.0	5.2	6.1
	团体	6.2	6.6	6.4	6.3	5.1	6.4
	散客	5.8	6.1	5.4	5.9	5.3	6.0

（按外国人、港澳台胞、团体及散客、职业分组）

服务员／ 推销员	退 休 人 员	家 庭 妇 女	军 人	学 生	其 他
5.8	**6.1**	**6.3**	**5.8**	**11.6**	**8.3**
6.7	6.5	5.8	6.9	7.4	6.3
5.3	5.9	7.1	4.9	13.0	9.0
6.6	6.7	7.3	6.5	14.9	9.4
6.7	6.6	5.8	7.1	8.5	7.2
6.2	6.9	9.4	5.6	16.1	9.8
3.8	4.5	4.5	3.4	5.0	6.5
5.0	5.6	4.7	—	6.1	5.6
3.6	4.3	4.4	3.4	4.9	6.9
4.4	5.0	4.0	3.4	7.2	5.1
4.7	5.7	4.0	3.5	4.7	4.7
4.3	4.7	4.0	3.3	7.9	5.2
5.3	6.1	5.6	—	6.5	6.2
6.0	6.3	6.4	—	6.4	5.4
5.1	6.0	5.3	—	7.0	6.9

2-8 2018年入境过夜游客平均停留时间

		平 均 停 留	旅 游 目 的			
			观 光 游 览	休 闲 度 假	探 亲 访 友	商 务
全 国	平均	**7.0**	**6.1**	**5.8**	**6.6**	**8.2**
	团体	6.4	6.4	6.6	6.5	7.6
	散客	7.1	6.0	5.5	6.7	8.3
外 国 人	小计	7.9	6.6	6.4	8.2	9.1
	团体	6.7	6.6	6.9	7.4	7.7
	散客	8.4	6.6	6.2	8.7	9.2
香港同胞	小计	4.4	4.4	4.3	4.5	4.3
	团体	5.4	5.4	5.1	3.4	6.1
	散客	4.3	4.2	4.2	4.6	4.2
澳门同胞	小计	5.3	4.8	4.5	4.9	4.3
	团体	5.1	5.3	5.0	5.2	4.9
	散客	5.4	4.6	4.4	4.8	4.2
台湾同胞	小计	5.9	5.7	5.8	6.2	6.3
	团体	6.2	6.1	6.5	6.5	6.6
	散客	5.8	5.4	5.3	6.1	6.2

（按外国人、港澳台胞、团体及散客、旅游目的分组）

单位：天/人

会　议	宗　教朝　拜	文化/体育/科技交流	购　物	医　疗保　健	其　他
5.1	**5.5**	**11.6**	**4.5**	**5.0**	**18.8**
5.2	7.1	9.0	3.9	5.8	13.9
5.0	5.0	11.7	4.7	4.8	18.9
5.4	7.2	13.3	4.8	5.3	20.1
5.5	7.1	10.0	4.4	6.0	16.0
5.3	7.4	13.8	5.3	5.2	20.2
3.7	3.9	5.4	3.4	3.4	5.3
—	5.0	7.8	—	—	3.6
3.7	3.6	4.9	3.4	3.4	5.5
4.2	3.6	8.6	3.1	4.5	5.0
—	4.9	4.5	3.5	5.5	3.3
4.2	2.9	9.6	3.0	4.2	5.5
4.5	6.0	5.9	3.8	11.2	11.9
4.8	6.3	6.0	3.9	—	5.5
4.4	5.3	5.8	3.5	11.2	12.6

2-9 2018 年外国过夜游客

	平均停留	职业				
		政府工作人员	专业技术人员	职员	技工/工人	商贸人员
日　本	8.6	5.5	8.8	9.1	6.3	5.6
菲律宾	5.8	6.1	6.9	5.9	9.2	5.2
泰　国	8.0	6.9	6.4	5.3	6.1	4.9
新加波	6.4	6.3	5.3	5.7	5.9	6.3
印度尼西亚	7.2	5.0	7.0	6.3	9.9	5.6
马来西亚	6.2	6.1	6.2	5.9	7.0	5.7
韩　国	9.4	5.4	7.4	6.3	6.5	7.9
朝　鲜	5.3	5.3	5.3	6.3	5.3	6.3
蒙　古	3.6	3.7	4.0	4.0	3.9	3.1
印　度	9.1	7.7	7.8	6.4	5.8	5.7
越　南	5.4	5.1	4.3	5.0	5.6	5.7
缅　甸	5.6	4.5	5.3	5.8	5.0	5.9
哈萨克斯坦	6.6	3.5	7.3	7.5	3.5	5.7
英　国	8.9	13.4	8.3	8.3	7.6	8.8
法　国	7.2	5.7	9.6	7.3	6.7	6.2
德　国	7.0	6.3	7.6	5.7	5.8	5.2
西班牙	7.6	8.2	7.7	6.6	7.3	6.2
意大利	7.1	6.7	6.6	6.9	5.0	7.6
荷　兰	6.9	5.0	7.6	6.2	9.3	6.1
瑞　典	6.2	6.1	5.2	6.9	6.7	6.7
俄罗斯	6.2	6.5	5.1	4.5	5.8	5.2
瑞　士	6.3	5.9	6.9	6.1	—	7.8
乌克兰	7.8	6.0	6.0	6.6	4.5	4.8
美　国	8.6	9.8	11.9	7.5	6.5	6.9
加拿大	7.2	16.8	7.6	7.4	8.4	6.5
澳大利亚	7.8	7.5	7.8	6.1	5.8	6.3
新西兰	8.5	5.5	6.4	6.7	6.5	6.6
非洲国家	12.6	20.1	10.3	21.4	6.5	8.3
中南美洲国家	9.1	55.0	7.6	6.3	7.3	6.3
其他国家	9.8	8.6	6.1	7.1	10.5	8.7

平均停留时间（按国别、职业分组）

单位：天/人

服务员/推销员	退休人员	家庭妇女	军人	学生	其他
5.6	6.6	6.8	5.5	9.3	5.8
7.1	6.8	4.5	—	8.0	4.9
5.5	5.8	5.8	2.5	19.0	6.5
5.5	6.6	6.3	10.5	7.7	6.0
5.8	6.8	6.3	—	13.1	5.9
6.8	6.6	7.1	—	6.4	6.0
7.6	6.2	7.1	5.0	12.4	7.5
5.0	5.3	7.5	—	4.5	5.5
3.2	3.6	3.0	2.5	5.3	3.4
7.8	4.8	24.4	6.5	23.1	6.3
6.1	4.5	5.0	—	4.9	5.8
5.5	5.3	4.5	4.5	—	4.0
4.0	7.0	7.8	—	6.5	4.5
6.9	8.0	22.0	4.5	13.4	11.1
6.1	6.6	5.2	—	12.9	7.2
7.3	7.7	5.0	—	12.7	9.2
12.1	7.3	7.5	2.6	13.7	6.9
7.8	7.8	—	6.5	24.7	7.3
7.3	7.2	—	—	7.3	7.5
5.2	7.0	11.0	7.5	7.0	13.6
5.8	5.0	4.4	7.0	11.0	5.4
4.5	7.5	6.8	—	14.5	7.2
4.3	7.5	4.5	—	8.0	11.7
7.1	9.8	7.1	—	9.1	12.0
5.9	8.0	6.1	7.5	8.1	6.2
6.1	8.1	7.3	5.5	12.6	8.1
15.8	6.9	9.8	—	7.8	12.1
4.5	6.3	7.5	18.5	21.3	12.4
5.5	7.3	9.5	—	10.1	14.7
8.9	6.5	27.0	—	18.0	9.8

2-10 2018年外国过夜游客平均停留时间
（按国别、旅游目的分组）

单位：天/人

	平均停留	旅游目的									
		观光游览	休闲度假	探亲访友	商务	会议	宗教朝拜	文体交流	购物	医疗保健	其他
日　　本	8.6	6.5	6.7	7.4	8.0	4.2	5.4	5.3	5.1	5.3	10.3
菲 律 宾	5.8	6.2	5.6	6.2	9.3	4.6	3.5	4.0	3.0	2.5	4.5
泰　　国	8.0	5.7	6.1	5.0	7.0	5.1	5.2	19.1	4.0	3.7	44.5
新 加 波	6.4	6.0	5.7	8.5	4.6	4.6	5.8	7.4	5.8	7.5	6.7
印度尼西亚	7.2	6.3	6.1	8.8	5.3	6.1	—	17.4	5.5	5.5	10.5
马 来 西 亚	6.2	6.1	6.1	8.2	6.1	5.2	6.5	5.8	6.2	2.5	9.2
韩　　国	9.4	6.6	6.0	8.4	8.4	4.6	8.8	14.6	6.8	6.1	10.7
朝　　鲜	5.3	5.7	4.4	6.8	5.8	3.0	—	8.2	4.1	—	5.5
蒙　　古	3.6	4.7	3.7	6.9	3.5	3.0	4.8	3.0	3.1	3.0	3.4
印　　度	9.1	6.4	5.9	7.9	7.9	5.8	7.0	11.2	3.9	2.5	27.2
越　　南	5.4	6.2	4.7	3.7	5.6	5.0	4.5	4.8	4.5	2.6	6.3
缅　　甸	5.6	5.6	5.1	5.0	3.9	5.5	—	5.4	—	—	6.0
哈萨克斯坦	6.6	6.8	7.0	—	3.5	6.2	5.5	4.5	—	—	—
英　　国	8.9	8.1	9.2	15.8	11.7	4.3	5.9	10.6	9.0	8.5	18.2
法　　国	7.2	6.5	7.5	7.7	6.0	4.2	2.5	16.1	7.5	7.5	14.5
德　　国	7.0	7.0	7.0	9.3	9.8	7.3	—	13.0	9.7	6.0	17.5
西 班 牙	7.6	7.4	7.6	6.2	8.9	6.9	—	15.2	7.5	—	14.9
意 大 利	7.1	7.3	6.2	7.1	6.7	6.5	—	7.4	16.5	—	20.0
荷　　兰	6.9	6.8	7.5	7.0	6.4	5.9	—	6.5	4.5	7.5	7.5
瑞　　典	6.2	6.7	6.2	8.5	10.0	16.1	3.9	4.8	4.5	—	16.5
俄 罗 斯	6.2	5.1	4.8	7.6	6.3	4.9	5.1	6.1	4.2	5.5	21.8
瑞　　士	6.3	6.7	6.6	5.8	8.5	3.8	—	35.4	—	5.5	—
乌 克 兰	7.8	6.3	8.5	4.4	6.5	4.7	7.5	6.5	—	—	5.8
美　　国	8.6	7.7	7.3	10.2	15.3	5.1	9.8	12.6	6.1	4.5	11.9
加 拿 大	7.2	7.0	7.0	9.7	10.4	4.2	7.5	16.4	8.5	—	13.8
澳 大 利 亚	7.8	7.6	6.1	7.9	6.7	4.2	5.9	13.7	—	4.5	6.9
新 西 兰	8.5	7.2	6.0	8.5	8.1	5.0	—	8.7	4.5	—	11.7
非洲国家	12.6	7.7	8.6	—	10.1	8.9	—	18.2	15.5	—	33.5
中南美洲国家	9.1	8.5	7.4	—	11.4	3.5	—	2.8	—	—	—
其他国家	9.8	8.8	5.8	7.2	11.2	11.6	—	14.8	5.5	—	17.0

2-11 2018年外国过夜游客平均停留时间

（按国别、性别、年龄分组）

单位：天/人

	平均停留	性 别		年 龄				
		男 性	女 性	14岁及以下	15~24岁	25~44岁	45~64岁	65岁及以上
日　　本	8.6	8.6	6.7	6.8	9.0	8.0	9.3	6.0
菲 律 宾	5.8	5.7	5.9	5.1	5.8	5.5	6.4	6.0
泰　　国	8.0	7.1	8.9	6.5	12.8	8.5	5.7	6.3
新 加 波	6.4	5.6	7.1	12.5	8.3	5.8	5.8	6.9
印度尼西亚	7.2	8.0	6.2	6.5	13.2	6.1	6.8	6.5
马 来 西 亚	6.2	6.0	6.5	3.8	6.3	5.9	6.4	7.9
韩　　国	9.4	8.5	9.5	5.5	10.5	6.9	7.5	6.5
朝　　鲜	5.3	5.6	4.8	—	4.6	5.9	5.1	6.6
蒙　　古	3.6	3.9	3.3	—	3.5	3.6	3.5	3.9
印　　度	9.1	11.2	6.7	7.5	16.6	7.7	5.6	6.1
越　　南	5.4	5.3	5.6	—	5.8	5.5	5.5	4.3
缅　　甸	5.6	5.8	5.0	—	5.0	5.8	5.0	6.0
哈萨克斯坦	6.6	6.6	6.7	—	6.5	5.1	7.1	4.5
英　　国	8.9	9.1	8.7	6.5	10.6	9.5	8.4	7.0
法　　国	7.2	7.6	6.6	—	9.7	7.6	6.8	6.0
德　　国	7.0	7.1	6.9	7.4	9.7	6.4	7.4	7.2
西 班 牙	7.6	7.2	8.3	—	10.3	6.4	7.6	6.3
意 大 利	7.1	7.2	7.0	4.5	15.9	6.7	7.8	6.8
荷　　兰	6.9	6.7	7.2	—	7.5	6.6	7.6	4.7
瑞　　典	6.2	5.8	6.7	—	7.4	5.9	8.6	6.3
俄 罗 斯	6.2	5.6	7.0	5.4	9.4	5.4	4.6	5.1
瑞　　士	6.3	6.0	6.6	6.6	10.7	6.3	6.0	6.5
乌 克 兰	7.8	6.4	9.1	3.5	5.8	8.0	5.9	7.0
美　　国	8.6	9.4	7.7	10.5	8.8	9.5	7.3	10.2
加 拿 大	7.2	7.5	7.0	10.0	7.5	7.2	7.3	7.1
澳 大 利 亚	7.8	8.5	6.8	6.5	11.9	6.8	6.8	10.3
新 西 兰	8.5	10.9	6.2	4.5	7.9	9.3	7.4	11.5
非洲国家	12.6	13.9	11.3	—	16.2	10.2	13.2	5.5
中南美洲国家	9.1	7.8	9.7	—	11.0	10.0	7.2	6.8
其他国家	9.8	9.0	10.9	—	15.9	10.4	6.9	7.2

2-12 2018年入境过夜游客在各城市平均停留时间
（按外国人、港澳台胞分组）

单位：天/人

	平均停留	外国人	香港同胞	澳门同胞	台湾同胞
北　　京	4.0	4.1	3.9	3.2	3.7
天　　津	4.2	4.3	3.1	6.7	3.3
石　家　庄	2.7	2.6	2.7	2.0	2.3
唐　　山	2.6	2.3	2.3	2.6	2.5
秦　皇　岛	4.3	4.0	3.0	4.8	3.7
保　　定	2.5	2.5	2.3	2.1	2.2
承　　德	3.8	3.8	3.0	3.8	3.7
太　　原	3.3	3.4	2.5	2.8	2.4
大　　同	2.7	2.3	2.4	2.7	2.6
晋　　城	3.4	3.1	3.4	2.8	3.2
晋　　中	4.2	4.2	3.0	3.3	3.5
呼和浩特	5.1	4.9	4.8	4.9	5.2
包　　头	2.2	2.0	2.4	3.4	2.6
二连浩特	1.8	1.8	—	—	—
赤　　峰	4.2	4.2	—	—	—
沈　　阳	3.4	3.7	3.0	3.4	2.8
大　　连	3.9	4.1	3.2	3.2	3.1
鞍　　山	3.5	3.5	2.0	4.0	2.0
抚　　顺	3.4	3.4	3.5	—	—
本　　溪	1.4	1.4	1.2	1.2	2.0
丹　　东	3.8	3.9	2.6	2.6	2.9
锦　　州	3.7	3.9	2.8	5.0	2.0
营　　口	2.5	2.6	—	2.0	1.9
盘　　锦	2.5	2.5	—	—	—
葫　芦　岛	2.8	2.8	—	—	—
长　　春	3.7	3.5	3.3	2.8	3.7
吉　　林	3.4	3.0	2.8	3.4	2.5
通　　化	2.0	2.1	2.5	1.5	1.8
白　　山	2.6	2.6	2.7	3.0	2.6
延　　吉	3.6	3.7	2.8	—	3.2
哈　尔　滨	3.9	3.7	3.4	4.0	5.2
齐齐哈尔	1.6	—	1.2	—	1.8
大　　庆	3.3	3.2	4.0	—	—
佳　木　斯	2.1	2.1	—	—	—
牡　丹　江	2.7	2.6	3.0	5.0	2.1

单位：天/人

	平均停留	外国人	香港同胞	澳门同胞	台湾同胞
上　　海	3.7	3.7	3.5	3.3	3.8
南　　京	3.0	3.0	2.8	2.8	2.4
无　锡　州	2.1	2.2	1.6	1.7	1.8
苏　　通	3.4	3.4	3.0	4.3	3.2
南　　州	3.8	3.5	2.8	3.5	3.8
扬　　州	3.2	3.3	2.9	2.5	3.3
杭　　州	3.7	3.8	3.3	3.1	3.0
宁　波	3.7	4.0	2.8	3.4	2.6
温　州	4.4	3.9	4.0	3.7	4.4
绍　兴	2.8	2.9	2.7	2.8	2.4
金　华	4.1	4.5	3.0	2.6	2.8
衢　州	3.0	2.8	3.4	—	3.8
合　肥	2.6	2.3	2.1	0.7	2.8
芜　湖	4.9	4.1	5.1	6.6	4.2
马鞍山	3.1	3.1	—	—	—
铜　陵	2.3	2.2	2.2	2.4	2.4
安　庆	3.2	3.4	3.2	4.7	2.5
黄　山	3.1	3.0	3.1	3.2	3.1
滁　州	2.5	2.5	—	—	—
亳　州	2.4	2.3	2.8	2.1	2.0
池　州	3.3	3.1	4.4	2.7	4.1
宣　城	2.7	2.5	3.0	3.0	2.5
福　州	7.8	8.7	4.8	5.7	5.7
厦　门	3.7	3.9	3.2	2.9	3.6
泉　州	3.9	4.1	3.0	3.0	3.2
漳　州	3.6	3.9	4.0	2.9	3.1
武夷山	2.8	2.4	3.3	1.1	2.6
南　昌	3.0	3.4	2.5	2.2	2.9
景德镇	2.4	2.4	2.3	2.3	2.2
九　江	3.1	2.9	3.0	3.0	3.2
鹰　潭	2.7	2.8	2.5	2.8	2.8
赣　州	3.2	3.2	2.9	2.8	3.6
吉　安	2.4	2.4	2.3	2.4	2.5
济　南	3.3	3.8	2.9	3.0	3.0
青　岛	3.4	3.4	3.2	3.2	3.3
烟　台	3.3	3.5	2.5	2.3	2.3
曲　阜	2.3	2.2	2.3	2.3	2.3
泰　安	2.3	2.4	1.7	2.3	1.9
威　海	4.4	4.5	3.3	3.2	3.0

	平均停留	外国人	香港同胞	澳门同胞	台湾同胞
郑　　州	2.8	2.9	3.0	3.0	2.6
开　　封	2.1	2.0	1.9	2.0	2.5
洛　　阳	3.5	3.5	4.1	—	2.3
三　门　峡	2.0	2.0	1.9	1.8	1.9
武　　汉	4.5	3.9	4.8	4.8	4.1
十　　堰	3.3	3.3	2.9	2.8	3.2
宜　　昌	2.8	3.3	2.4	1.5	2.0
襄　　阳	2.8	3.1	2.8	2.5	3.2
荆　　州	2.1	2.1	2.1	1.7	2.2
湖北游船	3.8	3.8	3.1	3.5	3.6
长　　沙	3.2	3.2	2.8	4.1	3.2
湘　　潭	2.9	2.9	2.3	2.5	2.5
衡　　阳	2.0	2.0	1.7	1.8	2.3
岳　　阳	2.6	2.6	2.7	2.2	2.5
张　家　界	4.2	4.2	3.6	4.0	3.0
广　　州	3.7	4.2	2.8	2.6	3.6
深　　圳	3.7	4.3	2.9	3.5	3.5
珠　　海	2.1	2.5	1.8	1.9	2.4
汕　　头	4.5	4.8	4.0	3.6	4.0
江　　门	3.4	4.1	2.6	2.7	3.3
湛　　江	3.7	3.9	3.6	3.2	3.8
惠　　州	2.4	3.2	2.1	2.1	2.2
东　　莞	2.2	2.3	2.2	2.0	2.2
中　　山	2.4	2.6	2.3	2.0	2.7
南　　宁	2.0	2.1	1.5	2.0	1.2
桂　　林	3.1	3.1	3.2	2.7	3.1
梧　　州	3.9	4.0	4.2	3.4	3.9
北　　海	3.3	3.4	2.9	3.0	2.6
防　城　港	1.5	1.5	1.7	1.7	1.6
贺　　州	1.6	1.5	1.6	1.5	1.6
崇　　左	2.4	2.5	2.2	2.3	2.0

2-12（续3）

单位：天/人

	平均停留	外国人	香港同胞	澳门同胞	台湾同胞
海　口	5.0	5.4	3.6	4.0	3.4
三　亚	7.2	7.7	5.1	5.8	5.1
琼　海	9.7	9.4	12.5	17.0	8.0
澄　迈	9.8	9.9	8.0	9.8	8.0
保　亭	8.0	8.0	7.8	7.7	—
重　庆	4.4	4.7	3.9	4.2	4.0
重庆游船	5.3	5.4	6.8	6.1	4.8
成　都	4.1	4.4	3.9	4.0	4.2
绵　阳	2.2	2.2	2.0	2.0	2.1
乐山（峨眉山）	2.3	2.2	2.1	2.2	2.4
阿坝州	2.8	2.8	2.8	2.5	3.3
贵　阳	2.3	2.3	2.2	2.3	2.1
安　顺	2.5	2.6	2.2	4.2	2.0
黔东南	1.9	1.9	1.9	2.1	2.1
昆　明	4.6	4.4	5.2	4.1	4.6
景　洪	5.0	5.1	4.2	5.1	5.1
大　理	4.5	4.5	4.6	4.3	3.7
拉　萨	4.9	4.8	5.3	5.3	4.4
日喀则	3.4	3.4	3.7	4.0	3.0
林　芝	4.2	4.1	4.4	4.0	4.1
西　安	3.7	3.7	3.1	3.7	3.6
咸　阳	2.0	2.0	—	—	4.0
兰　州	2.1	2.1	2.1	2.0	2.1
敦　煌	2.3	2.3	2.3	2.3	2.2
西　宁	3.6	3.8	3.1	3.2	3.5
黄南州	3.3	3.0	4.0	—	—
海西州	2.6	2.7	2.5	2.8	2.6
银　川	2.9	2.8	2.8	3.0	4.5
乌鲁木齐	3.3	3.3	—	—	—
博尔塔拉	3.2	3.2	—	—	—
伊　宁	3.3	3.3	—	—	—

2-13 2018年入境过夜游客在各城市平均停留时间
（按性别、年龄分组）

单位：天/人

	平均停留	性 别		年 龄				
		男 性	女 性	14岁及以下	15~24岁	25~44岁	45~64岁	65岁及以上
北 京	4.0	4.0	5.4	4.6	5.0	4.0	4.8	4.2
天 津	4.2	3.9	4.2	—	4.5	4.3	3.3	3.2
石 家 庄	2.7	2.7	2.9	—	3.1	3.1	2.7	2.9
唐 山	2.6	2.7	2.2	—	2.0	2.6	2.6	2.1
秦 皇 岛	4.3	4.3	4.8	2.7	4.4	4.4	4.9	5.0
保 定	2.5	2.5	2.8	—	3.0	2.4	3.0	2.5
承 德	3.8	3.2	3.8	—	3.6	3.5	3.5	3.8
太 原	3.3	3.3	3.5	3.3	3.4	3.3	3.4	3.6
大 同	2.7	2.7	3.0	2.3	2.5	2.5	3.1	2.8
晋 城	3.4	3.2	3.4	—	3.4	2.9	2.6	2.0
晋 中	4.2	3.6	4.3	2.8	2.6	3.2	3.2	4.6
呼和浩特	5.1	5.8	4.5	2.0	5.1	4.9	4.9	4.6
包 头	2.2	2.2	2.4	—	2.7	2.4	2.5	2.0
二连浩特	1.8	1.7	2.2	—	2.0	1.6	2.4	—
赤 峰	4.2	4.1	4.3	4.0	4.1	4.3	4.3	4.2
沈 阳	3.4	3.4	3.6	—	3.7	3.5	4.0	3.3
大 连	3.9	3.0	3.9	3.0	4.0	3.6	3.1	3.0
鞍 山	3.5	3.6	3.3	—	3.0	3.3	3.6	5.0
抚 顺	3.4	3.4	2.8	—	3.2	3.3	2.9	3.5
本 溪	1.4	2.0	1.4	—	1.4	1.5	2.0	1.3
丹 东	3.8	2.9	3.9	—	3.5	3.8	3.4	3.5
锦 州	3.7	3.7	3.5	—	5.0	3.4	4.0	2.7
营 口	2.5	2.6	2.5	—	3.0	2.9	2.5	2.7
盘 锦	2.5	2.5	2.4	—	2.3	2.7	2.3	2.3
葫 芦 岛	2.8	2.8	3.3	3.0	3.1	2.7	2.8	2.6
长 春	3.7	3.7	3.7	3.7	3.4	3.6	3.7	4.0
吉 林	3.4	3.4	3.9	4.0	3.6	3.6	3.4	4.0
通 化	2.0	2.0	2.3	2.5	1.6	2.2	2.1	2.3
白 山	2.6	2.6	2.5	2.5	2.8	2.5	2.7	2.3
延 吉	3.6	3.6	3.9	4.5	3.8	3.6	4.0	4.0

	平 均 停 留	性 别		年 龄				
		男 性	女 性	14 岁 及以下	15~24 岁	25~44 岁	45~64 岁	65 岁 及以上
哈 尔 滨	3.9	3.8	4.0	—	3.5	3.9	3.7	4.4
齐齐哈尔	1.6	2.0	1.6	2.0	1.5	2.0	1.6	2.0
大 庆	3.3	3.2	3.3	4.3	3.4	3.5	3.3	3.7
佳 木 斯	2.1	2.6	2.1	2.4	2.1	2.4	2.3	2.5
牡 丹 江	2.7	3.1	2.7	3.7	2.8	3.0	2.7	2.5
上 海	3.7	3.6	3.9	3.6	3.8	3.6	3.6	4.2
南 京	3.0	3.0	3.0	2.5	3.2	3.1	3.0	2.8
无 锡	2.1	2.1	2.9	—	2.1	2.5	2.9	2.4
苏 州	3.4	4.7	3.3	3.0	3.1	3.5	3.7	4.5
南 通	3.8	3.8	3.8	3.5	3.5	4.1	3.6	3.8
扬 州	3.2	3.1	3.2	3.0	3.1	3.2	3.0	3.2
杭 州	3.7	4.4	3.7	—	4.3	3.5	4.2	4.3
宁 波	3.7	3.9	3.8	—	3.6	4.2	3.4	3.2
温 州	4.4	4.5	4.3	—	4.3	5.0	5.8	4.0
绍 兴	2.8	2.8	3.0	2.0	2.9	2.7	2.9	3.3
金 华	4.1	4.1	3.5	3.0	3.6	3.8	3.8	4.3
衢 州	3.0	2.8	3.5	—	2.5	3.0	3.1	4.0
合 肥	2.6	2.9	2.6	—	2.5	2.2	2.7	2.8
芜 湖	4.9	4.9	4.5	4.5	4.3	4.8	4.6	5.0
马 鞍 山	3.1	3.2	3.1	3.0	2.9	3.1	3.2	2.5
铜 陵	2.3	2.3	2.6	—	2.4	2.6	2.3	3.0
安 庆	3.2	3.2	4.1	3.0	3.6	3.5	3.2	3.4
黄 山	3.1	3.6	3.1	—	3.1	3.6	3.6	3.2
滁 州	2.5	2.6	2.2	—	2.1	2.4	2.7	2.7
亳 州	2.4	2.4	2.3	—	2.3	2.3	2.4	2.7
池 州	3.3	3.3	4.1	3.0	3.4	3.9	3.3	3.5
宣 城	2.7	2.6	3.0	—	2.8	2.9	2.7	3.0
福 州	7.8	7.8	7.2	7.0	10.6	6.5	6.0	5.9
厦 门	3.7	3.7	4.3	3.6	3.9	4.1	3.7	3.5
泉 州	3.9	3.8	5.0	—	4.9	3.9	4.1	3.5
漳 州	3.6	3.6	2.9	3.6	4.5	3.1	3.5	2.9
武 夷 山	2.8	2.8	3.1	—	2.8	3.2	3.2	3.2
南 昌	3.0	3.0	3.6	—	3.4	3.0	3.5	3.5
景 德 镇	2.4	2.4	3.2	—	2.4	3.2	2.6	3.1
九 江	3.1	3.3	3.1	—	3.0	3.1	3.3	3.3
鹰 潭	2.7	2.9	2.7	3.7	2.9	2.9	2.7	3.3
赣 州	3.2	3.2	3.6	—	3.8	3.6	3.2	3.4
吉 安	2.4	2.5	2.3	—	2.4	2.5	2.6	3.3

单位：天/人

	平 均 停 留	性 别		年 龄				
		男 性	女 性	14 岁 及以下	15~24 岁	25~44 岁	45~64 岁	65 岁 及以上
济　　　南	3.3	3.6	3.3	—	3.3	3.5	3.3	3.5
青　　　岛	3.4	3.5	3.3	—	3.7	3.3	3.6	3.2
烟　　　台	3.3	3.7	3.0	—	3.8	3.5	3.0	3.1
曲　　　阜	2.3	2.4	2.2	—	2.5	2.7	2.2	2.7
泰　　　安	2.3	2.3	2.6	2.4	2.1	2.8	3.2	2.8
威　　　海	4.4	4.5	4.4	—	5.0	4.0	4.6	5.0
郑　　　州	2.8	2.8	2.9	3.0	2.7	2.9	2.9	2.6
开　　　封	2.1	2.1	2.4	2.0	2.7	2.5	2.6	2.0
洛　　　阳	3.5	3.6	3.4	3.0	3.4	4.1	3.0	2.8
三　门　峡	2.0	2.0	2.4	2.3	2.4	2.2	2.4	2.0
武　　　汉	4.5	4.5	4.9	—	4.9	4.6	4.5	5.0
十　　　堰	3.3	3.1	3.3	3.5	3.1	3.3	3.2	3.5
宜　　　昌	2.8	3.4	2.8	3.0	2.8	2.8	2.8	3.3
襄　　　阳	2.8	3.3	2.8	—	3.0	3.2	3.2	2.0
荆　　　州	2.1	2.1	2.4	2.7	2.0	2.4	2.5	2.4
湖北游船	3.8	3.5	3.8	3.8	3.9	3.7	3.6	3.5
长　　　沙	3.2	3.4	3.2	3.2	3.3	3.2	3.3	5.5
湘　　　潭	2.9	2.6	2.9	—	3.0	3.1	2.6	2.5
衡　　　阳	2.0	2.0	2.5	6.0	2.5	2.6	2.6	2.0
岳　　　阳	2.6	2.7	2.5	2.0	2.7	2.6	2.5	2.5
张　家　界	4.2	4.2	4.1	4.0	3.9	4.1	4.1	4.2
广　　　州	3.7	3.9	3.7	3.7	3.7	4.4	4.2	5.3
深　　　圳	3.7	3.8	3.5	4.2	3.4	3.5	4.0	3.8
珠　　　海	2.1	2.1	2.3	2.1	2.4	2.4	2.7	2.1
汕　　　头	4.5	4.5	4.1	4.0	3.9	3.6	4.3	5.5
江　　　门	3.4	3.6	3.4	3.0	3.4	3.4	3.5	6.3
湛　　　江	3.7	3.7	3.8	—	3.9	3.7	3.6	3.7
惠　　　州	2.4	2.5	2.4	3.0	2.7	2.5	2.6	2.3
东　　　莞	2.2	2.4	2.1	3.0	2.2	2.4	2.6	2.6
中　　　山	2.4	2.5	2.4	2.8	2.3	2.7	2.7	2.2
南　　　宁	2.0	2.0	2.2	—	2.8	2.5	2.0	3.0
桂　　　林	3.1	3.1	3.2	4.6	3.3	3.1	3.8	3.2
梧　　　州	3.9	3.9	3.0	3.0	3.1	3.9	3.0	2.8
北　　　海	3.3	3.2	3.5	—	3.8	3.5	3.4	3.3
防城港	1.5	1.6	1.4	—	1.8	1.5	2.0	2.0
贺　　　州	1.6	1.5	1.7	—	1.3	2.2	2.1	2.2
崇　　　左	2.4	2.4	2.7	—	2.5	2.9	3.0	2.2

单位：天/人

	平 均 停 留	性 别		年 龄				
		男 性	女 性	14 岁 及以下	15~24 岁	25~44 岁	45~64 岁	65 岁 及以上
海　　口	5.0	5.0	5.4	4.0	4.9	5.1	5.4	5.1
三　　亚	7.2	7.2	7.9	—	7.6	7.4	7.2	8.5
琼　　海	9.7	10.6	9.1	—	10.0	9.6	9.4	12.0
澄　　迈	9.8	9.8	9.8	—	9.0	9.0	10.3	14.2
保　　亭	8.0	8.6	7.8	—	7.4	8.2	7.8	8.0
重　　庆	4.4	5.0	4.3	5.7	5.9	4.7	4.3	4.4
重庆游船	5.3	5.6	5.3	6.0	—	5.7	5.6	5.2
成　　都	4.1	3.8	4.1	4.1	4.1	3.8	3.8	3.9
绵　　阳	2.2	2.2	2.0	—	2.0	2.2	2.2	2.0
乐山(峨眉山)	2.3	2.5	2.3	3.0	3.1	3.0	2.3	2.2
阿　坝　州	2.8	3.0	2.7	4.0	3.3	2.8	3.1	2.7
贵　　阳	2.3	2.5	2.3	—	2.4	2.3	3.3	3.4
安　　顺	2.5	2.2	2.6	—	2.5	2.4	2.5	2.5
黔　东　南	1.9	2.0	1.9	3.0	3.2	1.9	2.1	2.8
昆　　明	4.6	4.9	4.5	6.5	4.6	4.6	5.0	5.0
景　　洪	5.0	5.0	4.9	5.8	5.0	5.0	4.8	2.8
大　　理	4.5	5.3	4.5	4.0	4.8	4.2	4.6	4.9
拉　　萨	4.9	5.1	4.8	—	5.3	5.1	4.9	4.5
日　喀　则	3.4	3.5	3.4	4.0	—	3.7	2.8	4.0
林　　芝	4.2	4.2	4.2	—	—	4.2	4.2	4.2
西　　安	3.7	4.0	3.6	3.8	4.5	3.4	3.7	3.6
咸　　阳	2.0	2.6	1.9	—	2.5	2.6	2.0	—
兰　　州	2.1	3.0	2.1	2.5	2.1	2.5	3.0	2.9
敦　　煌	2.3	3.4	2.3	—	2.3	2.3	2.3	2.2
西　　宁	3.6	3.8	3.6	2.0	3.4	3.4	3.7	3.9
黄　南　州	3.3	3.3	—	—	—	3.1	3.3	—
海　西　州	2.6	3.0	2.6	3.6	2.6	2.8	3.1	2.8
银　　川	2.9	2.9	3.5	3.7	3.7	2.9	4.3	3.8
乌鲁木齐	3.3	3.3	3.2	4.0	—	3.4	3.1	4.0
博尔塔拉	3.2	3.2	3.3	—	—	3.1	3.3	—
伊　　宁	3.3	3.3	3.1	2.0	2.7	3.1	3.3	2.0

2-14 2018 年入境过夜游客在各城市

	平 均 停 留	职 业				
		政 府 工作人员	专 业 技术人员	职 员	技 工/ 工 人	商 贸 人 员
北　　京	4.0	4.1	3.9	4.3	4.2	4.5
天　　津	4.2	3.2	4.3	3.3	3.9	3.9
石 家 庄	2.7	2.6	2.9	2.9	2.4	3.4
唐　　山	2.6	—	2.8	2.3	2.3	2.9
秦 皇 岛	4.3	4.9	4.5	3.5	4.6	4.9
保　　定	2.5	2.7	2.7	2.4	3.0	2.7
承　　德	3.8	4.9	3.7	3.5	3.4	2.9
太　　原	3.3	3.9	3.3	3.5	3.1	2.9
大　　同	2.7	3.3	2.8	2.2	2.1	3.0
晋　　城	3.4	3.4	3.2	2.5	3.0	2.9
晋　　中	4.2	3.2	3.4	3.1	3.0	3.2
呼和浩特	5.1	5.5	4.2	4.1	3.6	5.3
包　　头	2.2	—	2.1	2.2	2.7	1.7
二连浩特	1.8	—	1.2	2.3	1.3	1.9
赤　　峰	4.2	4.3	4.4	4.1	4.3	4.4
沈　　阳	3.4	3.0	4.2	3.6	—	4.1
大　　连	3.9	3.5	3.3	3.2	3.8	3.0
鞍　　山	3.5	2.8	4.1	3.7	5.0	2.9
抚　　顺	3.4	—	3.0	2.6	2.0	3.2
本　　溪	1.4	—	1.6	1.4	1.4	1.5
丹　　东	3.8	2.8	3.7	3.3	4.6	3.0
锦　　州	3.7	5.2	4.8	2.6	4.3	4.3
营　　口	2.5	2.5	2.5	2.5	2.8	2.9
盘　　锦	2.5	3.0	2.8	2.8	2.3	3.0
葫 芦 岛	2.8	—	2.8	2.8	3.0	3.0
长　　春	3.7	3.6	3.9	4.1	3.4	3.7
吉　　林	3.4	3.5	3.7	3.8	3.7	3.5
通　　化	2.0	1.9	2.3	2.0	1.9	1.9
白　　山	2.6	2.1	2.6	2.5	2.0	2.9
延　　吉	3.6	3.5	4.2	4.0	3.7	3.4

平均停留时间（按职业分组）

服务员/ 推销员	退 休 人 员	家 庭 妇 女	军 人	学 生	其 他
4.6	5.5	4.5	5.2	5.2	5.1
3.1	3.7	3.4	3.3	3.2	3.1
2.6	3.0	3.0	3.0	2.5	3.6
2.0	2.4	2.3	2.0	2.0	2.0
8.5	3.4	2.9	—	4.7	6.6
2.7	2.7	2.8	—	2.6	3.0
2.8	3.7	4.3	—	3.5	3.8
2.9	3.4	2.7	—	3.4	3.7
2.3	2.6	2.6	—	2.5	2.9
6.0	2.6	2.5	2.0	7.4	—
6.0	3.2	5.1	4.0	2.6	3.1
6.2	3.7	4.6	6.5	4.9	4.9
3.0	2.0	3.7	—	3.3	—
2.0	—	2.1	—	2.0	2.3
3.9	4.6	4.0	4.2	3.9	
2.2	3.8	3.7	—	3.3	6.2
3.3	3.5	3.8	—	4.0	3.4
3.3	3.8	2.3	—	3.0	4.0
2.7	3.8	3.2	—	2.2	2.8
1.3	2.0	—	—	2.3	—
2.4	3.7	3.2	3.0	—	3.2
6.0	2.8	3.0	—	4.5	2.2
2.1	3.1	2.0	—	—	—
2.3	2.2	—	—	2.3	—
3.2	2.5	3.3	—	2.6	2.8
3.4	4.0	3.5	—	3.4	—
3.6	3.9	3.0	—	3.8	—
2.4	1.8	2.4	—	2.9	1.7
2.0	2.3	2.5	—	2.8	2.4
3.7	4.0	3.5	—	3.9	—

	平 均停 留	职 业				
		政 府工作人员	专 业技术人员	职 员	技 工/工 人	商 贸人 员
哈 尔 滨	3.9	3.8	4.2	3.7	6.6	3.8
齐齐哈尔	1.6	1.6	2.0	1.3	1.3	2.7
大 庆	3.3	4.0	3.8	3.6	1.9	3.0
佳 木 斯	2.1	2.2	2.2	2.0	4.8	1.5
牡 丹 江	2.7	2.6	3.1	2.9	2.9	3.1
上 海	3.7	3.6	3.7	3.4	3.4	3.6
南 京	3.0	2.9	3.0	3.0	3.6	3.0
无 锡	2.1	1.7	2.4	2.3	2.4	2.2
苏 州	3.4	3.1	3.9	3.6	3.9	3.8
南 通	3.8	2.9	3.7	3.4	2.7	4.0
扬 州	3.2	3.3	3.0	3.1	3.5	2.9
杭 州	3.7	4.1	4.8	3.6	3.3	3.7
宁 波	3.7	3.0	5.9	3.7	1.3	3.8
温 州	4.4	3.9	4.4	4.5	2.6	4.8
绍 兴	2.8	2.7	2.6	3.1	2.3	2.7
金 华	4.1	3.2	3.1	3.7	2.3	4.3
衢 州	3.0	2.0	2.8	2.9	2.8	3.7
合 肥	2.6	1.9	2.1	2.8	1.8	2.3
芜 湖	4.9	3.6	4.6	3.8	3.4	4.3
马 鞍 山	3.1	3.3	2.8	3.1	3.4	2.6
铜 陵	2.3	1.9	2.7	2.1	2.6	2.6
安 庆	3.2	3.5	3.8	3.1	3.9	3.6
黄 山	3.1	3.3	3.7	3.0	3.1	4.1
滁 州	2.5	2.0	2.9	2.1	2.3	2.6
亳 州	2.4	2.3	2.3	2.1	2.3	2.4
池 州	3.3	3.0	3.7	3.5	3.9	3.9
宣 城	2.7	2.4	2.8	2.6	2.4	2.9
福 州	7.8	6.5	6.6	5.2	5.4	5.3
厦 门	3.7	3.4	5.4	3.8	3.6	4.1
泉 州	3.9	5.5	4.2	3.5	2.3	4.4
漳 州	3.6	2.0	3.3	2.8	2.5	3.3
武 夷 山	2.8	—	2.8	3.0	3.0	3.0
南 昌	3.0	3.7	3.8	3.4	3.3	2.9
景 德 镇	2.4	3.0	—	2.8	3.0	2.8
九 江	3.1	—	3.2	3.2	2.6	3.1
鹰 潭	2.7	2.0	2.8	2.9	3.2	4.5
赣 州	3.2	2.7	3.8	3.6	2.8	3.6
吉 安	2.4	2.8	2.3	2.3	2.3	3.0

服务员/ 推销员	退 休 人 员	家 庭 妇 女	军 人	学 生	其 他
3.8	3.8	4.0	2.0	3.9	3.8
1.7	1.7	1.6	—	1.3	2.0
9.0	3.1	6.2	—	3.5	2.4
2.1	3.1	2.3	—	3.3	1.5
3.2	2.7	2.7	—	3.2	1.3
3.6	4.1	3.9	4.6	3.7	3.6
2.6	2.8	3.0	—	2.4	2.9
1.3	2.2	2.3	—	1.5	3.0
3.0	4.4	3.1	2.0	3.7	3.4
3.7	3.6	5.0	—	3.6	—
3.2	3.0	—	—	3.1	2.9
3.5	4.6	4.2	4.7	4.1	4.4
3.7	3.1	4.2	5.5	3.5	3.4
4.0	4.5	3.0	—	4.1	3.8
2.4	3.8	3.6	—	2.6	2.0
3.3	3.6	3.6	2.0	3.6	3.2
2.0	4.0	—	—	3.8	2.3
2.7	2.6	1.9	9.0	2.3	4.8
—	3.0	2.9	8.0	10.3	3.6
3.1	2.9	3.0	5.0	2.7	2.4
2.2	2.6	2.7	—	2.0	1.3
2.3	3.9	3.9	3.0	3.9	5.0
3.3	3.2	3.1	3.5	3.0	3.8
—	4.0	2.0	—	2.7	2.8
2.5	2.5	2.2	—	2.3	2.8
3.3	4.2	3.6	—	3.4	3.4
2.0	3.3	2.6	—	2.8	3.1
4.0	6.2	4.3	8.7	5.0	5.6
3.6	3.5	3.6	—	3.8	3.4
2.5	2.7	3.0	4.0	6.1	3.3
2.5	2.9	2.3	—	4.3	3.3
3.7	3.4	3.1	—	2.5	3.0
3.7	3.7	3.4	—	3.2	3.4
—	2.3	3.2	—	2.7	3.3
3.0	3.4	3.1	—	3.0	3.8
3.5	3.4	3.4	—	4.8	2.8
3.3	3.4	3.7	—	3.7	2.7
1.9	3.3	3.8	1.9	2.8	3.2

2-14(续2)

	平 均 停 留	职 业				
		政 府 工作人员	专 业 技术人员	职 员	技 工/ 工 人	商 贸 人 员
济　　南	3.3	4.0	4.1	3.4	3.6	3.8
青　　岛	3.4	3.3	3.5	3.2	3.6	3.6
烟　　台	3.3	2.7	3.4	3.0	3.5	3.4
曲　　阜	2.3	2.2	2.5	2.8	2.3	2.5
泰　　安	2.3	3.3	2.9	3.2	2.4	2.2
威　　海	4.4	3.7	3.3	4.0	3.1	4.4
郑　　州	2.8	2.5	2.7	2.9	2.0	2.8
开　　封	2.1	2.0	2.5	2.1	2.1	2.3
洛　　阳	3.5	3.2	3.5	4.5	3.5	3.2
三 门 峡	2.0	—	—	—	1.9	2.4
武　　汉	4.5	5.0	4.5	4.6	4.3	4.3
十　　堰	3.3	4.0	3.1	3.3	3.0	2.9
宜　　昌	2.8	4.5	2.9	3.4	3.4	2.5
襄　　阳	2.8	3.0	3.4	3.5	3.1	3.5
荆　　州	2.1	2.3	2.5	2.5	2.3	2.7
湖北游船	3.8	3.5	3.7	3.5	3.7	3.2
长　　沙	3.2	5.3	5.7	3.4	2.8	3.1
湘　　潭	2.9	2.7	3.0	2.7	3.1	2.5
衡　　阳	2.0	2.5	2.2	1.9	3.2	2.2
岳　　阳	2.6	2.5	2.5	2.5	2.5	3.2
张 家 界	4.2	4.3	3.8	4.0	4.3	4.0
广　　州	3.7	4.3	4.1	4.4	3.6	4.4
深　　圳	3.7	3.5	3.9	3.4	3.2	3.9
珠　　海	2.1	3.8	3.4	2.2	3.9	2.2
汕　　头	4.5	3.3	3.7	3.7	3.7	3.9
江　　门	3.4	3.5	4.2	3.5	3.6	3.3
湛　　江	3.7	4.8	4.3	3.5	3.3	3.7
惠　　州	2.4	3.4	3.5	3.4	3.3	3.8
东　　莞	2.2	2.7	3.6	3.1	3.0	3.5
中　　山	2.4	1.3	3.4	3.6	2.3	3.3
南　　宁	2.0	3.0	3.6	3.5	3.7	4.1
桂　　林	3.1	4.1	3.7	3.8	4.0	4.0
梧　　州	3.9	3.4	3.0	2.9	2.6	4.0
北　　海	3.3	3.5	3.7	3.9	3.8	4.1
防 城 港	1.5	2.3	2.8	2.4	1.3	2.6
贺　　州	1.6	2.0	2.3	2.1	2.3	2.5
崇　　左	2.4	4.0	2.8	3.0	2.6	3.1

服务员/推销员	退休人员	家庭妇女	军人	学生	其他
3.0	2.8	5.3	4.0	3.6	3.3
3.1	3.5	3.0	—	3.8	3.3
3.2	1.2	2.9	4.0	4.0	3.4
3.4	3.7	3.3	5.0	3.1	—
3.4	2.9	2.9	—	2.7	2.6
4.7	5.1	4.5	4.5	3.3	4.0
3.0	2.9	2.0	—	2.8	2.5
2.3	2.4	1.9	—	1.8	2.5
2.5	2.6	2.8	—	2.6	3.9
—	2.4	2.5	—	2.4	2.6
5.1	4.5	5.7	7.3	4.8	4.3
2.5	3.1	3.5	—	3.3	3.3
2.6	3.7	2.8	—	2.8	3.1
—	2.2	3.3	—	2.1	2.9
2.3	2.4	2.4	2.0	1.6	2.5
—	3.8	3.5	—	3.9	3.9
5.6	5.0	3.3	5.5	4.6	4.8
3.9	2.6	4.1	3.0	3.0	2.4
2.3	2.4	2.2	2.0	2.5	2.1
2.0	2.5	2.2	—	2.7	2.6
4.2	4.2	3.9	5.8	4.0	3.8
4.1	4.7	4.3	2.5	3.3	4.3
4.3	4.1	3.5	4.0	3.5	3.8
2.8	2.0	2.2	3.5	3.4	2.1
3.4	4.9	4.6	—	4.2	5.4
3.8	6.1	4.0	—	2.3	3.0
4.1	4.0	3.2	4.0	3.8	3.6
1.9	3.4	1.9	4.5	3.1	1.2
3.0	3.5	2.3	—	2.1	2.3
2.8	3.2	3.4	2.2	2.7	2.7
1.9	2.1	2.0	—	3.6	3.3
4.3	3.5	4.0	3.0	4.7	4.5
2.8	2.7	3.0	2.5	3.0	—
3.3	3.8	3.3	1.2	3.9	4.4
1.6	1.4	—	—	2.5	1.3
1.2	1.8	1.3	—	1.5	2.3
2.0	2.6	—	—	2.5	2.7

2-14(续3)

	平 均停 留	职 业				
		政 府工作人员	专 业技术人员	职 员	技 工/工 人	商 贸人 员
海　　口	5.0	9.4	3.8	7.0	3.2	7.8
三　　亚	7.2	10.3	9.2	9.9	10.3	8.9
琼　　海	9.7	8.0	9.9	8.9	10.1	9.1
澄　　迈	9.8	11.1	9.8	8.5	9.5	8.8
保　　亭	8.0	9.1	7.6	7.9	8.0	7.4
重　　庆	4.4	—	5.9	6.1	5.6	5.8
重庆游船	5.3	—	6.0	7.2	7.0	7.7
成　　都	4.1	3.8	3.6	3.9	3.9	4.0
绵　　阳	2.2	—	2.3	3.5	2.3	2.0
乐山(峨眉山)	2.3	3.3	3.1	3.1	2.7	3.3
阿　坝　州	2.8	4.7	3.6	3.8	3.5	6.4
贵　　阳	2.3	2.2	3.5	3.1	3.3	3.4
安　　顺	2.5	3.3	3.6	3.2	3.2	3.3
黔　东　南	1.9	2.9	3.1	2.8	2.9	2.9
昆　　明	4.6	5.1	5.7	5.8	6.0	5.9
景　　洪	5.0	6.0	6.8	4.7	4.1	8.8
大　　理	4.5	3.1	6.1	8.0	7.9	7.6
拉　　萨	4.9	5.3	5.7	4.7	5.9	6.7
日　喀　则	3.4	3.3	—	3.6	—	2.8
林　　芝	4.2	—	5.0	4.1	—	—
西　　安	3.7	3.6	3.7	3.5	3.5	3.4
咸　　阳	2.0	3.2	3.9	4.0	5.0	—
兰　　州	2.1	3.2	2.8	3.0	2.8	3.1
敦　　煌	2.3	3.0	3.5	3.1	2.0	3.9
西　　宁	3.6	3.6	2.8	2.8	2.6	3.3
黄　南　州	3.3	—	4.0	—	—	3.0
海　西　州	2.6	4.7	3.7	3.0	3.8	3.9
银　　川	2.9	5.6	3.5	4.0	3.1	3.4
乌鲁木齐	3.3	3.0	3.4	3.3	3.5	3.2
博尔塔拉	3.2	—	3.2	3.2	3.1	3.3
伊　　宁	3.3	2.7	3.2	2.9	3.1	3.0

服务员/ 推销员	退 休 人 员	家 庭 妇 女	军 人	学 生	其 他
3.6	4.3	4.6	2.0	3.9	8.5
7.4	10.6	9.4	5.8	6.0	9.6
11.2	8.7	9.5	—	10.5	10.8
9.3	13.5	9.6	—	9.2	10.0
7.9	7.3	7.6	—	7.9	8.8
6.1	4.2	5.8	—	5.8	5.4
6.3	6.1	6.5	—	4.2	5.7
3.5	3.6	3.9	4.2	4.3	4.1
2.0	2.0	2.0	—	2.0	2.0
3.1	3.1	3.2	3.5	3.0	2.2
3.0	2.7	3.2	3.0	3.3	3.0
—	2.7	—	4.0	3.2	—
—	2.5	3.1	—	2.3	—
—	1.8	—	—	2.4	—
5.4	9.1	7.2	—	6.5	4.5
—	4.7	3.5	—	6.1	5.0
5.0	4.1	4.1	—	4.9	8.1
5.6	4.6	4.4	7.0	6.7	4.6
—	—	3.0	—	4.0	4.0
—	4.2	4.2	—	—	4.2
3.2	3.5	3.3	3.3	4.3	3.6
—	—	—	—	1.9	4.0
2.8	2.8	2.9	—	2.0	2.3
—	2.4	2.9	—	3.0	2.5
3.0	3.3	4.4	2.0	2.8	2.5
—	—	—	—	—	—
4.3	2.8	2.6	2.5	2.9	2.2
4.0	3.5	3.6	3.0	2.8	3.3
3.4	4.0	—	—	—	—
3.0	—	—	—	—	—
3.5	3.0	4.0	—	—	—

2-15 2018 年入境过夜游客在各城市平均停留时间
（按旅游目的分组）

单位：天/人

	平均停留	旅 游 目 的									
		观光游览	休闲度假	探亲访友	商务	会议	宗教朝拜	文体交流	购物	医疗保健	其他
北　　京	4.0	4.1	4.6	4.9	4.0	3.7	3.3	4.9	4.0	7.9	5.0
天　　津	4.2	3.1	3.3	3.8	4.5	3.0	2.6	4.3	4.0	4.3	3.2
石　家　庄	2.7	2.8	2.7	3.2	3.0	3.0	3.4	3.6	2.5	2.3	3.7
唐　　山	2.6	2.1	2.2	2.5	2.9	2.6	—	2.5	2.0	—	2.3
秦　皇　岛	4.3	4.2	5.3	3.8	4.5	3.8	—	3.0	4.0	—	4.1
保　　定	2.5	2.4	2.7	—	3.0	3.0	—	—	—	—	—
承　　德	3.8	3.4	4.0	3.3	4.0	2.8	2.0	2.3	—	—	3.8
太　　原	3.3	5.1	4.0	5.5	3.0	3.6	—	3.8	—	—	3.5
大　　同	2.7	2.8	2.6	2.5	2.4	2.0	4.0	2.5	—	—	2.2
晋　　城	3.4	2.7	2.3	7.0	3.4	2.9	2.0	3.5	—	4.5	—
晋　　中	4.2	4.2	3.1	4.3	—	—	2.0	2.5	—	3.0	2.5
呼和浩特	5.1	4.0	5.2	3.8	5.0	5.2	4.1	4.3	—	—	2.8
包　　头	2.2	2.6	3.7	2.7	2.1	2.9	—	3.5	—	—	—
二连浩特	1.8	1.8	2.4	—	2.0	1.7	—	—	2.1	2.0	2.2
赤　　峰	4.2	4.4	4.0	4.3	4.1	4.0	4.0	4.1	4.1	4.3	4.5
沈　　阳	3.4	3.8	3.8	3.3	5.1	3.2	—	3.8	3.5	—	—
大　　连	3.9	3.5	3.4	3.5	3.3	3.2	—	3.6	4.0	5.0	3.6
鞍　　山	3.5	3.2	3.7	3.4	3.7	3.3	3.0	3.3	3.5	—	2.0
抚　　顺	3.4	2.7	2.6	3.5	3.3	—	—	3.6	2.7	—	3.7
本　　溪	1.4	1.0	1.6	2.0	1.7	—	—	—	—	—	—
丹　　东	3.8	2.5	2.4	4.6	3.1	4.5	—	2.0	3.0	5.0	—
锦　　州	3.7	3.0	3.3	3.8	4.1	5.1	—	3.2	—	—	2.3
营　　口	2.5	3.0	3.0	3.5	2.6	2.4	—	3.0	—	—	—
盘　　锦	2.5	2.3	2.9	2.0	—	—	—	—	2.0	—	—
葫　芦　岛	2.8	2.7	2.9	5.1	3.7	3.7	—	3.3	3.0	—	1.8
长　　春	3.7	3.4	3.6	3.3	4.1	3.6	—	4.4	—	—	3.5
吉　　林	3.4	3.8	3.6	4.0	3.8	3.2	—	3.5	—	3.0	4.0
通　　化	2.0	3.1	3.0	2.8	1.9	3.0	3.5	3.5	2.7	4.0	4.0
白　　山	2.6	2.4	2.1	3.7	3.0	2.7	—	3.0	2.7	2.7	2.9
延　　吉	3.6	3.7	3.7	4.0	3.5	3.5	3.5	—	—	3.0	3.0
哈　尔　滨	3.9	3.7	3.9	4.8	4.1	3.5	—	3.5	3.3	—	—
齐齐哈尔	1.6	1.5	1.7	—	—	—	—	—	—	—	—
大　　庆	3.3	5.6	4.0	5.3	3.5	2.7	—	2.7	—	7.5	2.6
佳　木　斯	2.1	1.9	3.5	—	—	—	—	—	—	—	1.8
牡　丹　江	2.7	2.8	2.7	2.2	3.5	2.5	7.0	4.1	3.3	—	2.8

单位：天/人

	平均停留	旅　游　目　的								
		观光游览	休闲度假	探亲访友	商务	会议	宗教朝拜	文体交流	购物	医疗保健	其他
上　　海	3.7	3.8	3.9	4.2	3.4	3.3	3.7	4.0	3.5	4.0	3.3
南　　京	3.0	3.1	2.9	2.8	3.0	2.6	2.8	3.2	2.0	2.5	2.3
无　　锡	2.1	2.2	2.0	2.2	3.0	2.4	—	2.3	4.0	—	2.5
苏　　州	3.4	3.3	4.4	3.3	6.5	6.7	2.0	4.0	2.3	3.3	2.6
南　　通	3.8	3.7	3.7	4.0	4.0	3.2	3.8	2.9	2.0	4.5	—
扬　　州	3.2	3.0	3.2	3.3	3.3	2.0	—	2.9	—	—	3.5
杭　　州	3.7	3.6	4.0	5.4	3.6	3.8	3.2	6.7	5.4	5.0	4.7
宁　　波	3.7	3.4	3.8	4.3	6.8	3.8	3.6	3.4	2.0	3.0	3.0
温　　州	4.4	4.2	5.3	8.7	3.7	3.6	—	6.7	—	2.5	3.8
绍　　兴	2.8	2.8	3.1	3.8	2.8	2.3	—	2.4	—	—	—
金　　华	4.1	3.1	3.8	5.3	4.7	2.9	2.0	3.1	—	3.0	4.5
衢　　州	3.0	3.7	3.9	3.0	2.1	—	—	2.5	—	—	—
合　　肥	2.6	2.5	4.3	2.5	4.0	1.9	—	3.5	11.0	—	4.0
芜　　湖	4.9	3.3	4.3	3.9	5.0	4.4	—	8.0	4.0	—	3.7
马 鞍 山	3.1	2.8	3.0	3.1	3.4	3.0	2.3	3.1	2.5	—	3.0
铜　　陵	2.3	2.0	3.0	3.0	3.0	2.3	3.0	2.9	—	2.5	2.9
安　　庆	3.2	2.7	4.1	3.6	3.6	4.0	4.8	3.7	3.0	3.9	4.1
黄　　山	3.1	3.0	3.5	4.6	4.6	—	5.0	4.7	4.0	5.5	4.4
滁　　州	2.5	2.1	2.0	2.3	2.6	3.6	—	3.3	—	—	3.0
亳　　州	2.4	2.3	2.3	3.3	2.7	—	—	3.8	2.0	—	2.7
池　　州	3.3	3.4	3.5	—	4.4	3.0	4.0	3.8	—	—	4.0
宣　　城	2.7	2.6	3.1	3.8	2.9	—	—	3.0	3.4	—	2.4
福　　州	7.8	3.6	5.6	7.5	5.3	8.5	7.3	3.3	—	—	4.5
厦　　门	3.7	3.9	3.8	3.0	5.5	4.1	5.0	3.8	5.3	3.0	4.7
泉　　州	3.9	4.5	5.6	4.4	6.0	4.1	5.1	6.0	5.5	—	2.9
漳　　州	3.6	2.5	2.7	5.3	3.8	2.7	—	—	—	—	2.0
武 夷 山	2.8	2.7	3.0	3.1	4.2	—	—	—	—	—	—
南　　昌	3.0	3.3	3.2	4.0	3.7	3.3	4.0	3.3	2.9	4.0	4.0
景 德 镇	2.4	2.3	2.9	3.1	2.4	2.9	3.0	—	3.7	—	4.0
九　　江	3.1	3.2	3.4	3.8	3.0	3.0	4.0	3.5	—	—	2.7
鹰　　潭	2.7	2.5	3.8	5.7	5.9	3.8	3.8	4.1	4.0	—	3.3
赣　　州	3.2	3.5	3.6	4.9	3.5	3.0	—	3.9	—	—	4.0
吉　　安	2.4	2.8	2.3	3.5	3.1	3.8	3.0	4.7	3.0	—	2.7

2-15(续2)

单位：天/人

	平　均停　留	旅　游　目　的									
		观光游览	休闲度假	探亲访友	商务	会议	宗教朝拜	文体交流	购物	医疗保健	其他
济　　　南	3.3	3.2	5.3	3.7	3.3	3.2	7.5	4.3	4.0	3.5	4.4
青　　　岛	3.4	3.1	3.5	3.8	3.5	3.2	—	3.8	—	4.5	2.8
烟　　　台	3.3	3.0	2.6	2.9	3.5	2.8	3.0	3.8	2.0	3.0	2.7
曲　　　阜	2.3	3.2	2.2	4.2	3.5	3.3	3.0	2.9	3.6	3.0	4.0
泰　　　安	2.3	2.9	2.9	2.9	3.0	2.2	—	2.3	—	—	5.0
威　　　海	4.4	4.8	4.6	4.3	3.6	3.8	4.1	5.4	4.0	3.3	4.4
郑　　　州	2.8	2.9	3.0	2.6	2.7	3.0	2.7	3.0	2.7	2.0	2.5
开　　　封	2.1	2.3	2.5	2.6	2.2	2.2	2.0	2.0	2.0	—	—
洛　　　阳	3.5	2.9	3.6	4.3	5.0	4.7	3.5	5.9	3.0	—	2.5
三　门　峡	2.0	2.2	1.9	—	2.1	—	2.6	—	—	—	2.6
武　　　汉	4.5	4.5	5.1	7.2	4.0	3.4	7.0	4.2	3.2	—	4.6
十　　　堰	3.3	3.0	3.3	3.7	3.0	2.5	3.2	3.6	—	—	—
宜　　　昌	2.8	2.8	2.6	2.3	3.3	4.0	—	3.4	—	—	4.5
襄　　　阳	2.8	2.6	2.0	3.7	3.2	3.0	—	3.6	—	—	2.8
荆　　　州	2.1	2.4	2.3	—	2.0	3.0	—	—	—	—	—
湖北游船	3.8	3.6	3.9	3.8	3.0	3.3	4.5	3.6	—	—	—
长　　　沙	3.2	4.0	3.2	5.3	4.9	4.4	—	4.1	4.8	—	2.4
湘　　　潭	2.9	2.2	2.7	3.5	2.7	2.0	—	3.0	2.0	—	2.3
衡　　　阳	2.0	2.5	2.6	1.9	2.1	2.3	2.8	2.5	—	—	2.2
岳　　　阳	2.6	2.5	2.7	2.3	3.0	3.0	—	2.5	—	—	2.6
张　家　界	4.2	4.1	4.4	4.0	4.0	—	—	—	—	—	—
广　　　州	3.7	4.4	4.1	4.2	4.4	4.4	3.0	4.1	6.3	—	4.4
深　　　圳	3.7	3.9	3.3	2.9	4.2	3.7	2.3	4.3	2.9	3.0	3.5
珠　　　海	2.1	3.3	3.7	3.3	4.5	3.0	2.0	2.9	3.3	5.0	1.8
汕　　　头	4.5	4.0	3.8	4.6	3.9	3.6	—	5.5	2.7	—	5.7
江　　　门	3.4	4.1	3.7	3.3	3.3	2.9	—	3.1	4.0	2.0	5.8
湛　　　江	3.7	3.8	3.6	4.3	3.8	3.0	2.0	4.0	—	4.0	2.6
惠　　　州	2.4	3.1	2.4	3.8	3.4	3.2	2.1	3.2	3.0	5.5	—
东　　　莞	2.2	2.2	2.3	2.1	3.1	2.7	—	2.6	1.8	4.0	4.5
中　　　山	2.4	3.4	2.8	2.5	2.5	2.3	3.0	4.0	—	—	—
南　　　宁	2.0	1.9	3.3	3.8	4.0	3.3	—	5.1	—	4.0	3.6
桂　　　林	3.1	3.5	4.0	4.1	3.1	3.9	—	3.7	—	—	2.9
梧　　　州	3.9	3.0	3.0	3.7	3.3	2.8	3.0	2.9	2.0	3.0	5.5
北　　　海	3.3	4.0	3.6	2.8	4.5	3.0	7.0	—	—	—	3.0
防　城　港	1.5	2.5	2.5	—	2.5	1.4	—	3.0	2.2	—	2.6
贺　　　州	1.6	2.1	2.4	2.0	3.5	3.0	—	3.0	—	—	1.5
崇　　　左	2.4	2.6	2.7	3.0	3.0	2.7	—	—	2.0	—	4.0

单位：天/人

	平均停留	旅　游　目　的									
		观光游览	休闲度假	探亲访友	商务	会议	宗教朝拜	文体交流	购物	医疗保健	其他
海　口	5.0	7.8	8.5	5.7	4.4	2.6	3.0	6.3	5.0	3.3	9.6
三　亚	7.2	7.5	9.0	9.9	5.4	5.0	—	7.3	11.1	13.5	8.1
琼　海	9.7	8.7	10.1	8.5	7.3	—	—	12.2	7.0	11.7	10.2
澄　迈	9.8	10.0	9.2	20.5	6.7	—	—	7.3	15.0	13.7	7.6
保　亭	8.0	7.9	8.1	7.0	6.5	—	—	—	8.0	8.0	8.0
重　庆	4.4	5.9	4.9	4.7	—	—	3.5	4.3	—	—	7.0
重庆游船	5.3	6.2	5.3	—	—	—	—	—	—	—	—
成　都	4.1	3.7	4.1	4.0	3.7	4.2	2.0	3.6	3.5	4.2	4.0
绵　阳	2.2	2.0	2.0	2.4	2.2	2.3	2.0	2.0	—	—	—
乐山(峨眉山)	2.3	3.0	2.5	3.1	3.3	3.2	3.0	2.5	2.0	2.9	2.5
阿坝州	2.8	2.7	2.7	2.8	6.6	4.7	5.2	15.0	5.5	—	4.5
贵　阳	2.3	3.3	3.3	3.3	3.5	3.7	2.0	2.8	1.6	2.2	3.4
安　顺	2.5	3.3	3.4	2.4	3.3	3.2	3.6	3.3	3.2	3.1	3.1
黔东南	1.9	1.8	3.0	2.4	2.3	2.6	1.6	3.0	3.6	2.8	3.0
昆　明	4.6	7.2	4.5	7.9	4.5	4.4	4.8	5.1	4.3	5.0	3.6
景　洪	5.0	9.7	4.0	4.9	9.3	4.1	—	13.4	—	4.9	4.2
大　理	4.5	8.4	10.3	10.6	6.5	5.0	—	7.0	—	4.0	—
拉　萨	4.9	4.9	5.4	5.5	4.2	5.0	4.9	8.0	—	—	7.0
日喀则	3.4	3.5	3.0	3.0	3.7	—	—	—	—	—	3.0
林　芝	4.2	4.2	—	—	—	—	—	—	—	—	—
西　安	3.7	3.4	3.4	5.0	6.2	3.9	—	6.2	5.0	—	10.0
咸　阳	2.0	3.6	3.7	1.9	—	—	—	3.0	—	—	—
兰　州	2.1	2.6	2.9	2.0	3.3	3.1	2.7	3.3	—	2.5	3.1
敦　煌	2.3	2.2	3.3	—	3.8	3.6	—	3.7	—	—	—
西　宁	3.6	2.7	3.0	3.6	3.0	3.5	3.0	2.5	8.0	2.5	3.3
黄南州	3.3	3.3	—	—	—	—	—	—	—	—	—
海西州	2.6	2.5	3.1	3.0	3.8	4.5	3.6	3.6	—	—	—
银　川	2.9	3.0	4.0	3.8	3.1	3.9	4.0	3.8	—	—	2.8
乌鲁木齐	3.3	3.2	3.4	3.0	2.0	—	—	—	3.2	—	—
博尔塔拉	3.2	3.3	3.0	—	—	—	—	—	3.2	—	—
伊　宁	3.3	3.0	3.2	4.0	3.9	—	—	—	2.9	—	—

三、入境游客来华（内地）旅游次数

3-1 2018年入境游客来华（内地）旅游次数
（按团体及散客、外国人、港澳台胞分组）

		调查人数		次数构成（%）		
		（人）	（%）	第1次	第2~3次	≥4次
全　国	总计	**17894**	**100.0**	**32.9**	**33.7**	**33.3**
	团体	3952	100.0	55.8	32.6	11.6
	散客	13942	100.0	26.5	34.1	39.5
外国人	小计	11426	100.0	42.8	38.0	19.1
	团体	3104	100.0	58.4	33.7	7.8
	散客	8322	100.0	37.0	39.6	23.3
香港同胞	小计	3265	100.0	10.1	21.4	68.5
	团体	246	100.0	39.0	28.9	32.1
	散客	3019	100.0	7.8	20.8	71.4
澳门同胞	小计	1568	100.0	14.7	26.0	59.4
	团体	195	100.0	46.2	23.6	30.3
	散客	1373	100.0	10.2	26.3	63.5
台湾同胞	小计	1635	100.0	26.9	35.8	37.3
	团体	407	100.0	50.6	30.2	19.2
	散客	1228	100.0	19.0	37.7	43.3

3-2 2018 年入境游客来华（内地）旅游次数

		过夜游客		次数构成（%）		
		（人）	（%）	第 1 次	第 2~3 次	≥4 次
全　国	总计	**13815**	**100.0**	**35.3**	**35.5**	**29.2**
	团体	3452	100.0	57.9	31.6	10.5
	散客	10363	100.0	27.8	36.8	35.4
外 国 人	小计	9335	100.0	43.1	38.3	18.6
	团体	2674	100.0	61.2	32.3	6.4
	散客	6661	100.0	35.8	40.7	23.4
香港同胞	小计	2083	100.0	13.2	24.5	62.3
	团体	201	100.0	40.8	30.8	28.4
	散客	1882	100.0	10.2	23.9	65.9
澳门同胞	小计	1065	100.0	19.2	31.1	49.8
	团体	188	100.0	46.3	23.9	29.8
	散客	877	100.0	13.3	32.6	54.0
台湾同胞	小计	1332	100.0	28.6	36.0	35.4
	团体	389	100.0	49.9	30.3	19.8
	散客	943	100.0	19.8	38.4	41.8

（按过夜与不过夜、团体及散客、外国人、港澳台胞分组）

一日游游客		次数构成（%）		
（人）	（%）	第1次	第2~3次	≥4次
4079	**100.0**	**24.8**	**27.8**	**47.3**
500	100.0	41.2	39.4	19.4
3579	100.0	22.5	26.2	51.2
2091	100.0	41.7	36.6	21.7
430	100.0	41.2	42.3	16.5
1661	100.0	41.8	35.2	23.0
1182	100.0	4.8	15.9	79.3
45	100.0	31.1	20.0	48.9
1137	100.0	3.8	15.7	80.5
503	100.0	5.2	15.1	79.7
7	100.0	42.9	14.3	42.9
496	100.0	4.6	15.1	80.2
303	100.0	19.1	35.0	45.9
18	100.0	66.7	27.8	5.6
285	100.0	16.1	35.4	48.4

3-3 2018年入境游客来华（内地）旅游次数
（按团体及散客、性别、年龄分组）

		调查人数		次数构成（%）		
		（人）	（%）	第1次	第2~3次	≥4次
全 国	总计	**17894**	**100.0**	**32.9**	**33.7**	**33.3**
	团体	3952	100.0	55.8	32.6	11.6
	散客	13942	100.0	26.5	34.1	39.5
男 性	小计	9834	100.0	31.8	32.8	35.4
	团体	1969	100.0	54.7	33.0	12.3
	散客	7865	100.0	26.0	32.7	41.2
女 性	小计	8060	100.0	34.4	34.9	30.7
	团体	1983	100.0	56.9	32.2	10.9
	散客	6077	100.0	27.0	35.8	37.2
65岁及以上	小计	1154	100.0	33.3	28.4	38.3
	团体	412	100.0	52.2	29.9	18.0
	散客	742	100.0	22.8	27.6	49.6
45~64岁	小计	5624	100.0	32.1	33.0	34.9
	团体	1429	100.0	54.4	32.1	13.4
	散客	4195	100.0	24.5	33.3	42.1
25~44岁	小计	8532	100.0	33.0	35.5	31.5
	团体	1640	100.0	56.3	34.3	9.3
	散客	6892	100.0	27.4	35.8	36.8
15~24岁	小计	2489	100.0	34.3	32.1	33.6
	团体	443	100.0	60.9	30.9	8.1
	散客	2046	100.0	28.5	32.3	39.1
14岁及以下	小计	95	100.0	37.9	26.3	35.8
	团体	28	100.0	67.9	17.9	14.3
	散客	67	100.0	25.4	29.9	44.8

3-4 2018年入境游客来华(内地)旅游次数
(按团体及散客、职业分组)

		调查人数		次数构成(%)		
		(人)	(%)	第1次	第2~3次	≥4次
全　国	总计	**17894**	**100.0**	**32.9**	**33.7**	**33.3**
	团体	3952	100.0	55.8	32.6	11.6
	散客	13942	100.0	26.5	34.1	39.5
政府工作人员	小计	714	100.0	39.9	33.9	26.2
	团体	170	100.0	53.5	31.8	14.7
	散客	544	100.0	35.7	34.6	29.8
专业技术人员	小计	2783	100.0	33.2	35.8	30.9
	团体	563	100.0	54.0	33.6	12.4
	散客	2220	100.0	28.0	36.4	35.6
职　员	小计	4130	100.0	33.2	36.3	30.4
	团体	912	100.0	57.0	34.6	8.3
	散客	3218	100.0	26.5	36.8	36.7
技工/工人	小计	873	100.0	35.1	32.4	32.5
	团体	184	100.0	58.2	33.2	8.7
	散客	689	100.0	28.9	32.2	38.9
商贸人员	小计	2723	100.0	25.9	35.5	38.6
	团体	413	100.0	46.0	40.0	14.0
	散客	2310	100.0	22.3	34.7	43.0
服务员/推销员	小计	979	100.0	30.8	33.0	36.2
	团体	254	100.0	60.2	29.9	9.8
	散客	725	100.0	20.6	34.1	45.4
退休人员	小计	1520	100.0	32.4	29.4	38.2
	团体	534	100.0	52.8	30.7	16.5
	散客	986	100.0	21.3	28.7	50.0
家庭妇女	小计	1095	100.0	28.6	30.9	40.5
	团体	313	100.0	53.0	32.3	14.7
	散客	782	100.0	18.8	30.3	50.9
军　人	小计	41	100.0	39.0	41.5	19.5
	团体	22	100.0	54.5	45.5	0.0
	散客	19	100.0	21.1	36.8	42.1
学　生	小计	2048	100.0	37.0	31.7	31.3
	团体	377	100.0	60.7	31.3	8.0
	散客	1671	100.0	31.6	31.8	36.6
其　他	小计	988	100.0	42.6	27.5	29.9
	团体	210	100.0	72.4	15.7	11.9
	散客	778	100.0	34.6	30.7	34.7

3-5 2018年入境游客来华(内地)旅游次数
(按团体及散客、旅游目的分组)

		调查人数		次数构成(%)		
		(人)	(%)	第1次	第2~3次	≥4次
全　国	总计	**17894**	**100.0**	**32.9**	**33.7**	**33.3**
	团体	3952	100.0	55.8	32.6	11.6
	散客	13942	100.0	26.5	34.1	39.5
观光游览	小计	6368	100.0	47.0	33.3	19.7
	团体	2298	100.0	61.0	28.6	10.4
	散客	4070	100.0	39.1	36.0	25.0
休闲度假	小计	4180	100.0	33.3	34.9	31.7
	团体	1095	100.0	52.8	35.3	12.0
	散客	3085	100.0	26.5	34.8	38.7
探亲访友	小计	1972	100.0	12.2	28.8	59.0
	团体	90	100.0	35.6	40.0	24.4
	散客	1882	100.0	11.1	28.3	60.7
商　务	小计	2517	100.0	18.0	32.9	49.1
	团体	125	100.0	30.4	50.4	19.2
	散客	2392	100.0	17.3	32.0	50.7
会　议	小计	995	100.0	25.1	39.7	35.2
	团体	67	100.0	31.3	44.8	23.9
	散客	928	100.0	24.7	39.3	36.0
宗教朝拜	小计	125	100.0	36.8	37.6	25.6
	团体	43	100.0	58.1	39.5	2.3
	散客	82	100.0	25.6	36.6	37.8
文体交流	小计	598	100.0	39.3	42.0	18.7
	团体	80	100.0	52.5	36.3	11.3
	散客	518	100.0	37.3	42.9	19.9
购　物	小计	548	100.0	23.5	30.3	46.2
	团体	103	100.0	42.7	48.5	8.7
	散客	445	100.0	19.1	26.1	54.8
医疗保健	小计	109	100.0	15.6	45.9	38.5
	团体	18	100.0	11.1	61.1	27.8
	散客	91	100.0	16.5	42.9	40.7
其　他	小计	482	100.0	29.5	30.7	39.8
	团体	33	100.0	69.7	21.2	9.1
	散客	449	100.0	26.5	31.4	42.1

3-6 2018年入境游客到各省（区、市）旅游次数

	调查人数		次数构成（%）		
	（人）	（%）	第1次	第2~3次	≥4次
北　京	1954	100.0	45.5	39.4	15.1
天　津	523	100.0	51.8	33.5	14.7
河　北	730	100.0	59.7	34.0	6.3
山　西	719	100.0	86.9	9.2	3.9
内　蒙　古	521	100.0	52.2	24.2	23.6
辽　宁	880	100.0	55.8	33.8	10.5
吉　林	551	100.0	87.8	10.3	1.8
黑　龙　江	750	100.0	55.5	28.4	16.1
上　海	1692	100.0	40.1	37.4	22.5
江　苏	1358	100.0	53.2	33.7	13.0
浙　江	998	100.0	53.2	31.6	15.2
安　徽	1905	100.0	71.4	22.8	5.8
福　建	938	100.0	53.2	28.1	18.7
江　西	796	100.0	79.8	14.8	5.4
山　东	1439	100.0	39.4	49.3	11.3
河　南	810	100.0	81.0	16.4	2.6
湖　北	1095	100.0	72.2	22.5	5.3
湖　南	1239	100.0	76.3	21.8	1.9
广　东	6040	100.0	28.5	32.4	39.1
广　西	798	100.0	83.2	16.3	0.5
海　南	3310	100.0	57.6	32.3	10.2
重　庆	651	100.0	88.6	8.6	2.8
四　川	2718	100.0	71.8	24.8	3.4
贵　州	845	100.0	80.5	15.1	4.4
云　南	969	100.0	40.0	35.0	25.0
西　藏	550	100.0	93.8	5.5	0.7
陕　西	1167	100.0	81.3	15.8	2.9
甘　肃	800	100.0	80.8	16.8	2.5
青　海	802	100.0	76.7	22.3	1.0
宁　夏	198	100.0	67.7	23.7	8.6
新　疆	650	100.0	3.8	57.2	38.9

3-7 2018年外国游客到各省（区、市）旅游次数

	调查人数		次数构成（%）		
	（人）	（%）	第1次	第2~3次	≥4次
北　京	1701	100.0	46.5	39.3	14.2
天　津	374	100.0	52.1	32.9	15.0
河　北	528	100.0	58.5	34.7	6.8
山　西	555	100.0	88.3	7.4	4.3
内　蒙　古	382	100.0	40.8	28.3	30.9
辽　宁	772	100.0	54.1	35.5	10.4
吉　林	465	100.0	88.0	9.9	2.2
黑　龙　江	611	100.0	49.6	31.9	18.5
上　海	1466	100.0	40.4	37.4	22.2
江　苏	951	100.0	53.9	32.8	13.2
浙　江	795	100.0	52.1	32.1	15.8
安　徽	1656	100.0	70.7	23.5	5.8
福　建	439	100.0	52.2	28.7	19.1
江　西	459	100.0	84.1	12.9	3.1
山　东	924	100.0	36.8	52.3	10.9
河　南	621	100.0	82.3	15.1	2.6
湖　北	622	100.0	76.8	18.5	4.7
湖　南	1082	100.0	79.3	19.1	1.6
广　东	3145	100.0	36.2	35.2	28.7
广　西	542	100.0	82.5	17.0	0.6
海　南	2995	100.0	58.6	31.5	9.9
重　庆	414	100.0	88.9	8.9	2.2
四　川	1918	100.0	74.1	22.6	3.3
贵　州	374	100.0	82.1	13.9	4.0
云　南	809	100.0	41.8	34.7	23.5
西　藏	328	100.0	93.6	5.8	0.6
陕　西	1127	100.0	81.8	15.2	3.0
甘　肃	502	100.0	80.3	17.5	2.2
青　海	596	100.0	76.0	23.3	0.7
宁　夏	142	100.0	60.6	28.2	11.3
新　疆	650	100.0	3.8	57.2	38.9

3-8 2018年香港游客到各省(区、市)旅游次数

	调查人数		次数构成(%)		
	(人)	(%)	第1次	第2~3次	≥4次
北　京	106	100.0	36.8	41.5	21.7
天　津	57	100.0	40.4	38.6	21.1
河　北	76	100.0	68.4	26.3	5.3
山　西	62	100.0	80.6	19.4	0.0
内　蒙　古	35	100.0	62.9	28.6	8.6
辽　宁	52	100.0	65.4	25.0	9.6
吉　林	33	100.0	90.9	9.1	0.0
黑　龙　江	41	100.0	80.5	14.6	4.9
上　海	98	100.0	35.7	43.9	20.4
江　苏	116	100.0	48.3	40.5	11.2
浙　江	102	100.0	54.9	32.4	12.7
安　徽	93	100.0	74.2	20.4	5.4
福　建	156	100.0	51.3	30.8	17.9
江　西	146	100.0	75.3	17.1	7.5
山　东	190	100.0	41.6	47.4	11.1
河　南	74	100.0	70.3	27.0	2.7
湖　北	210	100.0	66.2	24.8	9.0
湖　南	71	100.0	59.2	36.6	4.2
广　东	1789	100.0	17.7	26.8	55.5
广　西	85	100.0	85.9	14.1	0.0
海　南	155	100.0	43.9	37.4	18.7
重　庆	61	100.0	91.8	4.9	3.3
四　川	285	100.0	64.2	32.6	3.2
贵　州	169	100.0	81.1	13.6	5.3
云　南	78	100.0	39.7	30.8	29.5
西　藏	152	100.0	94.1	4.6	1.3
陕　西	14	100.0	57.1	42.9	0.0
甘　肃	102	100.0	77.5	17.6	4.9
青　海	116	100.0	79.3	19.0	1.7
宁　夏	12	100.0	58.3	33.3	8.3
新　疆	—	—	—	—	—

3-9 2018年澳门游客到各省(区、市)旅游次数

	调查人数		次数构成(%)		
	(人)	(%)	第1次	第2~3次	≥4次
北 京	62	100.0	37.1	38.7	24.2
天 津	21	100.0	57.1	19.0	23.8
河 北	50	100.0	64.0	34.0	2.0
山 西	10	100.0	90.0	10.0	0.0
内 蒙 古	20	100.0	95.0	5.0	0.0
辽 宁	23	100.0	73.9	17.4	8.7
吉 林	20	100.0	85.0	15.0	0.0
黑 龙 江	5	100.0	80.0	20.0	0.0
上 海	26	100.0	34.6	46.2	19.2
江 苏	63	100.0	60.3	25.4	14.3
浙 江	31	100.0	61.3	25.8	12.9
安 徽	52	100.0	82.7	15.4	1.9
福 建	41	100.0	31.7	43.9	24.4
江 西	77	100.0	71.4	19.5	9.1
山 东	132	100.0	42.4	43.2	14.4
河 南	48	100.0	87.5	12.5	0.0
湖 北	68	100.0	70.6	25.0	4.4
湖 南	37	100.0	67.6	29.7	2.7
广 东	595	100.0	18.7	35.3	46.1
广 西	86	100.0	84.9	15.1	0.0
海 南	82	100.0	43.9	50.0	6.1
重 庆	43	100.0	83.7	11.6	4.7
四 川	134	100.0	58.2	38.1	3.7
贵 州	78	100.0	78.2	19.2	2.6
云 南	26	100.0	19.2	53.8	26.9
西 藏	28	100.0	92.9	7.1	0.0
陕 西	10	100.0	80.0	20.0	0.0
甘 肃	87	100.0	83.9	13.8	2.3
青 海	26	100.0	73.1	26.9	0.0
宁 夏	10	100.0	90.0	10.0	0.0
新 疆	—	—	—	—	—

3-10 2018年台湾游客到各省（区、市）旅游次数

	调查人数		次数构成（%）		
	（人）	（%）	第1次	第2~3次	≥4次
北　京	85	100.0	42.4	40.0	17.6
天　津	71	100.0	57.7	36.6	5.6
河　北	76	100.0	56.6	36.8	6.6
山　西	92	100.0	82.6	13.0	4.3
内　蒙古	84	100.0	89.3	8.3	2.4
辽　宁	33	100.0	66.7	18.2	15.2
吉　林	33	100.0	84.8	15.2	0.0
黑龙江	93	100.0	81.7	11.8	6.5
上　海	102	100.0	41.2	28.4	30.4
江　苏	228	100.0	50.9	36.4	12.7
浙　江	70	100.0	60.0	27.1	12.9
安　徽	104	100.0	74.0	18.3	7.7
福　建	302	100.0	58.6	23.8	17.5
江　西	114	100.0	73.7	16.7	9.6
山　东	193	100.0	47.7	40.9	11.4
河　南	67	100.0	76.1	19.4	4.5
湖　北	195	100.0	64.6	31.8	3.6
湖　南	49	100.0	40.8	53.1	6.1
广　东	511	100.0	31.3	31.3	37.4
广　西	85	100.0	83.5	15.3	1.2
海　南	78	100.0	59.0	34.6	6.4
重　庆	133	100.0	88.0	8.3	3.8
四　川	381	100.0	70.9	25.5	3.7
贵　州	224	100.0	78.1	17.0	4.9
云　南	56	100.0	25.0	35.7	39.3
西　藏	42	100.0	95.2	4.8	0.0
陕　西	16	100.0	68.8	31.3	0.0
甘　肃	109	100.0	83.5	14.7	1.8
青　海	64	100.0	79.7	17.2	3.1
宁　夏	34	100.0	94.1	5.9	0.0
新　疆	—	—	—	—	—

四、入境游客的行程

4-1 2018 年入境游客游览城市座数及所占比重

		口岸调查人数		1 座	2 座	3 座
		（人）	（％）	（％）	（％）	（％）
全　国	总计	**17894**	**100**	**63.7**	**18.8**	**8.4**
	团体	3952	100	48.0	18.1	13.3
	散客	13942	100	68.1	19.0	7.0
外 国 人	小计	11426	100	60.9	17.8	9.3
	团体	3104	100	49.7	14.5	12.3
	散客	8322	100	65.1	19.0	8.2
香港同胞	小计	3265	100	71.2	19.8	5.9
	团体	246	100	39.8	35.4	17.9
	散客	3019	100	73.8	18.5	4.9
澳门同胞	小计	1568	100	74.0	17.5	5.3
	团体	195	100	62.6	18.5	15.4
	散客	1373	100	75.7	17.4	3.9
台湾同胞	小计	1635	100	57.7	25.0	9.8
	团体	407	100	32.4	34.4	16.7
	散客	1228	100	66.0	21.9	7.6

（按外国人、港澳台胞、团体及散客分组）

4座 （%）	5座 （%）	6座 （%）	7座 （%）	8座 （%）	9座 （%）	10座及以上 （%）
4.0	**1.9**	**1.2**	**1.1**	**0.5**	**0.2**	**0.4**
7.9	4.0	2.9	3.9	0.9	0.5	0.5
2.9	1.2	0.7	0.3	0.3	0.1	0.3
5.0	2.4	1.6	1.6	0.6	0.3	0.4
8.1	4.5	3.5	4.9	1.1	0.6	0.6
3.8	1.6	0.9	0.4	0.4	0.1	0.4
1.7	0.5	0.2	0.2	0.2	0.2	0.2
4.5	0.8	0.0	1.6	0.0	0.0	0.0
1.5	0.5	0.2	0.1	0.2	0.2	0.2
1.5	1.1	0.3	0.2	0.1	0.0	0.0
1.5	2.1	0.0	0.0	0.0	0.0	0.0
1.5	0.9	0.3	0.2	0.1	0.0	0.0
4.3	1.5	0.7	0.2	0.3	0.1	0.4
11.3	3.2	1.2	0.0	0.5	0.0	0.2
2.0	0.9	0.6	0.2	0.2	0.1	0.5

4-2 2018 年入境游客游览城市座数及所占比重

		口岸调查人数		1 座	2 座	3 座
		（人）	（%）	（%）	（%）	（%）
全　国	总计	**17894**	**100**	**63.7**	**18.8**	**8.4**
	团体	3952	100	48.0	18.1	13.3
	散客	13942	100	68.1	19.0	7.0
男　性	小计	9834	100	63.7	19.2	7.9
	团体	1969	100	46.5	19.0	12.5
	散客	7865	100	68.0	19.3	6.7
女　性	小计	8060	100	63.6	18.2	9.0
	团体	1983	100	49.5	17.1	14.0
	散客	6077	100	68.2	18.6	7.3
65 岁及以上	小计	1154	100	57.4	21.8	9.9
	团体	412	100	35.9	30.1	13.8
	散客	742	100	69.3	17.3	7.7
45~64 岁	小计	5624	100	63.9	19.1	8.6
	团体	1429	100	51.5	17.8	13.5
	散客	4195	100	68.1	19.6	7.0
25~44 岁	小计	8532	100	64.8	18.0	8.0
	团体	1640	100	49.1	14.8	12.9
	散客	6892	100	68.5	18.8	6.9
15~24 岁	小计	2489	100	62.3	19.1	8.4
	团体	443	100	43.8	19.6	13.1
	散客	2046	100	66.3	19.0	7.3
14 岁及以下	小计	95	100	57.9	23.2	9.5
	团体	28	100	46.4	25.0	17.9
	散客	67	100	62.7	22.4	6.0

（按性别、年龄、团体及散客分组）

4 座 (%)	5 座 (%)	6 座 (%)	7 座 (%)	8 座 (%)	9 座 (%)	10 座及以上 (%)
4.0	**1.9**	**1.2**	**1.1**	**0.5**	**0.2**	**0.4**
7.9	4.0	2.9	3.9	0.9	0.5	0.5
2.9	1.2	0.7	0.3	0.3	0.1	0.3
4.1	1.8	1.0	1.2	0.5	0.2	0.4
8.3	3.7	2.7	5.0	1.1	0.6	0.6
3.0	1.3	0.5	0.3	0.4	0.1	0.4
3.9	2.0	1.4	1.0	0.4	0.2	0.3
7.4	4.4	3.1	2.9	0.7	0.5	0.4
2.8	1.2	0.9	0.3	0.3	0.1	0.2
4.9	1.6	0.6	3.2	0.3	0.0	0.3
7.8	2.9	0.5	8.3	0.2	0.0	0.5
3.2	0.8	0.7	0.4	0.4	0.0	0.3
4.1	1.5	0.8	1.4	0.2	0.1	0.2
7.8	2.9	1.2	4.8	0.1	0.2	0.1
2.8	1.0	0.7	0.2	0.2	0.1	0.2
3.8	2.0	1.3	0.7	0.6	0.2	0.5
8.0	4.6	4.6	2.4	2.0	0.8	0.9
2.8	1.3	0.5	0.3	0.3	0.1	0.4
4.1	2.5	1.7	1.0	0.6	0.3	0.2
8.1	6.5	4.5	3.2	0.0	0.9	0.2
3.2	1.6	1.1	0.5	0.7	0.1	0.2
5.3	1.1	1.1	0.0	0.0	0.0	2.1
3.6	3.6	3.6	0.0	0.0	0.0	0.0
6.0	0.0	0.0	0.0	0.0	0.0	3.0

4-3 2018年入境游客游览城市座数及所占比重

		口岸调查人数		1座	2座	3座
		（人）	（%）	（%）	（%）	（%）
全 国	总计	17894	100	63.7	18.8	8.4
	团体	3952	100	48.0	18.1	13.3
	散客	13942	100	68.1	19.0	7.0
政府工作人员	小计	714	100	66.1	15.1	9.2
	团体	170	100	54.7	16.5	13.5
	散客	544	100	69.7	14.7	7.9
专业技术人员	小计	2783	100	66.6	17.2	7.2
	团体	563	100	52.4	13.9	8.5
	散客	2220	100	70.2	18.1	6.8
职 员	小计	4130	100	66.9	18.0	7.7
	团体	912	100	54.9	14.4	12.9
	散客	3218	100	70.3	19.0	6.2
技工/工人	小计	873	100	64.1	15.7	8.9
	团体	184	100	48.4	10.9	15.8
	散客	689	100	68.4	17.0	7.1
商贸人员	小计	2723	100	64.8	18.1	8.0
	团体	413	100	52.8	11.6	11.6
	散客	2310	100	66.9	19.2	7.3
服务员/推销员	小计	979	100	63.9	15.5	7.0
	团体	254	100	45.7	14.6	11.4
	散客	725	100	70.3	15.9	5.5
退休人员	小计	1520	100	58.6	21.0	10.1
	团体	534	100	37.1	28.3	15.0
	散客	986	100	70.3	17.0	7.5
家庭妇女	小计	1095	100	57.4	26.1	10.4
	团体	313	100	46.0	24.6	16.9
	散客	782	100	61.9	26.7	7.8
军 人	小计	41	100	56.1	22.0	9.8
	团体	22	100	54.5	22.7	4.5
	散客	19	100	57.9	21.1	15.8
学 生	小计	2048	100	58.6	21.0	9.7
	团体	377	100	36.3	22.8	17.0
	散客	1671	100	63.6	20.6	8.0
其 他	小计	988	100	61.7	21.0	8.2
	团体	210	100	44.3	25.2	14.8
	散客	778	100	66.5	19.8	6.4

4座 （%）	5座 （%）	6座 （%）	7座 （%）	8座 （%）	9座 （%）	10座及以上 （%）
4.0	**1.9**	**1.2**	**1.1**	**0.5**	**0.2**	**0.4**
7.9	4.0	2.9	3.9	0.9	0.5	0.5
2.9	1.2	0.7	0.3	0.3	0.1	0.3
4.6	1.1	2.0	0.8	0.4	0.3	0.3
5.9	1.8	3.5	2.9	0.0	0.6	0.6
4.2	0.9	1.5	0.2	0.6	0.2	0.2
2.6	1.7	1.3	1.7	0.8	0.3	0.5
5.7	3.7	4.4	6.9	2.5	0.9	1.1
1.8	1.2	0.5	0.4	0.3	0.1	0.4
4.0	1.2	0.9	0.7	0.4	0.1	0.2
9.3	2.5	2.2	2.0	1.2	0.2	0.3
2.5	0.8	0.5	0.3	0.2	0.0	0.1
4.7	2.3	1.4	0.8	0.9	0.3	0.8
8.2	5.4	3.8	2.7	2.2	1.6	1.1
3.8	1.5	0.7	0.3	0.6	0.0	0.7
3.6	2.3	1.3	0.8	0.5	0.2	0.4
6.5	6.8	3.6	4.4	1.0	0.7	1.0
3.0	1.5	0.9	0.2	0.4	0.1	0.3
5.3	3.3	2.6	1.3	0.5	0.1	0.4
9.1	5.9	7.5	4.3	0.8	0.0	0.8
4.0	2.3	0.8	0.3	0.4	0.1	0.3
5.1	1.2	0.3	3.0	0.3	0.1	0.3
9.4	2.2	0.2	7.5	0.2	0.0	0.2
2.7	0.6	0.4	0.5	0.4	0.2	0.3
3.3	1.8	0.9	0.1	0.0	0.0	0.0
5.8	3.8	2.6	0.3	0.0	0.0	0.0
2.3	1.0	0.3	0.0	0.0	0.0	0.0
2.4	2.4	2.4	0.0	0.0	4.9	0.0
0.0	4.5	4.5	0.0	0.0	9.1	0.0
5.3	0.0	0.0	0.0	0.0	0.0	0.0
4.7	2.4	1.5	1.0	0.4	0.3	0.3
9.5	6.4	3.4	3.4	0.0	0.8	0.3
3.7	1.6	1.1	0.4	0.5	0.2	0.4
4.5	2.5	0.3	0.7	0.2	0.2	0.7
7.1	5.2	0.0	2.9	0.0	0.5	0.0
3.7	1.8	0.4	0.1	0.3	0.1	0.9

4-4　2018 年入境游客游览城市座数及所占比重

		口岸调查人数		1 座	2 座	3 座
		（人）	（%）	（%）	（%）	（%）
全　国	总计	**17894**	**100**	**48.0**	**18.1**	**13.3**
	团体	3952	100	68.1	19.0	7.0
	散客	13942	100	60.9	17.8	9.3
观光游览	小计	6368	100	57.8	20.9	10.7
	团体	2298	100	43.7	21.2	15.1
	散客	4070	100	65.7	20.7	8.3
休闲度假	小计	4180	100	61.2	17.8	8.5
	团体	1095	100	46.9	12.4	12.2
	散客	3085	100	66.3	19.6	7.1
探亲访友	小计	1972	100	69.0	19.8	6.3
	团体	90	100	67.8	16.7	5.6
	散客	1882	100	69.0	19.9	6.4
商　务	小计	2517	100	67.9	18.8	7.0
	团体	125	100	67.2	12.8	11.2
	散客	2392	100	67.9	19.1	6.8
会　议	小计	995	100	76.9	14.0	5.1
	团体	67	100	79.1	11.9	1.5
	散客	928	100	76.7	14.1	5.4
宗教朝拜	小计	125	100	61.6	20.0	7.2
	团体	43	100	39.5	18.6	14.0
	散客	82	100	73.2	20.7	3.7
文体交流	小计	598	100	62.0	19.9	8.5
	团体	80	100	48.8	28.8	17.5
	散客	518	100	64.1	18.5	7.1
购　物	小计	548	100	82.3	12.2	1.3
	团体	103	100	86.4	10.7	0.0
	散客	445	100	81.3	12.6	1.6
医疗保健	小计	109	100	78.0	11.0	6.4
	团体	18	100	72.2	11.1	11.1
	散客	91	100	79.1	11.0	5.5
其　他	小计	482	100	69.5	14.1	7.7
	团体	33	100	66.7	24.2	6.1
	散客	449	100	69.7	13.4	7.8

（按旅游目的、团体及散客分组）

4 座 (%)	5 座 (%)	6 座 (%)	7 座 (%)	8 座 (%)	9 座 (%)	10 座及以上 (%)
7.9	**4.0**	**2.9**	**3.9**	**0.9**	**0.5**	**0.5**
2.9	1.2	0.7	0.3	0.3	0.1	0.3
5.0	2.4	1.6	1.6	0.6	0.3	0.4
5.1	2.0	1.4	1.3	0.4	0.2	0.2
9.3	3.6	2.8	3.0	0.6	0.4	0.3
2.7	1.1	0.7	0.3	0.3	0.1	0.1
4.0	2.5	1.8	2.4	0.9	0.4	0.6
6.7	6.2	3.9	7.9	1.9	0.9	0.9
3.0	1.2	1.1	0.5	0.5	0.2	0.4
2.5	1.1	0.4	0.4	0.2	0.1	0.3
2.2	2.2	2.2	1.1	1.1	1.1	0.0
2.6	1.1	0.3	0.3	0.2	0.0	0.3
3.0	1.6	0.7	0.2	0.3	0.0	0.6
4.8	1.6	1.6	0.0	0.0	0.0	0.8
2.9	1.6	0.6	0.2	0.3	0.0	0.6
2.8	0.9	0.2	0.0	0.0	0.0	0.1
4.5	1.5	1.5	0.0	0.0	0.0	0.0
2.7	0.9	0.1	0.0	0.0	0.0	0.1
7.2	3.2	0.8	0.0	0.0	0.0	0.0
18.6	7.0	2.3	0.0	0.0	0.0	0.0
1.2	1.2	0.0	0.0	0.0	0.0	0.0
5.2	2.3	0.8	0.2	0.5	0.0	0.5
5.0	0.0	0.0	0.0	0.0	0.0	0.0
5.2	2.7	1.0	0.2	0.6	0.0	0.6
2.6	0.5	0.5	0.0	0.2	0.2	0.2
0.0	1.0	0.0	0.0	1.0	0.0	1.0
3.1	0.4	0.7	0.0	0.0	0.2	0.0
3.7	0.0	0.0	0.0	0.9	0.0	0.0
5.6	0.0	0.0	0.0	0.0	0.0	0.0
3.3	0.0	0.0	0.0	1.1	0.0	0.0
3.7	2.1	1.0	0.4	0.6	0.2	0.6
0.0	0.0	3.0	0.0	0.0	0.0	0.0
4.0	2.2	0.9	0.4	0.7	0.2	0.7

五、入境游客的流向

国别（或地区）	调查人数	出 境 后 将 前 往 的		
		中国香港	中国澳门	中国台湾
总　　计	42617	8492	3425	3608
中国香港	6513	5802	325	106
中国澳门	2864	251	2417	62
中国台湾	3769	405	156	2994
日　　本	3525	205	62	78
菲 律 宾	492	105	13	8
泰　　国	1052	103	32	18
新 加 波	1626	235	45	33
印度尼西亚	366	39	9	8
马 来 西 亚	1088	155	43	19
韩　　国	4646	196	58	60
朝　　鲜	311	11	6	6
蒙　　古	433	13	6	6
印　　度	587	78	13	11
越　　南	685	27	14	6
缅　　甸	288	21	11	3
哈萨克斯坦	194	10	1	3
英　　国	1594	145	35	14
法　　国	1278	86	23	27
德　　国	708	44	11	8
西 班 牙	351	27	6	8
意 大 利	539	41	8	8
荷　　兰	420	22	8	5
瑞　　典	332	11	7	4
俄 罗 斯	4016	65	28	23
瑞　　士	273	15	3	3
乌 克 兰	248	13	2	6
美　　国	1812	167	30	30
加 拿 大	804	59	16	9
澳 大 利 亚	536	48	11	9
新 西 兰	336	21	2	10
非洲国家	248	27	4	2
中南美洲国家	119	7	1	5
其他国家	564	38	19	16

（按国别或地区分组）

单位：人

国　家　（或地区）							
日　本	菲律宾	泰　国	新加坡	印度尼西亚	马来西亚	韩　国	朝　鲜
3642	**390**	**1119**	**1433**	**269**	**900**	**4555**	**300**
60	3	29	41	2	14	39	4
28	1	14	15	0	8	19	1
75	1	21	13	2	4	16	2
2904	6	24	25	6	8	78	3
5	322	7	1	0	3	11	0
21	2	831	10	1	1	11	0
31	2	14	1150	2	8	28	1
16	1	5	7	231	1	6	0
17	6	8	28	0	767	15	0
100	5	32	28	3	10	3983	25
8	0	1	2	0	0	21	246
4	1	3	1	0	0	4	3
11	3	3	6	1	3	4	0
12	0	6	2	1	1	7	0
8	1	2	5	0	2	5	0
2	0	1	1	1	1	3	0
38	4	22	9	1	9	37	3
57	0	15	19	0	7	37	3
10	1	8	4	1	2	20	0
4	3	1	1	0	1	14	2
12	0	5	2	2	0	9	0
10	1	3	2	1	2	12	0
8	0	4	1	0	0	5	0
90	16	16	17	11	26	63	4
6	0	2	3	0	1	6	0
9	1	1	2	0	2	6	0
44	4	15	13	0	4	36	1
15	4	12	4	1	2	15	0
14	0	1	2	1	5	10	0
7	0	2	10	0	1	12	1
3	0	1	0	0	4	6	1
3	0	1	3	0	0	6	0
10	2	9	6	1	3	11	0

5-1(续1)

国别(或地区)	调查人数	出 境 后 将 前 往 的				
		蒙 古	印 度	越 南	缅 甸	哈萨克斯坦
总　　计	42617	438	490	611	197	177
中国香港	6513	0	1	2	0	0
中国澳门	2864	0	5	3	0	0
中国台湾	3769	1	3	3	1	1
日　　本	3525	1	7	4	4	2
菲 律 宾	492	0	1	1	1	0
泰　　国	1052	0	2	2	1	0
新 加 波	1626	1	5	3	0	0
印度尼西亚	366	0	9	0	0	0
马来西亚	1088	1	1	1	0	1
韩　　国	4646	3	2	3	0	3
朝　　鲜	311	3	0	0	0	0
蒙　　古	433	382	2	1	0	0
印　　度	587	2	410	2	1	0
越　　南	685	0	7	534	3	0
缅　　甸	288	0	4	0	176	0
哈萨克斯坦	194	1	0	2	0	135
英　　国	1594	1	6	6	4	4
法　　国	1278	4	6	14	2	0
德　　国	708	0	1	2	1	0
西 班 牙	351	0	1	1	0	0
意 大 利	539	0	3	1	0	0
荷　　兰	420	0	2	1	0	0
瑞　　典	332	0	0	0	0	0
俄 罗 斯	4016	35	2	3	0	28
瑞　　士	273	0	1	1	1	0
乌 克 兰	248	1	0	0	0	1
美　　国	1812	0	1	3	0	0
加 拿 大	804	0	0	0	1	0
澳大利亚	536	0	2	2	0	0
新 西 兰	336	1	0	1	0	0
非洲国家	248	0	2	0	0	2
中南美洲国家	119	0	0	3	0	0
其他国家	564	1	4	12	1	0

国 家（地 区）					
英 国	法 国	德 国	西 班 牙	意 大 利	荷 兰
1104	**1024**	**631**	**296**	**495**	**379**
10	3	1	2	4	1
2	11	1	1	3	2
7	4	5	1	5	3
6	9	1	1	1	10
0	1	0	0	1	1
1	0	1	0	0	1
7	8	2	1	7	0
0	5	0	0	3	0
2	0	1	0	1	0
8	5	4	1	2	2
1	1	0	0	1	0
0	1	0	0	1	0
11	1	1	1	0	1
4	3	5	8	2	4
6	5	1	5	4	3
2	0	0	0	0	0
943	65	48	5	9	19
26	854	11	3	5	5
8	3	523	4	2	0
5	0	1	249	3	1
5	4	3	1	397	2
1	4	4	0	2	305
1	0	4	0	0	1
9	8	3	5	4	6
3	2	0	0	3	0
4	1	0	0	0	4
9	6	6	2	3	1
5	6	1	1	22	2
4	6	1	4	1	1
3	1	0	0	1	0
1	3	1	0	1	1
0	0	0	0	1	0
10	4	2	1	6	3

国别（或地区）	调查人数	出 境 后 将 前 往 的				
		瑞 典	俄罗斯	瑞 士	乌克兰	美 国
总 计	42617	327	3621	267	207	1706
中国香港	6513	0	5	3	2	27
中国澳门	2864	0	3	2	1	7
中国台湾	3769	0	6	1	1	19
日 本	3525	9	3	3	0	13
菲 律 宾	492	0	0	0	0	2
泰 国	1052	0	2	0	0	8
新 加 波	1626	1	1	0	0	17
印度尼西亚	366	0	0	0	0	0
马来西亚	1088	2	1	0	0	10
韩 国	4646	1	5	1	2	15
朝 鲜	311	0	0	0	0	1
蒙 古	433	0	2	0	0	1
印 度	587	2	2	2	0	8
越 南	685	1	7	2	0	15
缅 甸	288	4	3	3	0	8
哈萨克斯坦	194	0	28	0	2	0
英 国	1594	22	4	16	5	26
法 国	1278	5	4	3	1	15
德 国	708	2	4	1	1	11
西 班 牙	351	0	2	0	0	4
意 大 利	539	1	6	3	0	6
荷 兰	420	1	6	0	1	11
瑞 典	332	269	4	1	0	4
俄 罗 斯	4016	2	3497	4	2	14
瑞 士	273	0	1	211	1	3
乌 克 兰	248	0	5	0	185	3
美 国	1812	3	9	5	1	1386
加 拿 大	804	0	6	2	1	22
澳 大 利 亚	536	1	2	3	0	7
新 西 兰	336	0	1	0	0	6
非洲国家	248	1	1	1	0	9
中南美洲国家	119	0	0	0	0	6
其他国家	564	0	1	0	1	22

国　家　（地　区）					
加拿大	澳大利亚	新西兰	非洲国家	中南美洲国家	其他国家
674	**463**	**299**	**158**	**89**	**831**
5	4	3	0	1	14
1	4	0	0	0	2
2	0	4	1	1	11
2	1	2	0	0	47
4	1	2	0	0	2
1	0	1	0	0	2
10	0	1	1	0	12
1	1	0	0	0	24
5	0	0	0	0	4
6	3	3	0	1	76
1	0	1	0	0	1
1	1	0	0	0	0
0	0	0	1	0	9
0	2	2	0	2	8
0	1	2	0	0	5
0	0	0	0	0	1
2	8	4	0	0	80
8	6	4	0	1	27
3	15	2	2	0	14
4	1	1	0	0	11
2	3	0	0	0	15
1	4	3	0	0	8
2	0	0	0	0	6
4	5	1	0	0	25
4	0	1	0	0	2
0	0	0	0	0	2
10	5	1	1	0	16
583	1	1	0	0	13
5	386	4	1	0	5
0	7	248	0	0	1
3	0	2	148	2	22
0	0	1	1	77	4
4	4	5	2	4	362

	调查人数	将　前　往　的					
		北　京	天　津	河　北	山　西	内蒙古	辽　宁
总　　计	13673	2092	130	69	130	83	400
北　京	491	—	26	5	7	3	40
天　津	0	0	—	0	0	0	0
河　北	210	123	7	7	0	0	3
山　西	443	133	1	3	75	3	1
内　蒙　古	59	25	0	0	2	6	0
辽　宁	432	108	8	4	0	0	221
吉　林	496	43	0	0	0	0	75
黑　龙　江	312	55	2	40	0	48	17
上　海	275	87	4	5	1	0	13
江　苏	651	75	2	0	0	0	1
浙　江	293	31	2	0	1	1	0
安　徽	892	76	3	0	0	0	0
福　建	336	20	0	0	0	0	0
江　西	578	100	3	0	0	0	0
山　东	287	53	6	2	2	0	8
河　南	537	79	0	1	22	0	0
湖　北	720	80	3	1	0	0	1
湖　南	638	41	1	0	1	21	0
广　东	1103	72	6	0	1	0	3
广　西	0	0	0	0	0	0	0
海　南	177	30	0	0	0	0	2
重　庆	0	0	0	0	0	0	0
四　川	1726	155	4	0	1	1	1
贵　州	243	97	30	0	0	0	0
云　南	0	0	0	0	0	0	0
西　藏	212	24	1	0	0	0	0
陕　西	1064	405	14	1	17	0	12
甘　肃	768	99	0	0	0	0	0
青　海	622	37	7	0	0	0	2
宁　夏	107	44	0	0	0	0	0
新　疆	1	0	0	0	0	0	0

单位：人

省 （区、市）								
吉 林	黑龙江	上 海	江 苏	浙 江	安 徽	福 建	江 西	山 东
319	**212**	**2087**	**508**	**394**	**276**	**339**	**157**	**211**
18	1	116	49	28	10	8	0	10
0	0	0	0	0	0	0	0	0
0	2	36	1	1	0	1	0	2
0	0	28	16	0	0	0	0	4
0	0	3	2	1	0	0	0	1
12	3	43	0	1	0	1	0	8
269	62	26	0	1	0	11	0	0
12	108	12	1	0	0	0	0	8
3	1	—	53	43	2	5	0	4
0	0	410	88	33	0	2	0	2
0	1	109	9	77	0	4	3	5
0	1	202	191	45	251	6	8	7
0	0	30	0	9	1	234	6	0
0	1	130	2	25	4	16	130	2
1	4	35	11	10	1	3	0	122
1	0	59	8	7	1	1	0	3
0	1	84	9	3	3	12	4	4
0	21	63	7	41	0	7	2	10
0	2	68	11	14	1	19	1	1
0	0	0	0	0	0	0	0	0
0	2	8	1	4	0	1	0	0
0	0	0	0	0	0	0	0	0
2	1	194	25	15	0	4	3	7
0	0	115	0	0	0	0	0	0
0	0	0	0	0	0	0	0	0
0	0	13	1	0	0	0	0	1
1	0	235	18	27	2	3	0	10
0	0	27	3	4	0	0	0	0
0	1	26	2	1	0	0	0	0
0	0	15	0	4	0	1	0	0
0	0	0	0	0	0	0	0	0

5-2(续)

| | 调查人数 | 将前往的 | | | | | | |
		河 南	湖 北	湖 南	广 东	广 西	海 南	重 庆
总　　　计	13673	236	507	300	1487	68	142	233
北　　京	491	22	8	5	17	3	5	20
天　　津	0	0	0	0	0	0	0	0
河　　北	210	0	0	0	18	0	0	4
山　　西	443	4	2	2	4	0	1	0
内　蒙　古	59	0	0	0	9	0	0	2
辽　　宁	432	0	0	0	10	1	0	2
吉　　林	496	0	0	0	9	0	0	0
黑　龙　江	312	0	0	0	6	0	1	0
上　　海	275	2	2	0	26	0	2	5
江　　苏	651	0	2	1	22	0	0	2
浙　　江	293	0	2	1	36	0	6	0
安　　徽	892	3	26	0	29	0	0	4
福　　建	336	0	1	0	29	0	0	0
江　　西	578	0	33	8	110	1	1	1
山　　东	287	2	2	0	13	0	0	2
河　　南	537	172	0	5	24	3	3	0
湖　　北	720	7	346	16	82	3	1	13
湖　　南	638	1	53	209	69	2	9	9
广　　东	1103	3	7	26	791	24	32	4
广　　西	0	0	0	0	0	0	0	0
海　　南	177	1	2	1	44	0	69	1
重　　庆	0	0	0	0	0	0	0	0
四　　川	1726	0	2	7	57	12	0	108
贵　　州	243	0	0	0	0	0	0	1
云　　南	0	0	0	0	0	0	0	0
西　　藏	212	0	1	0	10	0	0	9
陕　　西	1064	18	16	18	16	15	5	33
甘　　肃	768	0	1	1	48	0	1	2
青　　海	622	0	0	0	4	4	6	6
宁　　夏	107	1	1	0	4	0	0	5
新　　疆	1	0	0	0	0	0	0	0

省（区、市）								
四 川	贵 州	云 南	西 藏	陕 西	甘 肃	青 海	宁 夏	新 疆
1397	**12**	**132**	**204**	**739**	**379**	**348**	**19**	**63**
14	0	10	2	59	3	0	2	0
0	0	0	0	0	0	0	0	0
3	0	0	0	2	0	0	0	0
3	0	0	0	163	0	0	0	0
3	0	0	0	4	0	0	1	0
2	0	1	0	7	0	0	0	0
0	0	0	0	0	0	0	0	0
1	0	1	0	0	0	0	0	0
5	1	1	0	9	1	0	0	0
3	0	1	0	7	0	0	0	0
1	0	1	0	2	0	1	0	0
22	0	2	0	16	0	0	0	0
2	1	2	0	1	0	0	0	0
3	0	1	2	5	0	0	0	0
3	1	2	0	3	1	0	0	0
23	0	1	0	124	0	0	0	0
9	1	8	0	29	0	0	0	0
43	2	4	0	7	4	0	4	7
4	1	7	1	3	1	0	0	0
0	0	0	0	0	0	0	0	0
4	1	2	1	2	0	0	0	1
0	0	0	0	0	0	0	0	0
889	3	61	69	99	0	4	0	2
0	0	0	0	0	0	0	0	0
0	0	0	0	0	0	0	0	0
126	0	0	24	1	0	1	0	0
137	1	19	4	10	9	12	3	3
66	0	0	1	108	246	111	3	47
28	0	4	100	71	102	218	2	1
3	0	4	0	7	12	1	4	1
0	0	0	0	0	0	0	0	1

六、入境过夜游客对住宿单位的选择

6-1 2018年入境过夜游客对住宿单位的选择
（按外国人、港澳台胞、团体及散客分组）

单位：%

		合计	宾馆饭店	公寓	私人住所	车船	其他
全国	总计	**100**	**70.0**	**7.6**	**14.1**	**0.9**	**7.3**
	团体	100	92.1	1.7	1.3	2.4	2.4
	散客	100	63.3	9.5	18.0	0.5	8.8
外国人	小计	100	70.1	9.0	11.9	1.2	7.7
	团体	100	91.5	1.8	1.3	3.0	2.5
	散客	100	63.1	11.4	15.4	0.6	9.5
香港同胞	小计	100	70.8	2.1	24.9	0.0	2.1
	团体	100	93.7	1.7	1.2	0.1	3.3
	散客	100	67.9	2.1	27.9	0.0	2.0
澳门同胞	小计	100	59.1	4.9	20.8	0.1	15.1
	团体	100	90.2	2.8	1.5	0.0	5.5
	散客	100	53.0	5.3	24.6	0.1	17.0
台湾同胞	小计	100	76.4	2.4	17.7	0.1	3.4
	团体	100	97.2	0.4	1.7	0.0	0.7
	散客	100	66.8	3.3	25.0	0.2	4.6

6-2 2018 年入境过夜游客对住宿单位的选择
（按性别、年龄、团体及散客分组）

单位：%

		合　计	宾馆饭店	公　寓	私人住所	车　船	其　他
全　国	总　计	**100**	**70.0**	**7.6**	**14.1**	**0.9**	**7.3**
	团体	100	92.1	1.7	1.3	2.4	2.4
	散客	100	63.3	9.5	18.0	0.5	8.8
男　性	小计	100	69.6	10.6	12.1	1.0	6.7
	团体	100	89.7	2.4	1.6	3.0	3.4
	散客	100	64.1	12.9	14.9	0.5	7.6
女　性	小计	100	70.6	3.9	16.6	0.9	8.0
	团体	100	94.6	1.0	1.1	1.8	1.5
	散客	100	62.1	5.0	22.1	0.5	10.3
65 岁及以上	小计	100	74.3	4.1	20.1	0.0	1.4
	团体	100	94.3	4.4	0.7	0.1	0.4
	散客	100	61.5	4.0	32.5	0.0	2.1
45~64 岁	小计	100	76.9	8.7	12.1	0.6	1.7
	团体	100	95.3	1.4	1.0	1.2	1.0
	散客	100	70.3	11.3	16.1	0.3	2.0
25~44 岁	小计	100	75.1	6.0	10.1	1.5	7.3
	团体	100	91.2	0.8	0.6	4.2	3.2
	散客	100	70.4	7.5	12.9	0.8	8.5
15~24 岁	小计	100	45.0	11.7	24.4	0.3	18.6
	团体	100	84.8	3.6	5.6	0.8	5.1
	散客	100	37.6	13.2	27.9	0.2	21.1
14 岁及以下	小计	100	55.4	1.2	43.4	0.0	0.0
	团体	100	100.0	0.0	0.0	0.0	0.0
	散客	100	41.8	1.6	56.6	0.0	0.0

6-3 2018年入境过夜游客对住宿单位的选择
（按职业、团体及散客分组）

单位：%

		合 计	宾馆饭店	公 寓	私人住所	车 船	其 他
全 国	总计	**100**	**70.0**	**7.6**	**14.1**	**0.9**	**7.3**
	团体	100	92.1	1.7	1.3	2.4	2.4
	散客	100	63.3	9.5	18.0	0.5	8.8
政府工作人员	小计	100	91.8	2.1	2.8	1.3	2.0
	团体	100	96.1	1.2	0.7	1.0	1.0
	散客	100	90.4	2.4	3.6	1.3	2.3
专业技术人员	小计	100	72.1	17.5	6.6	1.7	2.1
	团体	100	90.7	1.5	0.7	4.5	2.6
	散客	100	66.7	22.1	8.3	0.9	2.0
职 员	小计	100	74.9	7.3	10.2	1.1	6.5
	团体	100	94.9	0.4	0.6	3.1	1.0
	散客	100	68.3	9.6	13.3	0.4	8.3
技工/工人	小计	100	83.4	2.3	8.1	2.3	4.0
	团体	100	92.1	0.7	0.2	6.3	0.8
	散客	100	80.3	2.9	10.8	0.9	5.1
商贸人员	小计	100	82.0	2.9	11.3	0.8	3.0
	团体	100	84.8	2.8	0.9	2.6	8.8
	散客	100	81.3	3.0	13.9	0.3	1.5
服务员/推销员	小计	100	78.6	3.2	13.2	2.2	2.7
	团体	100	86.7	2.2	5.3	4.1	1.7
	散客	100	74.0	3.8	17.8	1.2	3.2
退休人员	小计	100	76.4	2.6	19.4	0.1	1.5
	团体	100	96.4	2.6	0.5	0.2	0.3
	散客	100	63.6	2.6	31.6	0.0	2.2
家庭妇女	小计	100	72.5	1.6	23.6	0.3	2.1
	团体	100	98.5	0.0	0.8	0.3	0.4
	散客	100	61.9	2.2	32.8	0.3	2.8
军 人	小计	100	99.2	0.0	0.8	0.0	0.0
	团体	100	100.0	0.0	0.0	0.0	0.0
	散客	100	96.4	0.0	3.6	0.0	0.0
学 生	小计	100	39.5	10.7	24.7	0.4	24.7
	团体	100	86.9	2.4	4.4	0.8	5.5
	散客	100	32.0	12.0	27.9	0.3	27.8
其 他	小计	100	75.5	4.1	18.1	0.2	2.2
	团体	100	93.9	4.2	0.6	0.8	0.5
	散客	100	70.9	4.0	22.5	0.1	2.6

6-4 2018年入境过夜游客对住宿单位的选择
（按旅游目的、团体及散客分组）

单位：%

		合 计	宾馆饭店	公 寓	私人住所	车 船	其 他
全 国	总计	100	70.0	7.6	14.1	0.9	7.3
	团体	100	92.1	1.7	1.3	2.4	2.4
	散客	100	63.3	9.5	18.0	0.5	8.8
观光游览	小计	100	90.7	2.4	3.7	1.1	2.1
	团体	100	94.8	1.2	0.7	2.0	1.4
	散客	100	87.8	3.2	5.9	0.5	2.7
休闲度假	小计	100	85.9	3.6	6.2	2.1	2.1
	团体	100	91.6	1.3	1.2	3.9	2.0
	散客	100	83.2	4.8	8.6	1.3	2.1
探亲访友	小计	100	35.2	2.0	59.4	0.2	3.3
	团体	100	76.3	13.6	8.8	1.1	0.2
	散客	100	33.0	1.3	62.1	0.2	3.4
商 务	小计	100	54.4	25.6	10.5	0.2	9.3
	团体	100	65.5	5.0	3.5	0.0	26.0
	散客	100	53.8	26.8	10.9	0.2	8.4
会 议	小计	100	94.4	1.4	2.5	0.3	1.4
	团体	100	92.7	7.3	0.0	0.0	0.0
	散客	100	94.6	0.9	2.7	0.3	1.5
宗教朝拜	小计	100	90.8	0.4	5.7	0.7	2.5
	团体	100	95.0	0.0	0.0	1.4	3.6
	散客	100	86.7	0.7	11.2	0.0	1.4
文体交流	小计	100	40.6	5.4	19.4	0.5	34.2
	团体	100	82.1	1.0	10.3	0.0	6.7
	散客	100	38.1	5.7	19.9	0.5	35.8
购 物	小计	100	87.1	3.5	7.2	0.5	1.6
	团体	100	96.0	1.2	0.0	2.8	0.0
	散客	100	84.9	4.1	9.0	0.0	2.0
医疗保健	小计	100	75.5	5.6	9.3	0.5	9.0
	团体	100	94.5	5.5	0.0	0.0	0.0
	散客	100	71.0	5.6	11.6	0.7	11.2
其 他	小计	100	20.8	19.2	32.5	0.2	27.3
	团体	100	78.8	0.0	17.5	3.8	0.0
	散客	100	19.5	19.6	32.8	0.2	27.9

七、入境游客抽样调查总人数及所占比重

7-1 2018 年入境游客抽样调查总人数及所占比重

		调查总人数		口岸调查人数		其中过夜游客	
		（人）	（%）	（人）	（%）	（人）	（%）
全 国	总计	**56290**	**100.0**	**17894**	**31.8**	**13815**	**77.2**
	团体	20261	100.0	3952	19.5	3452	87.3
	散客	36029	100.0	13942	38.7	10363	74.3
外 国 人	小计	39371	100.0	11426	29.0	9335	81.7
	团体	15254	100.0	3104	20.3	2674	86.1
	散客	24117	100.0	8322	34.5	6661	80.0
香港同胞	小计	8001	100.0	3265	40.8	2083	63.8
	团体	1897	100.0	246	13.0	201	81.7
	散客	6104	100.0	3019	49.5	1882	62.3
澳门同胞	小计	3559	100.0	1568	44.1	1065	67.9
	团体	913	100.0	195	21.4	188	96.4
	散客	2646	100.0	1373	51.9	877	63.9
台湾同胞	小计	5359	100.0	1635	30.5	1332	81.5
	团体	2197	100.0	407	18.5	389	95.6
	散客	3162	100.0	1228	38.8	943	76.8

（按外国人、港澳台胞、团体及散客分组）

一日游游客		饭店调查人数		游船调查人数	
（人）	（%）	（人）	（%）	（人）	（%）
4079	**22.8**	**38194**	**67.9**	**202**	**0.4**
500	12.7	16123	79.6	186	0.9
3579	25.7	22071	61.3	16	0.0
2091	18.3	27841	70.7	104	0.3
430	13.9	12056	79.0	94	0.6
1661	20.0	15785	65.5	10	0.0
1182	36.2	4691	58.6	45	0.6
45	18.3	1608	84.8	43	2.3
1137	37.7	3083	50.5	2	0.0
503	32.1	1972	55.4	19	0.5
7	3.6	700	76.7	18	2.0
496	36.1	1272	48.1	1	0.0
303	18.5	3690	68.9	34	0.6
18	4.4	1759	80.1	31	1.4
285	23.2	1931	61.1	3	0.1

7-2 2018年入境游客抽样调查总人数及所占比重

			调查总人数		口岸调查人数		其中过夜游客	
			（人）	（%）	（人）	（%）	（人）	（%）
北 京		小计	3747	100.0	1793	47.9	1793	100.0
		团体	1194	100.0	331	27.7	331	100.0
		散客	2553	100.0	1462	57.3	1462	100.0
天 津		小计	1330	100.0	807	60.7	622	77.1
		团体	387	100.0	198	51.2	190	96.0
		散客	943	100.0	609	64.6	432	70.9
河 北		小计	730	100.0	0	0.0	0	0.0
		团体	305	100.0	0	0.0	0	0.0
		散客	425	100.0	0	0.0	0	0.0
山 西		小计	719	100.0	0	0.0	0	0.0
		团体	497	100.0	0	0.0	0	0.0
		散客	222	100.0	0	0.0	0	0.0
内 蒙 古		小计	1190	100.0	669	56.2	438	65.5
		团体	757	100.0	497	65.7	297	59.8
		散客	433	100.0	172	39.7	141	82.0
辽 宁		小计	1775	100.0	895	50.4	752	84.0
		团体	489	100.0	326	66.7	226	69.3
		散客	1286	100.0	569	44.2	526	92.4
吉 林		小计	1001	100.0	450	45.0	350	77.8
		团体	470	100.0	193	41.1	173	89.6
		散客	531	100.0	257	48.4	177	68.9
黑 龙 江		小计	1399	100.0	649	46.4	449	69.2
		团体	700	100.0	204	29.1	204	100.0
		散客	699	100.0	445	63.7	245	55.1
上 海		小计	3369	100.0	1677	49.8	1660	99.0
		团体	504	100.0	435	86.3	435	100.0
		散客	2865	100.0	1242	43.4	1225	98.6

（按省〈区、市〉、团体及散客分组）

一日游游客		饭店调查人数		游船调查人数	
（人）	（%）	（人）	（%）	（人）	（%）
0	0.0	1954	52.1	0	0.0
0	0.0	863	72.3	0	0.0
0	0.0	1091	42.7	0	0.0
185	22.9	523	39.3	0	0.0
8	4.0	189	48.8	0	0.0
177	29.1	334	35.4	0	0.0
0	0.0	730	100.0	0	0.0
0	0.0	305	100.0	0	0.0
0	0.0	425	100.0	0	0.0
0	0.0	719	100.0	0	0.0
0	0.0	497	100.0	0	0.0
0	0.0	222	100.0	0	0.0
231	34.5	521	43.8	0	0.0
200	40.2	260	34.3	0	0.0
31	18.0	261	60.3	0	0.0
143	16.0	880	49.6	0	0.0
100	30.7	163	33.3	0	0.0
43	7.6	717	55.8	0	0.0
100	22.2	551	55.0	0	0.0
20	10.4	277	58.9	0	0.0
80	31.1	274	51.6	0	0.0
200	30.8	750	53.6	0	0.0
0	0.0	496	70.9	0	0.0
200	44.9	254	36.3	0	0.0
17	1.0	1692	50.2	0	0.0
0	0.0	69	13.7	0	0.0
17	1.4	1623	56.6	0	0.0

7-2(续1)

			调查总人数		口岸调查人数		其中过夜游客	
			（人）	（%）	（人）	（%）	（人）	（%）
江 苏	小计		1955	100.0	597	30.5	596	99.8
	团体		418	100.0	139	33.3	139	100.0
	散客		1537	100.0	458	29.8	457	99.8
浙 江	小计		1550	100.0	552	35.6	509	92.2
	团体		159	100.0	0	0.0	0	0.0
	散客		1391	100.0	552	39.7	509	92.2
安 徽	小计		1905	100.0	0	0.0	0	0.0
	团体		835	100.0	0	0.0	0	0.0
	散客		1070	100.0	0	0.0	0	0.0
福 建	小计		1672	100.0	734	43.9	650	88.6
	团体		545	100.0	192	35.2	141	73.4
	散客		1127	100.0	542	48.1	509	93.9
江 西	小计		796	100.0	0	0.0	0	0.0
	团体		460	100.0	0	0.0	0	0.0
	散客		336	100.0	0	0.0	0	0.0
山 东	小计		2662	100.0	1223	45.9	1022	83.6
	团体		635	100.0	190	29.9	167	87.9
	散客		2027	100.0	1033	51.0	855	82.8
河 南	小计		810	100.0	0	0.0	0	0.0
	团体		430	100.0	0	0.0	0	0.0
	散客		380	100.0	0	0.0	0	0.0
湖 北	小计		1095	100.0	0	0.0	0	0.0
	团体		532	100.0	0	0.0	0	0.0
	散客		563	100.0	0	0.0	0	0.0
湖 南	小计		1239	100.0	0	0.0	0	0.0
	团体		745	100.0	0	0.0	0	0.0
	散客		494	100.0	0	0.0	0	0.0
广 东	小计		11811	100.0	5771	48.9	3465	60.0
	团体		1459	100.0	487	33.4	402	82.5
	散客		10352	100.0	5284	51.0	3063	58.0
广 西	小计		1539	100.0	741	48.1	541	73.0
	团体		787	100.0	316	40.2	316	100.0
	散客		752	100.0	425	56.5	225	52.9

一日游游客		饭店调查人数		游船调查人数	
（人）	（%）	（人）	（%）	（人）	（%）
1	0.2	1358	69.5	0	0.0
0	0.0	279	66.7	0	0.0
1	0.2	1079	70.2	0	0.0
43	7.8	998	64.4	0	0.0
0	0.0	159	100.0	0	0.0
43	7.8	839	60.3	0	0.0
0	0.0	1905	100.0	0	0.0
0	0.0	835	100.0	0	0.0
0	0.0	1070	100.0	0	0.0
84	11.4	938	56.1	0	0.0
51	26.6	353	64.8	0	0.0
33	6.1	585	51.9	0	0.0
0	0.0	796	100.0	0	0.0
0	0.0	460	100.0	0	0.0
0	0.0	336	100.0	0	0.0
201	16.4	1439	54.1	0	0.0
23	12.1	445	70.1	0	0.0
178	17.2	994	49.0	0	0.0
0	0.0	810	100.0	0	0.0
0	0.0	430	100.0	0	0.0
0	0.0	380	100.0	0	0.0
0	0.0	993	90.7	102	9.3
0	0.0	446	83.8	86	16.2
0	0.0	547	97.2	16	2.8
0	0.0	1239	100.0	0	0.0
0	0.0	745	100.0	0	0.0
0	0.0	494	100.0	0	0.0
2306	40.0	6040	51.1	0	0.0
85	17.5	972	66.6	0	0.0
2221	42.0	5068	49.0	0	0.0
200	27.0	798	51.9	0	0.0
0	0.0	471	59.8	0	0.0
200	47.1	327	43.5	0	0.0

7-2（续2）

			调查总人数		口岸调查人数		其中过夜游客	
			（人）	（%）	（人）	（%）	（人）	（%）
海	南	小计	3310	100.0	0	0.0	0	0.0
		团体	2316	100.0	0	0.0	0	0.0
		散客	994	100.0	0	0.0	0	0.0
重	庆	小计	651	100.0	0	0.0	0	0.0
		团体	467	100.0	0	0.0	0	0.0
		散客	184	100.0	0	0.0	0	0.0
四	川	小计	2718	100.0	0	0.0	0	0.0
		团体	1478	100.0	0	0.0	0	0.0
		散客	1240	100.0	0	0.0	0	0.0
贵	州	小计	845	100.0	0	0.0	0	0.0
		团体	428	100.0	0	0.0	0	0.0
		散客	417	100.0	0	0.0	0	0.0
云	南	小计	1693	100.0	724	42.8	518	71.5
		团体	499	100.0	126	25.3	113	89.7
		散客	1194	100.0	598	50.1	405	67.7
西	藏	小计	550	100.0	0	0.0	0	0.0
		团体	544	100.0	0	0.0	0	0.0
		散客	6	100.0	0	0.0	0	0.0
陕	西	小计	1167	100.0	0	0.0	0	0.0
		团体	499	100.0	0	0.0	0	0.0
		散客	668	100.0	0	0.0	0	0.0
甘	肃	小计	800	100.0	0	0.0	0	0.0
		团体	476	100.0	0	0.0	0	0.0
		散客	324	100.0	0	0.0	0	0.0
青	海	小计	802	100.0	0	0.0	0	0.0
		团体	474	100.0	0	0.0	0	0.0
		散客	328	100.0	0	0.0	0	0.0
宁	夏	小计	198	100.0	0	0.0	0	0.0
		团体	73	100.0	0	0.0	0	0.0
		散客	125	100.0	0	0.0	0	0.0
新	疆	小计	1262	100.0	612	48.5	450	73.5
		团体	699	100.0	318	45.5	318	100.0
		散客	563	100.0	294	52.2	132	44.9

一日游游客		饭店调查人数		游船调查人数	
（人）	（%）	（人）	（%）	（人）	（%）
0	0.0	3310	100.0	0	0.0
0	0.0	2316	100.0	0	0.0
0	0.0	994	100.0	0	0.0
0	0.0	551	84.6	100	15.4
0	0.0	367	78.6	100	21.4
0	0.0	184	100.0	0	0.0
0	0.0	2718	100.0	0	0.0
0	0.0	1478	100.0	0	0.0
0	0.0	1240	100.0	0	0.0
0	0.0	845	100.0	0	0.0
0	0.0	428	100.0	0	0.0
0	0.0	417	100.0	0	0.0
206	28.5	969	57.2	0	0.0
13	10.3	373	74.7	0	0.0
193	32.3	596	49.9	0	0.0
0	0.0	550	100.0	0	0.0
0	0.0	544	100.0	0	0.0
0	0.0	6	100.0	0	0.0
0	0.0	1167	100.0	0	0.0
0	0.0	499	100.0	0	0.0
0	0.0	668	100.0	0	0.0
0	0.0	800	100.0	0	0.0
0	0.0	476	100.0	0	0.0
0	0.0	324	100.0	0	0.0
0	0.0	802	100.0	0	0.0
0	0.0	474	100.0	0	0.0
0	0.0	328	100.0	0	0.0
0	0.0	198	100.0	0	0.0
0	0.0	73	100.0	0	0.0
0	0.0	125	100.0	0	0.0
162	26.5	650	51.5	0	0.0
0	0.0	381	54.5	0	0.0
162	55.1	269	47.8	0	0.0

7-3 2018 年口岸调查入境游客人数及所占比重

		调查人数		男 性		女 性	
		（人）	（％）	（人）	（％）	（人）	（％）
全 国	合计	**17894**	**100.0**	**9834**	**55.0**	**8060**	**45.0**
	团体	3952	100.0	1969	49.8	1983	50.2
	散客	13942	100.0	7865	56.4	6077	43.6
外 国 人	小计	11426	100.0	6387	55.9	5039	44.1
	团体	3104	100.0	1550	49.9	1554	50.1
	散客	8322	100.0	4837	58.1	3485	41.9
香港同胞	小计	3265	100.0	1778	54.5	1487	45.5
	团体	246	100.0	128	52.0	118	48.0
	散客	3019	100.0	1650	54.7	1369	45.3
澳门同胞	小计	1568	100.0	832	53.1	736	46.9
	团体	195	100.0	101	51.8	94	48.2
	散客	1373	100.0	731	53.2	642	46.8
台湾同胞	小计	1635	100.0	837	51.2	798	48.8
	团体	407	100.0	190	46.7	217	53.3
	散客	1228	100.0	647	52.7	581	47.3

（按外国人、港澳台胞、团体及散客、性别、年龄分组）

14 岁及以下		15~24 岁		25~44 岁		45~64 岁		65 岁及以上	
（人）	（%）	（人）	（%）	（人）	（%）	（人）	（%）	（人）	（%）
95	**0.5**	**2489**	**13.9**	**8532**	**47.7**	**5624**	**31.4**	**1154**	**6.4**
28	0.7	443	11.2	1640	41.5	1429	36.2	412	10.4
67	0.5	2046	14.7	6892	49.4	4195	30.1	742	5.3
41	0.4	1238	10.8	5670	49.6	3826	33.5	651	5.7
19	0.6	310	10.0	1360	43.8	1128	36.3	287	9.2
22	0.3	928	11.2	4310	51.8	2698	32.4	364	4.4
17	0.5	599	18.3	1482	45.4	896	27.4	271	8.3
3	1.2	42	17.1	85	34.6	86	35.0	30	12.2
14	0.5	557	18.4	1397	46.3	810	26.8	241	8.0
25	1.6	445	28.4	720	45.9	317	20.2	61	3.9
4	2.1	47	24.1	78	40.0	51	26.2	15	7.7
21	1.5	398	29.0	642	46.8	266	19.4	46	3.4
12	0.7	207	12.7	660	40.4	585	35.8	171	10.5
2	0.5	44	10.8	117	28.7	164	40.3	80	19.7
10	0.8	163	13.3	543	44.2	421	34.3	91	7.4

7-4 2018 年口岸调查入境游客人数及所占比重

		调查人数		政 府工作人员		专 业技术人员		职 员		技 工/工 人	
		（人）	（%）	（人）	（%）	（人）	（%）	（人）	（%）	（人）	（%）
全 国	合计	**17894**	**100.0**	**714**	**4.0**	**2783**	**15.6**	**4130**	**23.1**	**873**	**4.9**
	团体	3952	100.0	170	4.3	563	14.2	912	23.1	184	4.7
	散客	13942	100.0	544	3.9	2220	15.9	3218	23.1	689	4.9
外 国 人	小计	11426	100.0	479	4.2	1991	17.4	2577	22.6	551	4.8
	团体	3104	100.0	132	4.3	483	15.6	737	23.7	148	4.8
	散客	8322	100.0	347	4.2	1508	18.1	1840	22.1	403	4.8
香港同胞	小计	3265	100.0	128	3.9	362	11.1	809	24.8	215	6.6
	团体	246	100.0	17	6.9	24	9.8	50	20.3	15	6.1
	散客	3019	100.0	111	3.7	338	11.2	759	25.1	200	6.6
澳门同胞	小计	1568	100.0	51	3.3	180	11.5	436	27.8	43	2.7
	团体	195	100.0	6	3.1	23	11.8	50	25.6	6	3.1
	散客	1373	100.0	45	3.3	157	11.4	386	28.1	37	2.7
台湾同胞	小计	1635	100.0	56	3.4	250	15.3	308	18.8	64	3.9
	团体	407	100.0	15	3.7	33	8.1	75	18.4	15	3.7
	散客	1228	100.0	41	3.3	217	17.7	233	19.0	49	4.0

（按外国人、港澳台胞、团体及散客、职业分组）

商 贸 人 员		服务员/ 推销员		退 休 人 员		家 庭 妇 女		军 人		学 生		其 他	
(人)	(%)	(人)	(%)	(人)	(%)	(人)	(%)	(人)	(%)	(人)	(%)	(人)	(%)
2723	**15.2**	**979**	**5.5**	**1520**	**8.5**	**1095**	**6.1**	**41**	**0.2**	**2048**	**11.4**	**988**	**5.5**
413	10.5	254	6.4	534	13.5	313	7.9	22	0.6	377	9.5	210	5.3
2310	16.6	725	5.2	986	7.1	782	5.6	19	0.1	1671	12.0	778	5.6
1958	17.1	577	5.0	807	7.1	608	5.3	30	0.3	1109	9.7	739	6.5
350	11.3	213	6.9	353	11.4	242	7.8	20	0.6	260	8.4	166	5.3
1608	19.3	364	4.4	454	5.5	366	4.4	10	0.1	849	10.2	573	6.9
381	11.7	211	6.5	367	11.2	260	8.0	2	0.1	412	12.6	118	3.6
14	5.7	11	4.5	43	17.5	21	8.5	0	0.0	43	17.5	8	3.3
367	12.2	200	6.6	324	10.7	239	7.9	2	0.1	369	12.2	110	3.6
140	8.9	135	8.6	106	6.8	84	5.4	7	0.4	343	21.9	43	2.7
20	10.3	14	7.2	22	11.3	9	4.6	1	0.5	38	19.5	6	3.1
120	8.7	121	8.8	84	6.1	75	5.5	6	0.4	305	22.2	37	2.7
244	14.9	56	3.4	240	14.7	143	8.7	2	0.1	184	11.3	88	5.4
29	7.1	16	3.9	116	28.5	41	10.1	1	0.2	36	8.8	30	7.4
215	17.5	40	3.3	124	10.1	102	8.3	1	0.1	148	12.1	58	4.7

7-5　2018 年口岸调查入境游客人数及所占比重

		调查人数		观　光游　览		休　闲度　假		探　亲访　友	
		（人）	（%）	（人）	（%）	（人）	（%）	（人）	（%）
全　国	合计	**17894**	**100.0**	**6368**	**35.6**	**4180**	**23.4**	**1972**	**11.0**
	团体	3952	100.0	2298	58.1	1095	27.7	90	2.3
	散客	13942	100.0	4070	29.2	3085	22.1	1882	13.5
外 国 人	小计	11426	100.0	4317	37.8	2533	22.2	723	6.3
	团体	3104	100.0	1755	56.5	868	28.0	68	2.2
	散客	8322	100.0	2562	30.8	1665	20.0	655	7.9
香港同胞	小计	3265	100.0	865	26.5	918	28.1	729	22.3
	团体	246	100.0	143	58.1	75	30.5	9	3.7
	散客	3019	100.0	722	23.9	843	27.9	720	23.8
澳门同胞	小计	1568	100.0	516	32.9	438	27.9	269	17.2
	团体	195	100.0	115	59.0	60	30.8	4	2.1
	散客	1373	100.0	401	29.2	378	27.5	265	19.3
台湾同胞	小计	1635	100.0	670	41.0	291	17.8	251	15.4
	团体	407	100.0	285	70.0	92	22.6	9	2.2
	散客	1228	100.0	385	31.4	199	16.2	242	19.7

（按外国人、港澳台胞、团体及散客、旅游目的分组）

商 务		会 议		宗 教朝 拜		文化/体育/科技交流		购 物		医疗保健		其 他	
（人）	（%）	（人）	（%）	（人）	（%）	（人）	（%）	（人）	（%）	（人）	（%）	（人）	（%）
2517	**14.1**	**995**	**5.6**	**125**	**0.7**	**598**	**3.3**	**548**	**3.1**	**109**	**0.6**	**482**	**2.7**
125	3.2	67	1.7	43	1.1	80	2.0	103	2.6	18	0.5	33	0.8
2392	17.2	928	6.7	82	0.6	518	3.7	445	3.2	91	0.7	449	3.2
1802	15.8	722	6.3	74	0.6	472	4.1	346	3.0	69	0.6	368	3.2
114	3.7	64	2.1	34	1.1	60	1.9	99	3.2	17	0.5	25	0.8
1688	20.3	658	7.9	40	0.5	412	5.0	247	3.0	52	0.6	343	4.1
395	12.1	134	4.1	24	0.7	60	1.8	56	1.7	31	0.9	53	1.6
2	0.8	0	0.0	2	0.8	13	5.3	0	0.0	0	0.0	2	0.8
393	13.0	134	4.4	22	0.7	47	1.6	56	1.9	31	1.0	51	1.7
90	5.7	57	3.6	8	0.5	30	1.9	130	8.3	4	0.3	26	1.7
5	2.6	0	0.0	2	1.0	2	1.0	2	1.0	1	0.5	4	2.1
85	6.2	57	4.2	6	0.4	28	2.0	128	9.3	3	0.2	22	1.6
230	14.1	82	5.0	19	1.2	36	2.2	16	1.0	5	0.3	35	2.1
4	1.0	3	0.7	5	1.2	5	1.2	2	0.5	0	0.0	2	0.5
226	18.4	79	6.4	14	1.1	31	2.5	14	1.1	5	0.4	33	2.7

7-6 2018年口岸调查外国游客人数

	调查人数		男 性		女 性	
	（人）	（%）	（人）	（%）	（人）	（%）
外 国 人	**11426**	**100.0**	**6387**	**55.9**	**5039**	**44.1**
日 本	1332	100.0	782	58.7	550	41.3
菲 律 宾	204	100.0	114	55.9	90	44.1
泰 国	364	100.0	175	48.1	189	51.9
新 加 坡	580	100.0	303	52.2	277	47.8
印度尼西亚	149	100.0	79	53.0	70	47.0
马 来 西 亚	363	100.0	204	56.2	159	43.8
韩 国	2019	100.0	1157	57.3	862	42.7
朝 鲜	125	100.0	73	58.4	52	41.6
蒙 古	188	100.0	72	38.3	116	61.7
印 度	254	100.0	180	70.9	74	29.1
越 南	335	100.0	180	53.7	155	46.3
缅 甸	127	100.0	80	63.0	47	37.0
哈萨克斯坦	29	100.0	18	62.1	11	37.9
英 国	511	100.0	298	58.3	213	41.7
法 国	406	100.0	225	55.4	181	44.6
德 国	255	100.0	166	65.1	89	34.9
西 班 牙	108	100.0	70	64.8	38	35.2
意 大 利	164	100.0	107	65.2	57	34.8
荷 兰	141	100.0	83	58.9	58	41.1
瑞 典	115	100.0	69	60.0	46	40.0
俄 罗 斯	1663	100.0	827	49.7	836	50.3
瑞 士	89	100.0	51	57.3	38	42.7
乌 克 兰	74	100.0	38	51.4	36	48.6
美 国	735	100.0	393	53.5	342	46.5
加 拿 大	389	100.0	199	51.2	190	48.8
澳 大 利 亚	195	100.0	120	61.5	75	38.5
新 西 兰	128	100.0	67	52.3	61	47.7
非 洲 国 家	103	100.0	64	62.1	39	37.9
中南美洲国家	64	100.0	41	64.1	23	35.9
其 他 国 家	217	100.0	152	70.0	65	30.0

及所占比重(按国别、性别、年龄分组)

14 岁及以下		15~24 岁		25~44 岁		45~64 岁		65 岁及以上	
(人)	(%)	(人)	(%)	(人)	(%)	(人)	(%)	(人)	(%)
41	**0.4**	**1238**	**10.8**	**5670**	**49.6**	**3826**	**33.5**	**651**	**5.7**
3	0.2	170	12.8	598	44.9	476	35.7	85	6.4
2	1.0	7	3.4	124	60.8	64	31.4	7	3.4
1	0.3	42	11.5	188	51.6	118	32.4	15	4.1
1	0.2	59	10.2	300	51.7	183	31.6	37	6.4
1	0.7	16	10.7	79	53.0	45	30.2	8	5.4
1	0.3	30	8.3	189	52.1	125	34.4	18	5.0
5	0.2	260	12.9	893	44.2	689	34.1	172	8.5
0	0.0	14	11.2	70	56.0	30	24.0	11	8.8
0	0.0	15	8.0	103	54.8	61	32.4	9	4.8
1	0.4	22	8.7	159	62.6	67	26.4	5	2.0
2	0.6	44	13.1	157	46.9	109	32.5	23	6.9
3	2.4	17	13.4	69	54.3	29	22.8	9	7.1
0	0.0	2	6.9	16	55.2	9	31.0	2	6.9
3	0.6	56	11.0	307	60.1	127	24.9	18	3.5
0	0.0	55	13.5	221	54.4	107	26.4	23	5.7
1	0.4	19	7.5	120	47.1	102	40.0	13	5.1
0	0.0	9	8.3	59	54.6	34	31.5	6	5.6
1	0.6	10	6.1	89	54.3	56	34.1	8	4.9
0	0.0	10	7.1	69	48.9	53	37.6	9	6.4
0	0.0	12	10.4	56	48.7	42	36.5	5	4.3
9	0.5	131	7.9	767	46.1	674	40.5	82	4.9
1	1.1	5	5.6	47	52.8	34	38.2	2	2.2
1	1.4	13	17.6	36	48.6	20	27.0	4	5.4
1	0.1	86	11.7	363	49.4	250	34.0	35	4.8
2	0.5	45	11.6	214	55.0	115	29.6	13	3.3
1	0.5	26	13.3	94	48.2	65	33.3	9	4.6
1	0.8	8	6.3	67	52.3	38	29.7	14	10.9
0	0.0	15	14.6	58	56.3	27	26.2	3	2.9
0	0.0	11	17.2	26	40.6	24	37.5	3	4.7
0	0.0	29	13.4	132	60.8	53	24.4	3	1.4

7-7 2018年口岸调查外国游客人数

	调查人数		政 府 工作人员		专 业 技术人员		职 员		技 工/ 工 人	
	（人）	（%）	（人）	（%）	（人）	（%）	（人）	（%）	（人）	（%）
外 国 人	**11426**	**100.0**	**479**	**4.2**	**1991**	**17.4**	**2577**	**22.6**	**551**	**4.8**
日 本	1332	100.0	42	3.2	202	15.2	344	25.8	60	4.5
菲 律 宾	204	100.0	10	4.9	34	16.7	64	31.4	16	7.8
泰 国	364	100.0	17	4.7	52	14.3	97	26.6	17	4.7
新 加 坡	580	100.0	19	3.3	101	17.4	135	23.3	25	4.3
印度尼西亚	149	100.0	10	6.7	20	13.4	30	20.1	9	6.0
马 来 西 亚	363	100.0	20	5.5	63	17.4	88	24.2	17	4.7
韩 国	2019	100.0	67	3.3	300	14.9	443	21.9	83	4.1
朝 鲜	125	100.0	7	5.6	13	10.4	27	21.6	8	6.4
蒙 古	188	100.0	6	3.2	13	6.9	35	18.6	18	9.6
印 度	254	100.0	5	2.0	56	22.0	43	16.9	11	4.3
越 南	335	100.0	21	6.3	60	17.9	59	17.6	33	9.9
缅 甸	127	100.0	6	4.7	27	21.3	18	14.2	5	3.9
哈萨克斯坦	29	100.0	1	3.4	7	24.1	4	13.8	2	6.9
英 国	511	100.0	22	4.3	130	25.4	103	20.2	31	6.1
法 国	406	100.0	19	4.7	77	19.0	81	20.0	23	5.7
德 国	255	100.0	10	3.9	72	28.2	39	15.3	12	4.7
西 班 牙	108	100.0	4	3.7	17	15.7	24	22.2	3	2.8
意 大 利	164	100.0	6	3.7	39	23.8	34	20.7	6	3.7
荷 兰	141	100.0	4	2.8	29	20.6	25	17.7	4	2.8
瑞 典	115	100.0	8	7.0	29	25.2	25	21.7	5	4.3
俄 罗 斯	1663	100.0	79	4.8	261	15.7	408	24.5	94	5.7
瑞 士	89	100.0	7	7.9	21	23.6	18	20.2	2	2.2
乌 克 兰	74	100.0	4	5.4	13	17.6	13	17.6	2	2.7
美 国	735	100.0	24	3.3	154	21.0	190	25.9	29	3.9
加 拿 大	389	100.0	15	3.9	78	20.1	109	28.0	10	2.6
澳 大 利 亚	195	100.0	9	4.6	41	21.0	41	21.0	6	3.1
新 西 兰	128	100.0	3	2.3	22	17.2	26	20.3	5	3.9
非 洲 国 家	103	100.0	17	16.5	14	13.6	9	8.7	3	2.9
中南美洲国家	64	100.0	3	4.7	9	14.1	7	10.9	5	7.8
其 他 国 家	217	100.0	14	6.5	37	17.1	38	17.5	7	3.2

及所占比重（按国别、职业分组）

商 贸人 员		服务员/推销员		退 休人 员		家 庭妇 女		军 人		学 生		其 他	
（人）	（%）	（人）	（%）	（人）	（%）	（人）	（%）	（人）	（%）	（人）	（%）	（人）	（%）
1958	**17.1**	**577**	**5.0**	**807**	**7.1**	**608**	**5.3**	**30**	**0.3**	**1109**	**9.7**	**739**	**6.5**
222	16.7	47	3.5	122	9.2	91	6.8	2	0.2	149	11.2	51	3.8
26	12.7	19	9.3	8	3.9	6	2.9	0	0.0	5	2.5	16	7.8
51	14.0	25	6.9	21	5.8	20	5.5	1	0.3	40	11.0	23	6.3
98	16.9	36	6.2	50	8.6	37	6.4	2	0.3	45	7.8	32	5.5
21	14.1	10	6.7	11	7.4	11	7.4	0	0.0	16	10.7	11	7.4
50	13.8	13	3.6	29	8.0	26	7.2	0	0.0	23	6.3	34	9.4
375	18.6	87	4.3	154	7.6	173	8.6	3	0.1	254	12.6	80	4.0
25	20.0	4	3.2	18	14.4	7	5.6	0	0.0	12	9.6	4	3.2
33	17.6	16	8.5	10	5.3	4	2.1	1	0.5	6	3.2	46	24.5
76	29.9	5	2.0	7	2.8	8	3.1	1	0.4	19	7.5	23	9.1
39	11.6	17	5.1	12	3.6	19	5.7	0	0.0	29	8.7	46	13.7
22	17.3	3	2.4	9	7.1	2	1.6	1	0.8	20	15.7	14	11.0
4	13.8	2	6.9	2	6.9	4	13.8	0	0.0	2	6.9	1	3.4
68	13.3	30	5.9	28	5.5	8	1.6	1	0.2	59	11.5	31	6.1
76	18.7	32	7.9	30	7.4	8	2.0	0	0.0	39	9.6	21	5.2
43	16.9	10	3.9	19	7.5	8	3.1	0	0.0	20	7.8	22	8.6
19	17.6	7	6.5	10	9.3	1	0.9	1	0.9	8	7.4	14	13.0
31	18.9	4	2.4	15	9.1	0	0.0	1	0.6	13	7.9	15	9.1
27	19.1	12	8.5	16	11.3	0	0.0	0	0.0	11	7.8	13	9.2
19	16.5	3	2.6	8	7.0	1	0.9	1	0.9	8	7.0	8	7.0
325	19.5	121	7.3	92	5.5	104	6.3	12	0.7	109	6.6	58	3.5
17	19.1	4	4.5	4	4.5	3	3.4	0	0.0	4	4.5	9	10.1
14	18.9	4	5.4	8	10.8	3	4.1	0	0.0	6	8.1	7	9.5
103	14.0	25	3.4	56	7.6	29	3.9	0	0.0	70	9.5	55	7.5
42	10.8	12	3.1	26	6.7	11	2.8	1	0.3	51	13.1	34	8.7
30	15.4	9	4.6	13	6.7	6	3.1	1	0.5	23	11.8	16	8.2
18	14.1	3	2.3	16	12.5	9	7.0	0	0.0	13	10.2	13	10.2
18	17.5	5	4.9	5	4.9	1	1.0	1	1.0	19	18.4	11	10.7
13	20.3	1	1.6	5	7.8	1	1.6	0	0.0	13	20.3	7	10.9
53	24.4	11	5.1	3	1.4	7	3.2	0	0.0	23	10.6	24	11.1

7-8 2018 年口岸调查外国游客人数

	调查人数		观 光游 览		休 闲度 假		探 亲访 友	
	（人）	（%）	（人）	（%）	（人）	（%）	（人）	（%）
外 国 人	**11426**	**100.0**	**4317**	**37.8**	**2533**	**22.2**	**723**	**6.3**
日 本	1332	100.0	482	36.2	256	19.2	120	9.0
菲 律 宾	204	100.0	77	37.7	52	25.5	15	7.4
泰 国	364	100.0	163	44.8	87	23.9	20	5.5
新 加 坡	580	100.0	234	40.3	115	19.8	74	12.8
印度尼西亚	149	100.0	59	39.6	29	19.5	4	2.7
马 来 西 亚	363	100.0	159	43.8	79	21.8	30	8.3
韩 国	2019	100.0	792	39.2	288	14.3	164	8.1
朝 鲜	125	100.0	43	34.4	16	12.8	12	9.6
蒙 古	188	100.0	23	12.2	16	8.5	5	2.7
印 度	254	100.0	75	29.5	32	12.6	9	3.5
越 南	335	100.0	81	24.2	102	30.4	11	3.3
缅 甸	127	100.0	50	39.4	27	21.3	3	2.4
哈萨克斯坦	29	100.0	15	51.7	6	20.7	0	0.0
英 国	511	100.0	202	39.5	184	36.0	12	2.3
法 国	406	100.0	174	42.9	118	29.1	13	3.2
德 国	255	100.0	84	32.9	52	20.4	11	4.3
西 班 牙	108	100.0	58	53.7	28	25.9	3	2.8
意 大 利	164	100.0	77	47.0	31	18.9	8	4.9
荷 兰	141	100.0	64	45.4	39	27.7	9	6.4
瑞 典	115	100.0	57	49.6	25	21.7	4	3.5
俄 罗 斯	1663	100.0	518	31.1	506	30.4	53	3.2
瑞 士	89	100.0	45	50.6	20	22.5	4	4.5
乌 克 兰	74	100.0	23	31.1	19	25.7	7	9.5
美 国	735	100.0	334	45.4	168	22.9	56	7.6
加 拿 大	389	100.0	192	49.4	88	22.6	37	9.5
澳 大 利 亚	195	100.0	71	36.4	44	22.6	19	9.7
新 西 兰	128	100.0	59	46.1	33	25.8	8	6.3
非 洲 国 家	103	100.0	21	20.4	14	13.6	1	1.0
中南美洲国家	64	100.0	26	40.6	13	20.3	0	0.0
其 他 国 家	217	100.0	59	27.2	46	21.2	11	5.1

及所占比重(按国别、旅游目的分组)

商　务		会　议		宗　教朝　拜		文化/体育/科技交流		购　物		医疗保健		其　他	
(人)	(%)	(人)	(%)	(人)	(%)	(人)	(%)	(人)	(%)	(人)	(%)	(人)	(%)
1802	**15.8**	**722**	**6.3**	**74**	**0.6**	**472**	**4.1**	**346**	**3.0**	**69**	**0.6**	**368**	**3.2**
279	20.9	72	5.4	7	0.5	61	4.6	12	0.9	14	1.1	29	2.2
22	10.8	12	5.9	3	1.5	5	2.5	4	2.0	2	1.0	12	5.9
32	8.8	26	7.1	7	1.9	16	4.4	2	0.5	2	0.5	9	2.5
85	14.7	37	6.4	2	0.3	18	3.1	3	0.5	1	0.2	11	1.9
22	14.8	17	11.4	1	0.7	9	6.0	2	1.3	1	0.7	5	3.4
37	10.2	31	8.5	1	0.3	13	3.6	3	0.8	1	0.3	9	2.5
431	21.3	119	5.9	23	1.1	87	4.3	37	1.8	13	0.6	65	3.2
22	17.6	14	11.2	0	0.0	6	4.8	10	8.0	1	0.8	1	0.8
28	14.9	4	2.1	3	1.6	2	1.1	56	29.8	4	2.1	47	25.0
89	35.0	15	5.9	5	2.0	13	5.1	1	0.4	1	0.4	14	5.5
38	11.3	22	6.6	1	0.3	14	4.2	28	8.4	4	1.2	34	10.1
17	13.4	10	7.9	1	0.8	4	3.1	1	0.8	1	0.8	13	10.2
2	6.9	4	13.8	1	3.4	1	3.4	0	0.0	0	0.0	0	0.0
56	11.0	19	3.7	2	0.4	23	4.5	2	0.4	3	0.6	8	1.6
43	10.6	27	6.7	2	0.5	21	5.2	3	0.7	1	0.2	4	1.0
53	20.8	24	9.4	0	0.0	22	8.6	2	0.8	2	0.8	5	2.0
9	8.3	5	4.6	0	0.0	3	2.8	1	0.9	0	0.0	1	0.9
27	16.5	10	6.1	0	0.0	8	4.9	1	0.6	0	0.0	2	1.2
19	13.5	5	3.5	0	0.0	1	0.7	1	0.7	1	0.7	2	1.4
14	12.2	4	3.5	2	1.7	6	5.2	1	0.9	0	0.0	2	1.7
201	12.1	126	7.6	9	0.5	48	2.9	168	10.1	14	0.8	20	1.2
12	13.5	4	4.5	0	0.0	3	3.4	0	0.0	1	1.1	0	0.0
8	10.8	6	8.1	1	1.4	3	4.1	0	0.0	0	0.0	7	9.5
86	11.7	40	5.4	1	0.1	27	3.7	4	0.5	1	0.1	18	2.4
34	8.7	15	3.9	1	0.3	13	3.3	1	0.3	0	0.0	8	2.1
32	16.4	11	5.6	1	0.5	8	4.1	0	0.0	1	0.5	8	4.1
13	10.2	3	2.3	0	0.0	6	4.7	1	0.8	0	0.0	5	3.9
27	26.2	18	17.5	0	0.0	14	13.6	1	1.0	0	0.0	7	6.8
12	18.8	2	3.1	0	0.0	11	17.2	0	0.0	0	0.0	0	0.0
52	24.0	20	9.2	0	0.0	6	2.8	1	0.5	0	0.0	22	10.1

7-9 2018年饭店调查入境游客人数及所占比重

		饭店及游船调查人数		外 国 人	
		（人）	（%）	（人）	（%）
北　京	小计	1954	100.0	1701	87.1
	团体	863	100.0	774	89.7
	散客	1091	100.0	927	85.0
天　津	小计	523	100.0	374	71.5
	团体	189	100.0	153	81.0
	散客	334	100.0	221	66.2
河　北	小计	730	100.0	528	72.3
	团体	305	100.0	214	70.2
	散客	425	100.0	314	73.9
山　西	小计	719	100.0	555	77.2
	团体	497	100.0	346	69.6
	散客	222	100.0	209	94.1
内 蒙 古	小计	521	100.0	382	73.3
	团体	260	100.0	166	63.8
	散客	261	100.0	216	82.8
辽　宁	小计	880	100.0	772	87.7
	团体	163	100.0	136	83.4
	散客	717	100.0	636	88.7
吉　林	小计	551	100.0	465	84.4
	团体	277	100.0	248	89.5
	散客	274	100.0	217	79.2
黑 龙 江	小计	750	100.0	611	81.5
	团体	496	100.0	386	77.8
	散客	254	100.0	225	88.6
上　海	小计	1692	100.0	1466	86.6
	团体	69	100.0	58	84.1
	散客	1623	100.0	1408	86.8
江　苏	小计	1358	100.0	951	70.0
	团体	279	100.0	166	59.5
	散客	1079	100.0	785	72.8

（按省〈区、市〉、团体及散客、外国人、港澳台胞分组）

香港同胞		澳门同胞		台湾同胞	
（人）	（%）	（人）	（%）	（人）	（%）
106	5.4	62	3.2	85	4.4
35	4.1	18	2.1	36	4.2
71	6.5	44	4.0	49	4.5
57	10.9	21	4.0	71	13.6
11	5.8	5	2.6	20	10.6
46	13.8	16	4.8	51	15.3
76	10.4	50	6.8	76	10.4
35	11.5	27	8.9	29	9.5
41	9.6	23	5.4	47	11.1
62	8.6	10	1.4	92	12.8
58	11.7	8	1.6	85	17.1
4	1.8	2	0.9	7	3.2
35	6.7	20	3.8	84	16.1
16	6.2	13	5.0	65	25.0
19	7.3	7	2.7	19	7.3
52	5.9	23	2.6	33	3.8
15	9.2	6	3.7	6	3.7
37	5.2	17	2.4	27	3.8
33	6.0	20	3.6	33	6.0
12	4.3	9	3.2	8	2.9
21	7.7	11	4.0	25	9.1
41	5.5	5	0.7	93	12.4
27	5.4	2	0.4	81	16.3
14	5.5	3	1.2	12	4.7
98	5.8	26	1.5	102	6.0
9	13.0	2	2.9	0	0.0
89	5.5	24	1.5	102	6.3
116	8.5	63	4.6	228	16.8
34	12.2	15	5.4	64	22.9
82	7.6	48	4.4	164	15.2

			饭店及游船调查人数		外 国 人	
			（人）	（%）	（人）	（%）
浙 江		小计	998	100.0	795	79.7
		团体	159	100.0	123	77.4
		散客	839	100.0	672	80.1
安 徽		小计	1905	100.0	1656	86.9
		团体	835	100.0	702	84.1
		散客	1070	100.0	954	89.2
福 建		小计	938	100.0	439	46.8
		团体	353	100.0	77	21.8
		散客	585	100.0	362	61.9
江 西		小计	796	100.0	459	57.7
		团体	460	100.0	271	58.9
		散客	336	100.0	188	56.0
山 东		小计	1439	100.0	924	64.2
		团体	445	100.0	271	60.9
		散客	994	100.0	653	65.7
河 南		小计	810	100.0	621	76.7
		团体	430	100.0	358	83.3
		散客	380	100.0	263	69.2
湖 北		小计	1095	100.0	622	56.8
		团体	532	100.0	307	57.7
		散客	563	100.0	315	56.0
湖 南		小计	1239	100.0	1082	87.3
		团体	745	100.0	717	96.2
		散客	494	100.0	365	73.9
广 东		小计	6040	100.0	3145	52.1
		团体	972	100.0	567	58.3
		散客	5068	100.0	2578	50.9
广 西		小计	798	100.0	542	67.9
		团体	471	100.0	324	68.8
		散客	327	100.0	218	66.7
海 南		小计	3310	100.0	2995	90.5
		团体	2316	100.0	2147	92.7
		散客	994	100.0	848	85.3

香港同胞		澳门同胞		台湾同胞	
（人）	（%）	（人）	（%）	（人）	（%）
102	10.2	31	3.1	70	7.0
19	11.9	2	1.3	15	9.4
83	9.9	29	3.5	55	6.6
93	4.9	52	2.7	104	5.5
46	5.5	31	3.7	56	6.7
47	4.4	21	2.0	48	4.5
156	16.6	41	4.4	302	32.2
58	16.4	5	1.4	213	60.3
98	16.8	36	6.2	89	15.2
146	18.3	77	9.7	114	14.3
78	17.0	40	8.7	71	15.4
68	20.2	37	11.0	43	12.8
190	13.2	132	9.2	193	13.4
56	12.6	49	11.0	69	15.5
134	13.5	83	8.4	124	12.5
74	9.1	48	5.9	67	8.3
34	7.9	20	4.7	18	4.2
40	10.5	28	7.4	49	12.9
210	19.2	68	6.2	195	17.8
89	16.7	31	5.8	105	19.7
121	21.5	37	6.6	90	16.0
71	5.7	37	3.0	49	4.0
16	2.1	5	0.7	7	0.9
55	11.1	32	6.5	42	8.5
1789	29.6	595	9.9	511	8.5
250	25.7	86	8.8	69	7.1
1539	30.4	509	10.0	442	8.7
85	10.7	86	10.8	85	10.7
48	10.2	51	10.8	48	10.2
37	11.3	35	10.7	37	11.3
155	4.7	82	2.5	78	2.4
80	3.5	51	2.2	38	1.6
75	7.5	31	3.1	40	4.0

7-9（续2）

			饭店及游船调查人数		外 国 人	
			（人）	（%）	（人）	（%）
重 庆	小计		651	100.0	414	63.6
	团体		467	100.0	279	59.7
	散客		184	100.0	135	73.4
四 川	小计		2718	100.0	1918	70.6
	团体		1478	100.0	1023	69.2
	散客		1240	100.0	895	72.2
贵 州	小计		845	100.0	374	44.3
	团体		428	100.0	183	42.8
	散客		417	100.0	191	45.8
云 南	小计		969	100.0	809	83.5
	团体		373	100.0	272	72.9
	散客		596	100.0	537	90.1
西 藏	小计		550	100.0	328	59.6
	团体		544	100.0	324	59.6
	散客		6	100.0	4	66.7
陕 西	小计		1167	100.0	1127	96.6
	团体		499	100.0	491	98.4
	散客		668	100.0	636	95.2
甘 肃	小计		800	100.0	502	62.8
	团体		476	100.0	308	64.7
	散客		324	100.0	194	59.9
青 海	小计		802	100.0	596	74.3
	团体		474	100.0	339	71.5
	散客		328	100.0	257	78.4
宁 夏	小计		198	100.0	142	71.7
	团体		73	100.0	39	53.4
	散客		125	100.0	103	82.4
新 疆	小计		650	100.0	650	100.0
	团体		381	100.0	381	100.0
	散客		269	100.0	269	100.0

香港同胞		澳门同胞		台湾同胞	
（人）	（%）	（人）	（%）	（人）	（%）
61	9.4	43	6.6	133	20.4
51	10.9	18	3.9	119	25.5
10	5.4	25	13.6	14	7.6
285	10.5	134	4.9	381	14.0
126	8.5	71	4.8	258	17.5
159	12.8	63	5.1	123	9.9
169	20.0	78	9.2	224	26.5
100	23.4	37	8.6	108	25.2
69	16.5	41	9.8	116	27.8
78	8.0	26	2.7	56	5.8
55	14.7	12	3.2	34	9.1
23	3.9	14	2.3	22	3.7
152	27.6	28	5.1	42	7.6
150	27.6	28	5.1	42	7.7
2	33.3	0	0.0	0	0.0
14	1.2	10	0.9	16	1.4
2	0.4	2	0.4	4	0.8
12	1.8	8	1.2	12	1.8
102	12.8	87	10.9	109	13.6
56	11.8	49	10.3	63	13.2
46	14.2	38	11.7	46	14.2
116	14.5	26	3.2	64	8.0
80	16.9	18	3.8	37	7.8
36	11.0	8	2.4	27	8.2
12	6.1	10	5.1	34	17.2
5	6.8	7	9.6	22	30.1
7	5.6	3	2.4	12	9.6
0	0.0	0	0.0	0	0.0
0	0.0	0	0.0	0	0.0
0	0.0	0	0.0	0	0.0

7-10 2018年饭店调查入境游客人数及所占比重

		饭店及游船 调查人数		男 性		女 性	
		（人）	（%）	（人）	（%）	（人）	（%）
北 京	小计	1954	100.0	1092	55.9	862	44.1
	团体	863	100.0	445	51.6	418	48.4
	散客	1091	100.0	647	59.3	444	40.7
天 津	小计	523	100.0	281	53.7	242	46.3
	团体	189	100.0	90	47.6	99	52.4
	散客	334	100.0	191	57.2	143	42.8
河 北	小计	730	100.0	404	55.3	326	44.7
	团体	305	100.0	152	49.8	153	50.2
	散客	425	100.0	252	59.3	173	40.7
山 西	小计	719	100.0	353	49.1	366	50.9
	团体	497	100.0	227	45.7	270	54.3
	散客	222	100.0	126	56.8	96	43.2
内 蒙 古	小计	521	100.0	229	44.0	292	56.0
	团体	260	100.0	102	39.2	158	60.8
	散客	261	100.0	127	48.7	134	51.3
辽 宁	小计	880	100.0	500	56.8	380	43.2
	团体	163	100.0	78	47.9	85	52.1
	散客	717	100.0	422	58.9	295	41.1
吉 林	小计	551	100.0	394	71.5	157	28.5
	团体	277	100.0	200	72.2	77	27.8
	散客	274	100.0	194	70.8	80	29.2
黑 龙 江	小计	750	100.0	373	49.7	377	50.3
	团体	496	100.0	213	42.9	283	57.1
	散客	254	100.0	160	63.0	94	37.0
上 海	小计	1692	100.0	1057	62.5	635	37.5
	团体	69	100.0	30	43.5	39	56.5
	散客	1623	100.0	1027	63.3	596	36.7
江 苏	小计	1358	100.0	796	58.6	562	41.4
	团体	279	100.0	139	49.8	140	50.2
	散客	1079	100.0	657	60.9	422	39.1

（按省〈区、市〉、性别、年龄、团体及散客分组）

14 岁及以下		15~24 岁		25~44 岁		45~64 岁		65 岁及以上	
（人）	（％）	（人）	（％）	（人）	（％）	（人）	（％）	（人）	（％）
8	0.4	239	12.2	1032	52.8	579	29.6	96	4.9
6	0.7	126	14.6	429	49.7	254	29.4	48	5.6
2	0.2	113	10.4	603	55.3	325	29.8	48	4.4
0	0.0	47	9.0	248	47.4	195	37.3	33	6.3
0	0.0	18	9.5	79	41.8	74	39.2	18	9.5
0	0.0	29	8.7	169	50.6	121	36.2	15	4.5
3	0.4	84	11.5	364	49.9	235	32.2	44	6.0
0	0.0	36	11.8	126	41.3	118	38.7	25	8.2
3	0.7	48	11.3	238	56.0	117	27.5	19	4.5
51	7.1	102	14.2	190	26.4	255	35.5	121	16.8
38	7.6	58	11.7	103	20.7	183	36.8	115	23.1
13	5.9	44	19.8	87	39.2	72	32.4	6	2.7
5	1.0	62	11.9	258	49.5	174	33.4	22	4.2
5	1.9	37	14.2	132	50.8	73	28.1	13	5.0
0	0.0	25	9.6	126	48.3	101	38.7	9	3.4
2	0.2	67	7.6	362	41.1	366	41.6	83	9.4
1	0.6	19	11.7	79	48.5	48	29.4	16	9.8
1	0.1	48	6.7	283	39.5	318	44.4	67	9.3
13	2.4	45	8.2	282	51.2	185	33.6	26	4.7
7	2.5	21	7.6	140	50.5	95	34.3	14	5.1
6	2.2	24	8.8	142	51.8	90	32.8	12	4.4
56	7.5	86	11.5	261	34.8	291	38.8	56	7.5
56	11.3	70	14.1	142	28.6	176	35.5	52	10.5
0	0.0	16	6.3	119	46.9	115	45.3	4	1.6
5	0.3	172	10.2	810	47.9	580	34.3	125	7.4
0	0.0	7	10.1	27	39.1	21	30.4	14	20.3
5	0.3	165	10.2	783	48.2	559	34.4	111	6.8
8	0.6	123	9.1	645	47.5	471	34.7	111	8.2
5	1.8	23	8.2	93	33.3	127	45.5	31	11.1
3	0.3	100	9.3	552	51.2	344	31.9	80	7.4

			饭店及游船调查人数		男　性		女　性	
			（人）	（%）	（人）	（%）	（人）	（%）
浙	江	小计	998	100.0	587	58.8	411	41.2
		团体	159	100.0	88	55.3	71	44.7
		散客	839	100.0	499	59.5	340	40.5
安	徽	小计	1905	100.0	1161	60.9	744	39.1
		团体	835	100.0	440	52.7	395	47.3
		散客	1070	100.0	721	67.4	349	32.6
福	建	小计	938	100.0	477	50.9	461	49.1
		团体	353	100.0	160	45.3	193	54.7
		散客	585	100.0	317	54.2	268	45.8
江	西	小计	796	100.0	464	58.3	332	41.7
		团体	460	100.0	245	53.3	215	46.7
		散客	336	100.0	219	65.2	117	34.8
山	东	小计	1439	100.0	828	57.5	611	42.5
		团体	445	100.0	221	49.7	224	50.3
		散客	994	100.0	607	61.1	387	38.9
河	南	小计	810	100.0	431	53.2	379	46.8
		团体	430	100.0	204	47.4	226	52.6
		散客	380	100.0	227	59.7	153	40.3
湖	北	小计	1095	100.0	578	52.8	517	47.2
		团体	532	100.0	252	47.4	280	52.6
		散客	563	100.0	326	57.9	237	42.1
湖	南	小计	1239	100.0	643	51.9	596	48.1
		团体	745	100.0	357	47.9	388	52.1
		散客	494	100.0	286	57.9	208	42.1
广	东	小计	6040	100.0	3644	60.3	2396	39.7
		团体	972	100.0	461	47.4	511	52.6
		散客	5068	100.0	3183	62.8	1885	37.2
广	西	小计	798	100.0	428	53.6	370	46.4
		团体	471	100.0	254	53.9	217	46.1
		散客	327	100.0	174	53.2	153	46.8
海	南	小计	3310	100.0	1336	40.4	1974	59.6
		团体	2316	100.0	783	33.8	1533	66.2
		散客	994	100.0	553	55.6	441	44.4

14 岁及以下		15~24 岁		25~44 岁		45~64 岁		65 岁及以上	
（人）	（%）	（人）	（%）	（人）	（%）	（人）	（%）	（人）	（%）
2	0.2	110	11.0	559	56.0	271	27.2	56	5.6
1	0.6	23	14.5	77	48.4	38	23.9	20	12.6
1	0.1	87	10.4	482	57.4	233	27.8	36	4.3
9	0.5	143	7.5	888	46.6	689	36.2	176	9.2
1	0.1	70	8.4	322	38.6	320	38.3	122	14.6
8	0.7	73	6.8	566	52.9	369	34.5	54	5.0
10	1.1	91	9.7	394	42.0	342	36.5	101	10.8
9	2.5	24	6.8	84	23.8	171	48.4	65	18.4
1	0.2	67	11.5	310	53.0	171	29.2	36	6.2
3	0.4	80	10.1	351	44.1	293	36.8	69	8.7
3	0.7	41	8.9	193	42.0	175	38.0	48	10.4
0	0.0	39	11.6	158	47.0	118	35.1	21	6.3
5	0.3	166	11.5	636	44.2	504	35.0	128	8.9
5	1.1	61	13.7	157	35.3	152	34.2	70	15.7
0	0.0	105	10.6	479	48.2	352	35.4	58	5.8
16	2.0	122	15.1	348	43.0	289	35.7	35	4.3
7	1.6	66	15.3	188	43.7	153	35.6	16	3.7
9	2.4	56	14.7	160	42.1	136	35.8	19	5.0
11	1.0	119	10.9	485	44.3	417	38.1	63	5.8
10	1.9	61	11.5	180	33.8	235	44.2	46	8.6
1	0.2	58	10.3	305	54.2	182	32.3	17	3.0
12	1.0	146	11.8	541	43.7	477	38.5	63	5.1
7	0.9	70	9.4	300	40.3	320	43.0	48	6.4
5	1.0	76	15.4	241	48.8	157	31.8	15	3.0
20	0.3	840	13.9	3131	51.8	1803	29.9	246	4.1
5	0.5	141	14.5	472	48.6	276	28.4	78	8.0
15	0.3	699	13.8	2659	52.5	1527	30.1	168	3.3
14	1.8	52	6.5	349	43.7	290	36.3	93	11.7
9	1.9	33	7.0	181	38.4	172	36.5	76	16.1
5	1.5	19	5.8	168	51.4	118	36.1	17	5.2
1	0.0	341	10.3	1468	44.4	1231	37.2	269	8.1
0	0.0	247	10.7	1047	45.2	816	35.2	206	8.9
1	0.1	94	9.5	421	42.4	415	41.8	63	6.3

7-10(续2)

			饭店及游船 调查人数		男 性		女 性	
			（人）	（%）	（人）	（%）	（人）	（%）
重 庆		小计	651	100.0	357	54.8	294	45.2
		团体	467	100.0	262	56.1	205	43.9
		散客	184	100.0	95	51.6	89	48.4
四 川		小计	2718	100.0	1598	58.8	1120	41.2
		团体	1478	100.0	799	54.1	679	45.9
		散客	1240	100.0	799	64.4	441	35.6
贵 州		小计	845	100.0	441	52.2	404	47.8
		团体	428	100.0	223	52.1	205	47.9
		散客	417	100.0	218	52.3	199	47.7
云 南		小计	969	100.0	518	53.5	451	46.5
		团体	373	100.0	181	48.5	192	51.5
		散客	596	100.0	337	56.5	259	43.5
西 藏		小计	550	100.0	266	48.4	284	51.6
		团体	544	100.0	263	48.3	281	51.7
		散客	6	100.0	3	50.0	3	50.0
陕 西		小计	1167	100.0	508	43.5	659	56.5
		团体	499	100.0	211	42.3	288	57.7
		散客	668	100.0	297	44.5	371	55.5
甘 肃		小计	800	100.0	441	55.1	359	44.9
		团体	476	100.0	233	48.9	243	51.1
		散客	324	100.0	208	64.2	116	35.8
青 海		小计	802	100.0	401	50.0	401	50.0
		团体	474	100.0	215	45.4	259	54.6
		散客	328	100.0	186	56.7	142	43.3
宁 夏		小计	198	100.0	113	57.1	85	42.9
		团体	73	100.0	33	45.2	40	54.8
		散客	125	100.0	80	64.0	45	36.0
新 疆		小计	650	100.0	323	49.7	327	50.3
		团体	381	100.0	191	50.1	190	49.9
		散客	269	100.0	132	49.1	137	50.9

14 岁及以下		15~24 岁		25~44 岁		45~64 岁		65 岁及以上	
(人)	(%)	(人)	(%)	(人)	(%)	(人)	(%)	(人)	(%)
4	0.6	84	12.9	103	15.8	327	50.2	133	20.4
4	0.9	36	7.7	80	17.1	259	55.5	88	18.8
0	0.0	48	26.1	23	12.5	68	37.0	45	24.5
6	0.2	244	9.0	1007	37.0	1144	42.1	317	11.7
4	0.3	116	7.8	463	31.3	620	41.9	275	18.6
2	0.2	128	10.3	544	43.9	524	42.3	42	3.4
1	0.1	84	9.9	316	37.4	368	43.6	76	9.0
0	0.0	58	13.6	144	33.6	188	43.9	38	8.9
1	0.2	26	6.2	172	41.2	180	43.2	38	9.1
14	1.4	119	12.3	477	49.2	285	29.4	74	7.6
7	1.9	31	8.3	142	38.1	144	38.6	49	13.1
7	1.2	88	14.8	335	56.2	141	23.7	25	4.2
1	0.2	15	2.7	160	29.1	270	49.1	104	18.9
1	0.2	13	2.4	158	29.0	268	49.3	104	19.1
0	0.0	2	33.3	2	33.3	2	33.3	0	0.0
5	0.4	280	24.0	586	50.2	253	21.7	43	3.7
3	0.6	102	20.4	248	49.7	121	24.2	25	5.0
2	0.3	178	26.6	338	50.6	132	19.8	18	2.7
4	0.5	57	7.1	237	29.6	405	50.6	97	12.1
4	0.8	34	7.1	106	22.3	257	54.0	75	15.8
0	0.0	23	7.1	131	40.4	148	45.7	22	6.8
7	0.9	57	7.1	332	41.4	351	43.8	55	6.9
6	1.3	31	6.5	184	38.8	217	45.8	36	7.6
1	0.3	26	7.9	148	45.1	134	40.9	19	5.8
3	1.5	25	12.6	118	59.6	46	23.2	6	3.0
0	0.0	15	20.5	39	53.4	15	20.5	4	5.5
3	2.4	10	8.0	79	63.2	31	24.8	2	1.6
2	0.3	3	0.5	351	54.0	291	44.8	3	0.5
2	0.5	1	0.3	219	57.5	158	41.5	1	0.3
0	0.0	2	0.7	132	49.1	133	49.4	2	0.7

7-11 2018 年饭店调查入境游客人数及所占比重

			饭店及游船调查人数		政府工作人员		专业技术人员		职员		技工/工人	
			(人)	(%)	(人)	(%)	(人)	(%)	(人)	(%)	(人)	(%)
北 京		小计	1954	100.0	119	6.1	339	17.3	563	28.8	82	4.2
		团体	863	100.0	23	2.7	168	19.5	260	30.1	42	4.9
		散客	1091	100.0	96	8.8	171	15.7	303	27.8	40	3.7
天 津		小计	523	100.0	24	4.6	97	18.5	105	20.1	19	3.6
		团体	189	100.0	17	9.0	24	12.7	28	14.8	4	2.1
		散客	334	100.0	7	2.1	73	21.9	77	23.1	15	4.5
河 北		小计	730	100.0	62	8.5	139	19.0	133	18.2	54	7.4
		团体	305	100.0	34	11.1	58	19.0	42	13.8	22	7.2
		散客	425	100.0	28	6.6	81	19.1	91	21.4	32	7.5
山 西		小计	719	100.0	93	12.9	77	10.7	87	12.1	12	1.7
		团体	497	100.0	54	10.9	46	9.3	59	11.9	7	1.4
		散客	222	100.0	39	17.6	31	14.0	28	12.6	5	2.3
内 蒙 古		小计	521	100.0	15	2.9	63	12.1	122	23.4	38	7.3
		团体	260	100.0	7	2.7	26	10.0	79	30.4	20	7.7
		散客	261	100.0	8	3.1	37	14.2	43	16.5	18	6.9
辽 宁		小计	880	100.0	33	3.8	146	16.6	165	18.8	51	5.8
		团体	163	100.0	3	1.8	20	12.3	22	13.5	11	6.7
		散客	717	100.0	30	4.2	126	17.6	143	19.9	40	5.6
吉 林		小计	551	100.0	44	8.0	59	10.7	103	18.7	21	3.8
		团体	277	100.0	21	7.6	19	6.9	58	20.9	11	4.0
		散客	274	100.0	23	8.4	40	14.6	45	16.4	10	3.6
黑 龙 江		小计	750	100.0	54	7.2	72	9.6	121	16.1	39	5.2
		团体	496	100.0	31	6.3	27	5.4	79	15.9	24	4.8
		散客	254	100.0	23	9.1	45	17.7	42	16.5	15	5.9
上 海		小计	1692	100.0	41	2.4	211	12.5	571	33.7	79	4.7
		团体	69	100.0	3	4.3	1	1.4	21	30.4	3	4.3
		散客	1623	100.0	38	2.3	210	12.9	550	33.9	76	4.7
江 苏		小计	1358	100.0	64	4.7	292	21.5	368	27.1	52	3.8
		团体	279	100.0	23	8.2	50	17.9	52	18.6	15	5.4
		散客	1079	100.0	41	3.8	242	22.4	316	29.3	37	3.4

（按省〈区、市〉、职业、团体及散客分组）

商 贸 人 员		服务员/ 推销员		退 休 人 员		家 庭 妇 女		军 人		学 生		其 他	
（人）	（%）	（人）	（%）	（人）	（%）	（人）	（%）	（人）	（%）	（人）	（%）	（人）	（%）
345	17.7	101	5.2	90	4.6	82	4.2	23	1.2	169	8.6	41	2.1
87	10.1	62	7.2	59	6.8	45	5.2	16	1.9	77	8.9	24	2.8
258	23.6	39	3.6	31	2.8	37	3.4	7	0.6	92	8.4	17	1.6
77	14.7	34	6.5	38	7.3	38	7.3	3	0.6	57	10.9	31	5.9
17	9.0	12	6.3	20	10.6	14	7.4	3	1.6	29	15.3	21	11.1
60	18.0	22	6.6	18	5.4	24	7.2	0	0.0	28	8.4	10	3.0
127	17.4	27	3.7	41	5.6	36	4.9	3	0.4	64	8.8	44	6.0
40	13.1	20	6.6	26	8.5	18	5.9	1	0.3	24	7.9	20	6.6
87	20.5	7	1.6	15	3.5	18	4.2	2	0.5	40	9.4	24	5.6
61	8.5	16	2.2	92	12.8	55	7.6	2	0.3	144	20.0	80	11.1
42	8.5	14	2.8	87	17.5	53	10.7	1	0.2	90	18.1	44	8.9
19	8.6	2	0.9	5	2.3	2	0.9	1	0.5	54	24.3	36	16.2
95	18.2	27	5.2	38	7.3	45	8.6	7	1.3	34	6.5	37	7.1
24	9.2	17	6.5	36	13.8	14	5.4	6	2.3	19	7.3	12	4.6
71	27.2	10	3.8	2	0.8	31	11.9	1	0.4	15	5.7	25	9.6
172	19.5	41	4.7	96	10.9	50	5.7	1	0.1	52	5.9	73	8.3
18	11.0	10	6.1	16	9.8	21	12.9	0	0.0	19	11.7	23	14.1
154	21.5	31	4.3	80	11.2	29	4.0	1	0.1	33	4.6	50	7.0
90	16.3	119	21.6	26	4.7	26	4.7	0	0.0	50	9.1	13	2.4
27	9.7	81	29.2	15	5.4	16	5.8	0	0.0	22	7.9	7	2.5
63	23.0	38	13.9	11	4.0	10	3.6	0	0.0	28	10.2	6	2.2
82	10.9	28	3.7	72	9.6	77	10.3	1	0.1	133	17.7	71	9.5
25	5.0	21	4.2	60	12.1	58	11.7	1	0.2	119	24.0	51	10.3
57	22.4	7	2.8	12	4.7	19	7.5	0	0.0	14	5.5	20	7.9
304	18.0	66	3.9	121	7.2	87	5.1	8	0.5	145	8.6	59	3.5
12	17.4	3	4.3	12	17.4	3	4.3	0	0.0	5	7.2	6	8.7
292	18.0	63	3.9	109	6.7	84	5.2	8	0.5	140	8.6	53	3.3
217	16.0	41	3.0	113	8.3	69	5.1	1	0.1	103	7.6	38	2.8
23	8.2	9	3.2	49	17.6	22	7.9	0	0.0	26	9.3	10	3.6
194	18.0	32	3.0	64	5.9	47	4.4	1	0.1	77	7.1	28	2.6

			饭店及游船调查人数		政府工作人员		专业技术人员		职员		技工/工人	
			(人)	(%)	(人)	(%)	(人)	(%)	(人)	(%)	(人)	(%)
浙	江	小计	998	100.0	62	6.2	158	15.8	193	19.3	25	2.5
		团体	159	100.0	13	8.2	16	10.1	38	23.9	1	0.6
		散客	839	100.0	49	5.8	142	16.9	155	18.5	24	2.9
安	徽	小计	1905	100.0	52	2.7	319	16.7	366	19.2	139	7.3
		团体	835	100.0	30	3.6	96	11.5	159	19.0	47	5.6
		散客	1070	100.0	22	2.1	223	20.8	207	19.3	92	8.6
福	建	小计	938	100.0	36	3.8	100	10.7	227	24.2	24	2.6
		团体	353	100.0	17	4.8	24	6.8	76	21.5	10	2.8
		散客	585	100.0	19	3.2	76	13.0	151	25.8	14	2.4
江	西	小计	796	100.0	15	1.9	93	11.7	172	21.6	26	3.3
		团体	460	100.0	7	1.5	54	11.7	116	25.2	15	3.3
		散客	336	100.0	8	2.4	39	11.6	56	16.7	11	3.3
山	东	小计	1439	100.0	52	3.6	275	19.1	270	18.8	125	8.7
		团体	445	100.0	19	4.3	65	14.6	77	17.3	20	4.5
		散客	994	100.0	33	3.3	210	21.1	193	19.4	105	10.6
河	南	小计	810	100.0	20	2.5	87	10.7	152	18.8	59	7.3
		团体	430	100.0	10	2.3	52	12.1	114	26.5	14	3.3
		散客	380	100.0	10	2.6	35	9.2	38	10.0	45	11.8
湖	北	小计	1095	100.0	24	2.2	138	12.6	199	18.2	49	4.5
		团体	532	100.0	12	2.3	33	6.2	75	14.1	23	4.3
		散客	563	100.0	12	2.1	105	18.7	124	22.0	26	4.6
湖	南	小计	1239	100.0	81	6.5	191	15.4	260	21.0	62	5.0
		团体	745	100.0	64	8.6	102	13.7	135	18.1	28	3.8
		散客	494	100.0	17	3.4	89	18.0	125	25.3	34	6.9
广	东	小计	6040	100.0	181	3.0	965	16.0	1504	24.9	297	4.9
		团体	972	100.0	36	3.7	130	13.4	282	29.0	54	5.6
		散客	5068	100.0	145	2.9	835	16.5	1222	24.1	243	4.8
广	西	小计	798	100.0	65	8.1	154	19.3	148	18.5	39	4.9
		团体	471	100.0	41	8.7	85	18.0	97	20.6	25	5.3
		散客	327	100.0	24	7.3	69	21.1	51	15.6	14	4.3
海	南	小计	3310	100.0	217	6.6	523	15.8	589	17.8	202	6.1
		团体	2316	100.0	184	7.9	356	15.4	436	18.8	114	4.9
		散客	994	100.0	33	3.3	167	16.8	153	15.4	88	8.9

商 贸 人 员		服务员/ 推销员		退 休 人 员		家 庭 妇 女		军 人		学 生		其 他	
(人)	(%)	(人)	(%)	(人)	(%)	(人)	(%)	(人)	(%)	(人)	(%)	(人)	(%)
269	27.0	33	3.3	51	5.1	39	3.9	9	0.9	86	8.6	73	7.3
34	21.4	6	3.8	19	11.9	10	6.3	1	0.6	13	8.2	8	5.0
235	28.0	27	3.2	32	3.8	29	3.5	8	1.0	73	8.7	65	7.7
317	16.6	58	3.0	196	10.3	124	6.5	6	0.3	118	6.2	210	11.0
81	9.7	41	4.9	140	16.8	91	10.9	4	0.5	53	6.3	93	11.1
236	22.1	17	1.6	56	5.2	33	3.1	2	0.2	65	6.1	117	10.9
182	19.4	22	2.3	133	14.2	46	4.9	9	1.0	59	6.3	100	10.7
30	8.5	9	2.5	94	26.6	29	8.2	2	0.6	27	7.6	35	9.9
152	26.0	13	2.2	39	6.7	17	2.9	7	1.2	32	5.5	65	11.1
185	23.2	27	3.4	91	11.4	73	9.2	1	0.1	58	7.3	55	6.9
62	13.5	13	2.8	69	15.0	53	11.5	1	0.2	36	7.8	34	7.4
123	36.6	14	4.2	22	6.5	20	6.0	0	0.0	22	6.5	21	6.3
237	16.5	103	7.2	123	8.5	74	5.1	10	0.7	107	7.4	63	4.4
49	11.0	35	7.9	66	14.8	44	9.9	3	0.7	39	8.8	28	6.3
188	18.9	68	6.8	57	5.7	30	3.0	7	0.7	68	6.8	35	3.5
121	14.9	23	2.8	138	17.0	41	5.1	0	0.0	105	13.0	64	7.9
32	7.4	14	3.3	96	22.3	23	5.3	0	0.0	55	12.8	20	4.7
89	23.4	9	2.4	42	11.1	18	4.7	0	0.0	50	13.2	44	11.6
162	14.8	36	3.3	102	9.3	115	10.5	5	0.5	95	8.7	170	15.5
56	10.5	12	2.3	80	15.0	77	14.5	1	0.2	52	9.8	111	20.9
106	18.8	24	4.3	22	3.9	38	6.7	4	0.7	43	7.6	59	10.5
164	13.2	105	8.5	75	6.1	93	7.5	9	0.7	93	7.5	106	8.6
110	14.8	93	12.5	56	7.5	70	9.4	6	0.8	33	4.4	48	6.4
54	10.9	12	2.4	19	3.8	23	4.7	3	0.6	60	12.1	58	11.7
1193	19.8	298	4.9	430	7.1	406	6.7	18	0.3	559	9.3	189	3.1
81	8.3	42	4.3	112	11.5	113	11.6	6	0.6	90	9.3	26	2.7
1112	21.9	256	5.1	318	6.3	293	5.8	12	0.2	469	9.3	163	3.2
70	8.8	38	4.8	83	10.4	33	4.1	4	0.5	42	5.3	122	15.3
26	5.5	17	3.6	61	13.0	27	5.7	3	0.6	27	5.7	62	13.2
44	13.5	21	6.4	22	6.7	6	1.8	1	0.3	15	4.6	60	18.3
458	13.8	164	5.0	356	10.8	224	6.8	5	0.2	283	8.5	289	8.7
284	12.3	118	5.1	260	11.2	170	7.3	4	0.2	196	8.5	194	8.4
174	17.5	46	4.6	96	9.7	54	5.4	1	0.1	87	8.8	95	9.6

7-11（续 2）

			饭店及游船调查人数		政府工作人员		专业技术人员		职员		技工/工人	
			（人）	（%）	（人）	（%）	（人）	（%）	（人）	（%）	（人）	（%）
重 庆		小计	651	100.0	0	0.0	217	33.3	120	18.4	21	3.2
		团体	467	100.0	0	0.0	148	31.7	93	19.9	15	3.2
		散客	184	100.0	0	0.0	69	37.5	27	14.7	6	3.3
四 川		小计	2718	100.0	126	4.6	412	15.2	416	15.3	83	3.1
		团体	1478	100.0	73	4.9	141	9.5	217	14.7	22	1.5
		散客	1240	100.0	53	4.3	271	21.9	199	16.0	61	4.9
贵 州		小计	845	100.0	78	9.2	174	20.6	60	7.1	105	12.4
		团体	428	100.0	34	7.9	107	25.0	40	9.3	47	11.0
		散客	417	100.0	44	10.6	67	16.1	20	4.8	58	13.9
云 南		小计	969	100.0	48	5.0	155	16.0	147	15.2	32	3.3
		团体	373	100.0	16	4.3	82	22.0	55	14.7	13	3.5
		散客	596	100.0	32	5.4	73	12.2	92	15.4	19	3.2
西 藏		小计	550	100.0	16	2.9	28	5.1	185	33.6	17	3.1
		团体	544	100.0	16	2.9	27	5.0	185	34.0	17	3.1
		散客	6	100.0	0	0.0	1	16.7	0	0.0	0	0.0
陕 西		小计	1167	100.0	110	9.4	190	16.3	191	16.4	55	4.7
		团体	499	100.0	47	9.4	82	16.4	93	18.6	23	4.6
		散客	668	100.0	63	9.4	108	16.2	98	14.7	32	4.8
甘 肃		小计	800	100.0	31	3.9	94	11.8	93	11.6	10	1.3
		团体	476	100.0	11	2.3	49	10.3	56	11.8	7	1.5
		散客	324	100.0	20	6.2	45	13.9	37	11.4	3	0.9
青 海		小计	802	100.0	43	5.4	161	20.1	130	16.2	44	5.5
		团体	474	100.0	23	4.9	97	20.5	65	13.7	28	5.9
		散客	328	100.0	20	6.1	64	19.5	65	19.8	16	4.9
宁 夏		小计	198	100.0	17	8.6	20	10.1	51	25.8	11	5.6
		团体	73	100.0	10	13.7	2	2.7	23	31.5	6	8.2
		散客	125	100.0	7	5.6	18	14.4	28	22.4	5	4.0
新 疆		小计	650	100.0	6	0.9	222	34.2	193	29.7	69	10.6
		团体	381	100.0	2	0.5	128	33.6	122	32.0	41	10.8
		散客	269	100.0	4	1.5	94	34.9	71	26.4	28	10.4

商 贸 人 员		服务员/ 推销员		退 休 人 员		家 庭 妇 女		军 人		学 生		其 他	
（人）	（%）	（人）	（%）	（人）	（%）	（人）	（%）	（人）	（%）	（人）	（%）	（人）	（%）
93	14.3	84	12.9	56	8.6	45	6.9	0	0.0	5	0.8	10	1.5
58	12.4	62	13.3	42	9.0	36	7.7	0	0.0	5	1.1	8	1.7
35	19.0	22	12.0	14	7.6	9	4.9	0	0.0	0	0.0	2	1.1
485	17.8	80	2.9	602	22.1	129	4.7	17	0.6	223	8.2	145	5.3
185	12.5	39	2.6	511	34.6	76	5.1	5	0.3	107	7.2	102	6.9
300	24.2	41	3.3	91	7.3	53	4.3	12	1.0	116	9.4	43	3.5
256	30.3	0	0.0	141	16.7	1	0.1	1	0.1	29	3.4	0	0.0
124	29.0	0	0.0	54	12.6	1	0.2	0	0.0	21	4.9	0	0.0
132	31.7	0	0.0	87	20.9	0	0.0	1	0.2	8	1.9	0	0.0
139	14.3	26	2.7	92	9.5	48	5.0	0	0.0	135	13.9	147	15.2
32	8.6	9	2.4	57	15.3	22	5.9	0	0.0	37	9.9	50	13.4
107	18.0	17	2.9	35	5.9	26	4.4	0	0.0	98	16.4	97	16.3
30	5.5	16	2.9	124	22.5	65	11.8	3	0.5	7	1.3	59	10.7
30	5.5	16	2.9	124	22.8	64	11.8	1	0.2	7	1.3	57	10.5
0	0.0	0	0.0	0	0.0	1	16.7	2	33.3	0	0.0	2	33.3
69	5.9	43	3.7	74	6.3	70	6.0	16	1.4	272	23.3	77	6.6
27	5.4	20	4.0	39	7.8	43	8.6	6	1.2	89	17.8	30	6.0
42	6.3	23	3.4	35	5.2	27	4.0	10	1.5	183	27.4	47	7.0
90	11.3	14	1.8	115	14.4	53	6.6	0	0.0	57	7.1	243	30.4
30	6.3	8	1.7	94	19.7	46	9.7	0	0.0	34	7.1	141	29.6
60	18.5	6	1.9	21	6.5	7	2.2	0	0.0	23	7.1	102	31.5
83	10.3	50	6.2	71	8.9	39	4.9	4	0.5	47	5.9	130	16.2
48	10.1	28	5.9	49	10.3	28	5.9	3	0.6	23	4.9	82	17.3
35	10.7	22	6.7	22	6.7	11	3.4	1	0.3	24	7.3	48	14.6
19	9.6	3	1.5	11	5.6	7	3.5	1	0.5	17	8.6	41	20.7
6	8.2	1	1.4	8	11.0	5	6.8	1	1.4	9	12.3	2	2.7
13	10.4	2	1.6	3	2.4	2	1.6	0	0.0	8	6.4	39	31.2
140	21.5	17	2.6	2	0.3	1	0.2	0	0.0	0	0.0	0	0.0
74	19.4	13	3.4	0	0.0	1	0.3	0	0.0	0	0.0	0	0.0
66	24.5	4	1.5	2	0.7	0	0.0	0	0.0	0	0.0	0	0.0

7-12 2018 年饭店调查入境游客人数及所占比重

		饭店及游船 调查人数		观 光 游 览		休 闲 度 假		探 亲 访 友	
		（人）	（%）	（人）	（%）	（人）	（%）	（人）	（%）
北 京	小计	1954	100.0	493	25.2	570	29.2	99	5.1
	团体	863	100.0	346	40.1	372	43.1	19	2.2
	散客	1091	100.0	147	13.5	198	18.1	80	7.3
天 津	小计	523	100.0	180	34.4	95	18.2	58	11.1
	团体	189	100.0	101	53.4	48	25.4	4	2.1
	散客	334	100.0	79	23.7	47	14.1	54	16.2
河 北	小计	730	100.0	230	31.5	238	32.6	34	4.7
	团体	305	100.0	133	43.6	135	44.3	4	1.3
	散客	425	100.0	97	22.8	103	24.2	30	7.1
山 西	小计	719	100.0	508	70.7	92	12.8	11	1.5
	团休	497	100.0	392	78.9	55	11.1	2	0.4
	散客	222	100.0	116	52.3	37	16.7	9	4.1
内 蒙 古	小计	521	100.0	168	32.2	117	22.5	25	4.8
	团体	260	100.0	125	48.1	67	25.8	8	3.1
	散客	261	100.0	43	16.5	50	19.2	17	6.5
辽 宁	小计	880	100.0	322	36.6	169	19.2	69	7.8
	团体	163	100.0	109	66.9	35	21.5	5	3.1
	散客	717	100.0	213	29.7	134	18.7	64	8.9
吉 林	小计	551	100.0	167	30.3	154	27.9	21	3.8
	团体	277	100.0	149	53.8	117	42.2	1	0.4
	散客	274	100.0	18	6.6	37	13.5	20	7.3
黑 龙 江	小计	750	100.0	305	40.7	221	29.5	28	3.7
	团体	496	100.0	257	51.8	161	32.5	3	0.6
	散客	254	100.0	48	18.9	60	23.6	25	9.8
上 海	小计	1692	100.0	346	20.4	299	17.7	112	6.6
	团体	69	100.0	38	55.1	17	24.6	1	1.4
	散客	1623	100.0	308	19.0	282	17.4	111	6.8
江 苏	小计	1358	100.0	389	28.6	352	25.9	68	5.0
	团体	279	100.0	130	46.6	95	34.1	11	3.9
	散客	1079	100.0	259	24.0	257	23.8	57	5.3

商　务		会　议		宗　教朝　拜		文化/体育/科技交流		购　物		医疗保健		其　他	
（人）	（%）	（人）	（%）	（人）	（%）	（人）	（%）	（人）	（%）	（人）	（%）	（人）	（%）
325	16.6	282	14.4	22	1.1	87	4.5	31	1.6	10	0.5	35	1.8
29	3.4	37	4.3	6	0.7	27	3.1	13	1.5	2	0.2	12	1.4
296	27.1	245	22.5	16	1.5	60	5.5	18	1.6	8	0.7	23	2.1
101	19.3	46	8.8	7	1.3	13	2.5	10	1.9	3	0.6	10	1.9
15	7.9	8	4.2	5	2.6	2	1.1	5	2.6	0	0.0	1	0.5
86	25.7	38	11.4	2	0.6	11	3.3	5	1.5	3	0.9	9	2.7
90	12.3	53	7.3	9	1.2	37	5.1	6	0.8	4	0.5	29	4.0
12	3.9	7	2.3	4	1.3	1	0.3	4	1.3	3	1.0	2	0.7
78	18.4	46	10.8	5	1.2	36	8.5	2	0.5	1	0.2	27	6.4
25	3.5	14	1.9	3	0.4	51	7.1	0	0.0	3	0.4	12	1.7
5	1.0	0	0.0	2	0.4	35	7.0	0	0.0	0	0.0	6	1.2
20	9.0	14	6.3	1	0.5	16	7.2	0	0.0	3	1.4	6	2.7
88	16.9	33	6.3	13	2.5	14	2.7	38	7.3	10	1.9	15	2.9
13	5.0	5	1.9	13	5.0	9	3.5	9	3.5	9	3.5	2	0.8
75	28.7	28	10.7	0	0.0	5	1.9	29	11.1	1	0.4	13	5.0
176	20.0	58	6.6	1	0.1	44	5.0	15	1.7	2	0.2	24	2.7
4	2.5	1	0.6	0	0.0	0	0.0	6	3.7	0	0.0	3	1.8
172	24.0	57	7.9	1	0.1	44	6.1	9	1.3	2	0.3	21	2.9
75	13.6	50	9.1	13	2.4	31	5.6	15	2.7	8	1.5	17	3.1
0	0.0	0	0.0	6	2.2	0	0.0	3	1.1	0	0.0	1	0.4
75	27.4	50	18.2	7	2.6	31	11.3	12	4.4	8	2.9	16	5.8
78	10.4	23	3.1	9	1.2	55	7.3	10	1.3	14	1.9	7	0.9
2	0.4	3	0.6	9	1.8	41	8.3	5	1.0	13	2.6	2	0.4
76	29.9	20	7.9	0	0.0	14	5.5	5	2.0	1	0.4	5	2.0
580	34.3	210	12.4	1	0.1	90	5.3	17	1.0	7	0.4	30	1.8
10	14.5	2	2.9	0	0.0	1	1.4	0	0.0	0	0.0	0	0.0
570	35.1	208	12.8	1	0.1	89	5.5	17	1.0	7	0.4	30	1.8
350	25.8	105	7.7	12	0.9	49	3.6	8	0.6	7	0.5	18	1.3
11	3.9	11	3.9	4	1.4	13	4.7	2	0.7	1	0.4	1	0.4
339	31.4	94	8.7	8	0.7	36	3.3	6	0.6	6	0.6	17	1.6

			饭店及游船 调查人数		观 光 游 览		休 闲 度 假		探 亲 访 友	
			（人）	（%）	（人）	（%）	（人）	（%）	（人）	（%）
浙 江		小计	998	100.0	283	28.4	180	18.0	61	6.1
		团体	159	100.0	90	56.6	29	18.2	5	3.1
		散客	839	100.0	193	23.0	151	18.0	56	6.7
安 徽		小计	1905	100.0	790	41.5	377	19.8	85	4.5
		团体	835	100.0	536	64.2	192	23.0	10	1.2
		散客	1070	100.0	254	23.7	185	17.3	75	7.0
福 建		小计	938	100.0	294	31.3	175	18.7	68	7.2
		团体	353	100.0	208	58.9	93	26.3	13	3.7
		散客	585	100.0	86	14.7	82	14.0	55	9.4
江 西		小计	796	100.0	401	50.4	129	16.2	47	5.9
		团体	460	100.0	338	73.5	80	17.4	6	1.3
		散客	336	100.0	63	18.8	49	14.6	41	12.2
山 东		小计	1439	100.0	412	28.6	263	18.3	116	8.1
		团体	445	100.0	218	49.0	109	24.5	27	6.1
		散客	994	100.0	194	19.5	154	15.5	89	9.0
河 南		小计	810	100.0	423	52.2	178	22.0	23	2.8
		团体	430	100.0	259	60.2	97	22.6	7	1.6
		散客	380	100.0	164	43.2	81	21.3	16	4.2
湖 北		小计	1095	100.0	423	38.6	250	22.8	79	7.2
		团体	532	100.0	321	60.3	132	24.8	12	2.3
		散客	563	100.0	102	18.1	118	21.0	67	11.9
湖 南		小计	1239	100.0	771	62.2	171	13.8	78	6.3
		团体	745	100.0	570	76.5	83	11.1	16	2.1
		散客	494	100.0	201	40.7	88	17.8	62	12.6
广 东		小计	6040	100.0	1990	32.9	1361	22.5	785	13.0
		团体	972	100.0	606	62.3	277	28.5	35	3.6
		散客	5068	100.0	1384	27.3	1084	21.4	750	14.8
广 西		小计	798	100.0	378	47.4	255	32.0	30	3.8
		团体	471	100.0	274	58.2	158	33.5	12	2.5
		散客	327	100.0	104	31.8	97	29.7	18	5.5
海 南		小计	3310	100.0	987	29.8	1735	52.4	100	3.0
		团体	2316	100.0	702	30.3	1326	57.3	47	2.0
		散客	994	100.0	285	28.7	409	41.1	53	5.3

商　务		会　议		宗　教朝　拜		文化/体育/科技交流		购　物		医疗保健		其　他	
（人）	（%）	（人）	（%）	（人）	（%）	（人）	（%）	（人）	（%）	（人）	（%）	（人）	（%）
281	28.2	88	8.8	15	1.5	55	5.5	6	0.6	6	0.6	23	2.3
20	12.6	10	6.3	0	0.0	3	1.9	0	0.0	1	0.6	1	0.6
261	31.1	78	9.3	15	1.8	52	6.2	6	0.7	5	0.6	22	2.6
315	16.5	70	3.7	63	3.3	85	4.5	8	0.4	16	0.8	96	5.0
19	2.3	5	0.6	28	3.4	16	1.9	6	0.7	8	1.0	15	1.8
296	27.7	65	6.1	35	3.3	69	6.4	2	0.2	8	0.7	81	7.6
199	21.2	111	11.8	18	1.9	31	3.3	5	0.5	2	0.2	35	3.7
5	1.4	13	3.7	4	1.1	15	4.2	1	0.3	0	0.0	1	0.3
194	33.2	98	16.8	14	2.4	16	2.7	4	0.7	2	0.3	34	5.8
123	15.5	24	3.0	11	1.4	27	3.4	9	1.1	2	0.3	23	2.9
9	2.0	5	1.1	3	0.7	12	2.6	2	0.4	0	0.0	5	1.1
114	33.9	19	5.7	8	2.4	15	4.5	7	2.1	2	0.6	18	5.4
314	21.8	151	10.5	12	0.8	121	8.4	12	0.8	15	1.0	23	1.6
25	5.6	24	5.4	8	1.8	15	3.4	9	2.0	3	0.7	7	1.6
289	29.1	127	12.8	4	0.4	106	10.7	3	0.3	12	1.2	16	1.6
67	8.3	18	2.2	37	4.6	18	2.2	21	2.6	1	0.1	24	3.0
17	4.0	8	1.9	9	2.1	7	1.6	18	4.2	1	0.2	7	1.6
50	13.2	10	2.6	28	7.4	11	2.9	3	0.8	0	0.0	17	4.5
131	12.0	65	5.9	39	3.6	83	7.6	2	0.2	0	0.0	23	2.1
17	3.2	14	2.6	16	3.0	12	2.3	1	0.2	0	0.0	7	1.3
114	20.2	51	9.1	23	4.1	71	12.6	1	0.2	0	0.0	16	2.8
68	5.5	38	3.1	4	0.3	46	3.7	13	1.0	0	0.0	50	4.0
15	2.0	21	2.8	0	0.0	10	1.3	12	1.6	0	0.0	18	2.4
53	10.7	17	3.4	4	0.8	36	7.3	1	0.2	0	0.0	32	6.5
1258	20.8	335	5.5	16	0.3	121	2.0	50	0.8	11	0.2	113	1.9
23	2.4	11	1.1	2	0.2	10	1.0	6	0.6	0	0.0	2	0.2
1235	24.4	324	6.4	14	0.3	111	2.2	44	0.9	11	0.2	111	2.2
47	5.9	30	3.8	4	0.5	18	2.3	7	0.9	2	0.3	27	3.4
12	2.5	4	0.8	2	0.4	1	0.2	1	0.2	0	0.0	7	1.5
35	10.7	26	8.0	2	0.6	17	5.2	6	1.8	2	0.6	20	6.1
108	3.3	9	0.3	2	0.1	138	4.2	35	1.1	98	3.0	98	3.0
34	1.5	0	0.0	0	0.0	36	1.6	35	1.5	96	4.1	40	1.7
74	7.4	9	0.9	2	0.2	102	10.3	0	0.0	2	0.2	58	5.8

7-12（续2）

			饭店及游船调查人数		观光游览		休闲度假		探亲访友	
			（人）	（%）	（人）	（%）	（人）	（%）	（人）	（%）
重	庆	小计	651	100.0	614	94.3	30	4.6	3	0.5
		团体	467	100.0	442	94.6	21	4.5	2	0.4
		散客	184	100.0	172	93.5	9	4.9	1	0.5
四	川	小计	2718	100.0	1497	55.1	415	15.3	124	4.6
		团体	1478	100.0	1113	75.3	223	15.1	33	2.2
		散客	1240	100.0	384	31.0	192	15.5	91	7.3
贵	州	小计	845	100.0	242	28.6	150	17.8	87	10.3
		团体	428	100.0	130	30.4	76	17.8	52	12.1
		散客	417	100.0	112	26.9	74	17.7	35	8.4
云	南	小计	969	100.0	521	53.8	186	19.2	34	3.5
		团体	373	100.0	263	70.5	83	22.3	1	0.3
		散客	596	100.0	258	43.3	103	17.3	33	5.5
西	藏	小计	550	100.0	487	88.5	26	4.7	3	0.5
		团体	544	100.0	487	89.5	25	4.6	2	0.4
		散客	6	100.0	0	0.0	1	16.7	1	16.7
陕	西	小计	1167	100.0	527	45.2	487	41.7	37	3.2
		团体	499	100.0	232	46.5	208	41.7	3	0.6
		散客	668	100.0	295	44.2	279	41.8	34	5.1
甘	肃	小计	800	100.0	421	52.6	145	18.1	17	2.1
		团体	476	100.0	317	66.6	83	17.4	1	0.2
		散客	324	100.0	104	32.1	62	19.1	16	4.9
青	海	小计	802	100.0	551	68.7	155	19.3	7	0.9
		团体	474	100.0	340	71.7	79	16.7	2	0.4
		散客	328	100.0	211	64.3	76	23.2	5	1.5
宁	夏	小计	198	100.0	52	26.3	20	10.1	5	2.5
		团体	73	100.0	31	42.5	16	21.9	2	2.7
		散客	125	100.0	21	16.8	4	3.2	3	2.4
新	疆	小计	650	100.0	266	40.9	267	41.1	3	0.5
		团体	381	100.0	159	41.7	157	41.2	1	0.3
		散客	269	100.0	107	39.8	110	40.9	2	0.7

商 务		会 议		宗　教 朝　拜		文化/体育/ 科技交流		购 物		医疗保健		其 他	
（人）	（%）	（人）	（%）	（人）	（%）	（人）	（%）	（人）	（%）	（人）	（%）	（人）	（%）
0	0.0	0	0.0	1	0.2	2	0.3	0	0.0	0	0.0	1	0.2
0	0.0	0	0.0	1	0.2	0	0.0	0	0.0	0	0.0	1	0.2
0	0.0	0	0.0	0	0.0	2	1.1	0	0.0	0	0.0	0	0.0
307	11.3	273	10.0	23	0.8	39	1.4	17	0.6	6	0.2	17	0.6
48	3.2	18	1.2	11	0.7	8	0.5	11	0.7	2	0.1	11	0.7
259	20.9	255	20.6	12	1.0	31	2.5	6	0.5	4	0.3	6	0.5
87	10.3	53	6.3	26	3.1	45	5.3	37	4.4	36	4.3	82	9.7
45	10.5	26	6.1	8	1.9	27	6.3	18	4.2	11	2.6	35	8.2
42	10.1	27	6.5	18	4.3	18	4.3	19	4.6	25	6.0	47	11.3
70	7.2	66	6.8	8	0.8	61	6.3	4	0.4	5	0.5	14	1.4
6	1.6	3	0.8	1	0.3	13	3.5	0	0.0	0	0.0	3	0.8
64	10.7	63	10.6	7	1.2	48	8.1	4	0.7	5	0.8	11	1.8
6	1.1	5	0.9	16	2.9	2	0.4	0	0.0	0	0.0	5	0.9
6	1.1	5	0.9	16	2.9	0	0.0	0	0.0	0	0.0	3	0.6
0	0.0	0	0.0	0	0.0	2	33.3	0	0.0	0	0.0	2	33.3
23	2.0	28	2.4	0	0.0	40	3.4	3	0.3	0	0.0	22	1.9
6	1.2	21	4.2	0	0.0	21	4.2	1	0.2	0	0.0	7	1.4
17	2.5	7	1.0	0	0.0	19	2.8	2	0.3	0	0.0	15	2.2
65	8.1	49	6.1	6	0.8	81	10.1	0	0.0	3	0.4	13	1.6
5	1.1	20	4.2	3	0.6	39	8.2	0	0.0	1	0.2	7	1.5
60	18.5	29	9.0	3	0.9	42	13.0	0	0.0	2	0.6	6	1.9
34	4.2	6	0.7	19	2.4	23	2.9	1	0.1	2	0.2	4	0.5
19	4.0	3	0.6	9	1.9	19	4.0	0	0.0	2	0.4	1	0.2
15	4.6	3	0.9	10	3.0	4	1.2	1	0.3	0	0.0	3	0.9
34	17.2	25	12.6	1	0.5	54	27.3	0	0.0	0	0.0	7	3.5
7	9.6	5	6.8	1	1.4	9	12.3	0	0.0	0	0.0	2	2.7
27	21.6	20	16.0	0	0.0	45	36.0	0	0.0	0	0.0	5	4.0
2	0.3	0	0.0	0	0.0	0	0.0	112	17.2	0	0.0	0	0.0
1	0.3	0	0.0	0	0.0	0	0.0	63	16.5	0	0.0	0	0.0
1	0.4	0	0.0	0	0.0	0	0.0	49	18.2	0	0.0	0	0.0

	饭店及游船调查人数	日　本	菲律宾	泰　国	新加坡	印度尼西亚	马来西亚
北　　京	1701	219	24	39	76	22	22
天　　津	374	111	6	16	27	3	6
河　　北	528	51	3	23	30	4	33
山　　西	555	51	1	8	33	3	8
内　蒙　古	382	20	1	5	27	0	8
辽　　宁	772	174	1	3	21	2	23
吉　　林	465	62	0	0	12	0	0
黑　龙　江	611	34	0	6	7	0	2
上　　海	1466	435	14	34	46	16	21
江　　苏	951	246	4	24	84	8	63
浙　　江	795	146	13	21	36	10	18
安　　徽	1656	187	23	18	38	7	21
福　　建	439	75	11	10	53	22	26
江　　西	459	95	3	7	24	0	14
山　　东	924	106	20	35	52	7	22
河　　南	621	75	13	20	47	5	6
湖　　北	622	98	9	40	46	9	17
湖　　南	1082	58	5	11	28	5	21
广　　东	3145	336	122	247	411	64	413
广　　西	542	22	15	40	38	15	44
海　　南	2995	90	39	39	140	41	69
重　　庆	414	11	4	5	5	3	4
四　　川	1918	498	14	70	98	17	71
贵　　州	374	22	8	12	18	13	27
云　　南	809	40	25	118	52	12	35
西　　藏	328	21	2	9	10	5	6
陕　　西	1127	8	2	11	33	7	18
甘　　肃	502	82	4	15	51	2	22
青　　海	596	78	8	11	16	6	36
宁　　夏	142	38	0	1	6	0	3
新　　疆	650	100	0	0	0	0	0

人数（按省〈区、市〉、国别分组）

韩 国	朝 鲜	蒙 古	印 度	越 南	缅 甸	哈萨克斯坦	英 国	法 国
170	18	17	20	21	15	10	78	175
48	7	3	6	7	4	2	6	16
64	1	3	6	3	2	4	29	39
76	1	0	1	1	0	0	23	55
16	2	128	0	1	2	1	5	7
199	8	7	3	3	1	5	72	10
231	0	0	0	0	0	0	4	2
33	1	1	1	0	0	3	24	14
172	6	3	35	7	3	1	55	108
152	1	1	14	5	0	1	43	35
155	5	6	25	4	6	1	30	39
415	14	9	15	13	6	7	172	155
72	0	1	9	3	1	0	15	15
74	7	2	7	2	1	2	31	17
217	30	8	19	16	3	8	46	29
85	1	0	7	4	3	0	44	38
41	0	3	10	6	2	0	35	46
498	2	2	12	5	0	3	118	95
357	29	11	122	63	52	7	131	76
38	9	10	10	117	8	8	20	12
237	61	36	38	63	26	110	129	66
65	2	0	14	2	1	3	28	28
305	11	5	12	18	7	7	153	118
76	6	6	12	15	7	0	15	18
58	2	0	31	16	37	1	52	30
8	0	2	10	0	1	0	13	24
13	1	2	3	13	11	8	109	82
70	1	1	6	9	1	2	43	29
56	11	9	5	20	6	3	59	38
27	1	1	1	0	0	1	8	4
80	0	0	0	0	0	0	200	70

7-13（续1）

	饭店及游船调查人数	德 国	西班牙	意大利	荷 兰	瑞 典	俄罗斯
北 京	1701	76	34	39	43	40	56
天 津	374	12	8	5	5	4	4
河 北	528	21	9	14	13	4	71
山 西	555	20	23	41	40	2	28
内 蒙 古	382	2	2	3	0	1	124
辽 宁	772	25	5	2	3	4	69
吉 林	465	34	0	0	0	0	94
黑 龙 江	611	0	1	3	1	5	437
上 海	1466	66	21	33	32	17	61
江 苏	951	36	1	32	10	4	15
浙 江	795	37	16	16	12	12	27
安 徽	1656	38	10	21	27	17	148
福 建	439	11	1	5	4	1	11
江 西	459	15	4	7	7	2	31
山 东	924	31	12	16	12	8	62
河 南	621	29	21	7	14	5	40
湖 北	622	21	9	12	3	3	30
湖 南	1082	5	10	9	9	4	56
广 东	3145	53	28	50	30	15	57
广 西	542	10	5	5	8	8	6
海 南	2995	44	38	59	42	58	1198
重 庆	414	5	5	44	33	30	3
四 川	1918	67	10	24	43	9	15
贵 州	374	5	0	6	0	6	4
云 南	809	34	24	16	16	9	17
西 藏	328	21	16	28	21	5	3
陕 西	1127	82	37	44	89	24	51
甘 肃	502	29	7	5	5	7	14
青 海	596	18	15	17	16	12	26
宁 夏	142	9	2	1	3	3	6
新 疆	650	0	0	0	0	0	200

瑞　士	乌克兰	美　国	加拿大	澳大利亚	新西兰	非洲国家	中南美洲国家	其他国家
28	23	232	73	40	39	10	2	40
5	3	26	12	12	7	2	0	1
5	7	36	20	11	9	1	0	12
9	4	40	23	16	2	8	5	33
1	2	7	3	2	3	2	0	7
1	6	55	16	22	10	11	0	11
0	2	20	2	2	0	0	0	0
1	3	12	7	8	4	1	0	2
15	9	125	26	50	22	11	3	19
3	3	118	24	18	2	3	0	1
7	7	54	17	13	10	21	4	27
16	21	102	46	37	26	9	11	27
7	1	29	0	8	2	17	1	28
2	6	52	19	14	3	8	2	1
3	11	69	26	19	11	18	3	5
2	3	55	19	17	1	14	15	31
6	5	55	56	32	14	3	3	8
11	8	43	16	8	11	8	2	19
27	12	179	82	43	23	27	9	69
9	4	19	13	8	10	4	1	26
51	48	103	55	51	28	17	7	12
12	10	16	18	8	14	4	14	23
10	8	214	47	27	8	6	2	24
0	2	25	18	18	7	11	0	17
8	2	77	15	27	11	4	1	39
1	0	41	12	4	0	1	1	63
27	23	103	41	45	27	60	10	143
7	4	40	19	9	12	2	0	4
6	14	43	15	27	11	1	5	8
2	3	4	4	4	1	0	0	9
0	0	0	0	.0	0	0	0	0

7-14 2018年饭店调查入境游客人数及所占比重

（按城市、外国人、港澳台胞分组）

	饭店及游船调查人数		外国人		香港同胞		澳门同胞		台湾同胞	
	（人）	（%）	（人）	（%）	（人）	（%）	（人）	（%）	（人）	（%）
北　　京	1954	100.0	1701	87.1	106	5.4	62	3.2	85	4.4
天　　津	523	100.0	374	71.5	57	10.9	21	4.0	71	13.6
石　家　庄	197	100.0	133	67.5	35	17.8	9	4.6	20	10.2
唐　　山	83	100.0	56	67.5	10	12.0	4	4.8	13	15.7
秦　皇　岛	199	100.0	163	81.9	8	4.0	10	5.0	18	9.0
保　　定	125	100.0	90	72.0	14	11.2	8	6.4	13	10.4
承　　德	126	100.0	86	68.3	9	7.1	19	15.1	12	9.5
太　　原	257	100.0	174	67.7	40	15.6	2	0.8	41	16.0
大　　同	173	100.0	113	65.3	19	11.0	5	2.9	36	20.8
晋　　城	50	100.0	42	84.0	1	2.0	2	4.0	5	10.0
晋　　中	239	100.0	226	94.6	2	0.8	1	0.4	10	4.2
呼和浩特	223	100.0	113	50.7	22	9.9	18	8.1	70	31.4
包　　头	103	100.0	74	71.8	13	12.6	2	1.9	14	13.6
二连浩特	95	100.0	95	100.0	0	0.0	0	0.0	0	0.0
赤　　峰	100	100.0	100	100.0	0	0.0	0	0.0	0	0.0
沈　　阳	67	100.0	54	80.6	7	10.4	2	3.0	4	6.0
大　　连	101	100.0	75	74.3	12	11.9	5	5.0	9	8.9
鞍　　山	99	100.0	95	96.0	2	2.0	1	1.0	1	1.0
抚　　顺	99	100.0	97	98.0	2	2.0	0	0.0	0	0.0
本　　溪	98	100.0	75	76.5	11	11.2	5	5.1	7	7.1
丹　　东	71	100.0	53	74.6	6	8.5	7	9.9	5	7.0
锦　　州	96	100.0	76	79.2	12	12.5	2	2.1	6	6.3
营　　口	100	100.0	98	98.0	0	0.0	1	1.0	1	1.0
盘　　锦	50	100.0	50	100.0	0	0.0	0	0.0	0	0.0
葫　芦　岛	99	100.0	99	100.0	0	0.0	0	0.0	0	0.0
长　　春	151	100.0	128	84.8	11	7.3	5	3.3	7	4.6
吉　　林	100	100.0	74	74.0	6	6.0	9	9.0	11	11.0
通　　化	100	100.0	87	87.0	5	5.0	3	3.0	5	5.0
白　　山	100	100.0	85	85.0	7	7.0	3	3.0	5	5.0
延　　吉	100	100.0	91	91.0	4	4.0	0	0.0	5	5.0

7-14(续1)

	饭店及游船调查人数		外国人		香港同胞		澳门同胞		台湾同胞	
	(人)	(%)	(人)	(%)	(人)	(%)	(人)	(%)	(人)	(%)
哈 尔 滨	250	100.0	219	87.6	15	6.0	3	1.2	13	5.2
齐齐哈尔	100	100.0	0	0.0	22	22.0	0	0.0	78	78.0
大 庆	100	100.0	98	98.0	2	2.0	0	0.0	0	0.0
佳 木 斯	100	100.0	100	100.0	0	0.0	0	0.0	0	0.0
牡 丹 江	200	100.0	194	97.0	2	1.0	2	1.0	2	1.0
上 海	1692	100.0	1466	86.6	98	5.8	26	1.5	102	6.0
南 京	463	100.0	361	78.0	27	5.8	18	3.9	57	12.3
无 锡	251	100.0	174	69.3	11	4.4	26	10.4	40	15.9
苏 州	384	100.0	268	69.8	43	11.2	6	1.6	67	17.4
南 通	131	100.0	87	66.4	18	13.7	5	3.8	21	16.0
扬 州	129	100.0	61	47.3	17	13.2	8	6.2	43	33.3
杭 州	339	100.0	274	80.8	23	6.8	14	4.1	28	8.3
宁 波	190	100.0	144	75.8	28	14.7	7	3.7	11	5.8
温 州	98	100.0	85	86.7	5	5.1	2	2.0	6	6.1
绍 兴	118	100.0	92	78.0	17	14.4	4	3.4	5	4.2
金 华	202	100.0	162	80.2	20	9.9	4	2.0	16	7.9
衢 州	51	100.0	38	74.5	9	17.6	0	0.0	4	7.8
合 肥	115	100.0	83	72.2	12	10.4	4	3.5	16	13.9
芜 湖	178	100.0	166	93.3	7	3.9	1	0.6	4	2.2
马 鞍 山	158	100.0	158	100.0	0	0.0	0	0.0	0	0.0
铜 陵	98	100.0	76	77.6	7	7.1	8	8.2	7	7.1
安 庆	182	100.0	164	90.1	6	3.3	5	2.7	7	3.8
黄 山	500	100.0	398	79.6	32	6.4	21	4.2	49	9.8
滁 州	150	100.0	150	100.0	0	0.0	0	0.0	0	0.0
亳 州	99	100.0	80	80.8	9	9.1	6	6.1	4	4.0
池 州	266	100.0	245	92.1	10	3.8	5	1.9	6	2.3
宣 城	159	100.0	136	85.5	10	6.3	2	1.3	11	6.9

	饭店及游船调查人数		外国人		香港同胞		澳门同胞		台湾同胞	
	（人）	（％）	（人）	（％）	（人）	（％）	（人）	（％）	（人）	（％）
福 州	239	100.0	130	54.4	23	9.6	6	2.5	80	33.5
厦 门	309	100.0	188	60.8	40	12.9	10	3.2	71	23.0
泉 州	140	100.0	54	38.6	44	31.4	21	15.0	21	15.0
漳 州	143	100.0	36	25.2	26	18.2	3	2.1	78	54.5
武 夷 山	107	100.0	31	29.0	23	21.5	1	0.9	52	48.6
南 昌	140	100.0	80	57.1	20	14.3	15	10.7	25	17.9
景 德 镇	130	100.0	73	56.2	30	23.1	16	12.3	11	8.5
九 江	140	100.0	88	62.9	17	12.1	14	10.0	21	15.0
鹰 潭	130	100.0	84	64.6	22	16.9	9	6.9	15	11.5
赣 州	129	100.0	65	50.4	31	24.0	12	9.3	21	16.3
吉 安	127	100.0	69	54.3	26	20.5	11	8.7	21	16.5
济 南	271	100.0	178	65.7	37	13.7	16	5.9	40	14.8
青 岛	446	100.0	284	63.7	68	15.2	38	8.5	56	12.6
烟 台	259	100.0	170	65.6	29	11.2	23	8.9	37	14.3
曲 阜	159	100.0	74	46.5	23	14.5	30	18.9	32	20.1
泰 安	162	100.0	105	64.8	24	14.8	12	7.4	21	13.0
威 海	142	100.0	113	79.6	9	6.3	13	9.2	7	4.9
郑 州	225	100.0	184	81.8	15	6.7	16	7.1	10	4.4
开 封	179	100.0	144	80.4	22	12.3	7	3.9	6	3.4
洛 阳	207	100.0	201	97.1	4	1.9	0	0.0	2	1.0
三 门 峡	199	100.0	92	46.2	33	16.6	25	12.6	49	24.6
武 汉	509	100.0	248	48.7	129	25.3	26	5.1	106	20.8
十 堰	117	100.0	64	54.7	18	15.4	8	6.8	27	23.1
宜 昌	140	100.0	103	73.6	14	10.0	5	3.6	18	12.9
襄 阳	115	100.0	84	73.0	11	9.6	13	11.3	7	6.1
荆 州	112	100.0	49	43.8	31	27.7	10	8.9	22	19.6
湖北游船	102	100.0	74	72.5	7	6.9	6	5.9	15	14.7

7-14(续3)

	饭店及游船调查人数		外国人		香港同胞		澳门同胞		台湾同胞	
	（人）	（%）	（人）	（%）	（人）	（%）	（人）	（%）	（人）	（%）
长　　沙	335	100.0	317	94.6	9	2.7	2	0.6	7	2.1
湘　　潭	160	100.0	113	70.6	18	11.3	12	7.5	17	10.6
衡　　阳	178	100.0	121	68.0	26	14.6	13	7.3	18	10.1
岳　　阳	121	100.0	97	80.2	13	10.7	7	5.8	4	3.3
张 家 界	445	100.0	434	97.5	5	1.1	3	0.7	3	0.7
广　　州	1563	100.0	1097	70.2	238	15.2	110	7.0	118	7.5
深　　圳	1531	100.0	770	50.3	624	40.8	28	1.8	109	7.1
珠　　海	776	100.0	339	43.7	193	24.9	186	24.0	58	7.5
汕　　头	442	100.0	301	68.1	59	13.3	41	9.3	41	9.3
江　　门	334	100.0	144	43.1	110	32.9	47	14.1	33	9.9
湛　　江	314	100.0	126	40.1	110	35.0	47	15.0	31	9.9
惠　　州	330	100.0	77	23.3	165	50.0	48	14.5	40	12.1
东　　莞	332	100.0	87	26.2	156	47.0	46	13.9	43	13.0
中　　山	418	100.0	204	48.8	134	32.1	42	10.0	38	9.1
南　　宁	150	100.0	113	75.3	13	8.7	8	5.3	16	10.7
桂　　林	150	100.0	134	89.3	6	4.0	6	4.0	4	2.7
梧　　州	98	100.0	35	35.7	14	14.3	27	27.6	22	22.4
北　　海	100	100.0	64	64.0	17	17.0	9	9.0	10	10.0
防 城 港	100	100.0	90	90.0	3	3.0	5	5.0	2	2.0
贺　　州	100	100.0	42	42.0	24	24.0	16	16.0	18	18.0
崇　　左	100	100.0	64	64.0	8	8.0	15	15.0	13	13.0
海　　口	993	100.0	840	84.6	69	6.9	36	3.6	48	4.8
三　　亚	2018	100.0	1878	93.1	78	3.9	35	1.7	27	1.3
琼　　海	105	100.0	99	94.3	2	1.9	3	2.9	1	1.0
澄　　迈	104	100.0	95	91.3	2	1.9	5	4.8	2	1.9
保　　亭	90	100.0	83	92.2	4	4.4	3	3.3	0	0.0
重　　庆	551	100.0	384	69.7	23	4.2	30	5.4	114	20.7
重庆游船	100	100.0	30	30.0	38	38.0	13	13.0	19	19.0

	饭店及游船调查人数		外国人		香港同胞		澳门同胞		台湾同胞	
	（人）	（%）	（人）	（%）	（人）	（%）	（人）	（%）	（人）	（%）
成　都	1155	100.0	882	76.4	122	10.6	64	5.5	87	7.5
绵　阳	599	100.0	412	68.8	69	11.5	39	6.5	79	13.2
乐山(峨眉山)	697	100.0	436	62.6	85	12.2	24	3.4	152	21.8
阿坝州	267	100.0	188	70.4	9	3.4	7	2.6	63	23.6
贵　阳	353	100.0	163	46.2	70	19.8	30	8.5	90	25.5
安　顺	241	100.0	100	41.5	50	20.7	21	8.7	70	29.0
黔东南	251	100.0	111	44.2	49	19.5	27	10.8	64	25.5
昆　明	749	100.0	613	81.8	67	8.9	23	3.1	46	6.1
景　洪	110	100.0	97	88.2	6	5.5	2	1.8	5	4.5
大　理	110	100.0	99	90.0	5	4.5	1	0.9	5	4.5
拉　萨	448	100.0	278	62.1	116	25.9	24	5.4	30	6.7
日喀则	25	100.0	14	56.0	6	24.0	1	4.0	4	16.0
林　芝	77	100.0	36	46.8	30	39.0	3	3.9	8	10.4
西　安	1142	100.0	1104	96.7	14	1.2	10	0.9	14	1.2
咸　阳	25	100.0	23	92.0	0	0.0	0	0.0	2	8.0
兰　州	400	100.0	265	66.3	48	12.0	33	8.3	54	13.5
敦　煌	400	100.0	237	59.3	54	13.5	54	13.5	55	13.8
西　宁	466	100.0	361	77.5	59	12.7	11	2.4	35	7.5
黄南州	3	100.0	1	33.3	2	66.7	0	0.0	0	0.0
海西州	333	100.0	234	70.3	55	16.5	15	4.5	29	8.7
银　川	198	100.0	142	71.7	12	6.1	10	5.1	34	17.2
乌鲁木齐	251	100.0	251	100.0	0	0.0	0	0.0	0	0.0
博尔塔拉	90	100.0	90	100.0	0	0.0	0	0.0	0	0.0
伊　宁	309	100.0	309	100.0	0	0.0	0	0.0	0	0.0

下 篇

国内旅游抽样调查资料

第一部分　综合分析报告

2018 年中国国内旅游抽样调查
综合分析报告

由文化和旅游部与国家统计局社情民意调查中心合作，在我国大陆地区开展的国内旅游抽样调查结果表明，2018 年我国国内旅游市场继续保持较快增长。据测算，全年国内旅游人数 55.39 亿人次，国内旅游收入达 5.13 万亿元。

——国内旅游总人数 55.39 亿人次，比上年增长 10.8%；

——国内旅游总收入 51278.29 亿元，增长 12.3%；

——国内游客人均花费 925.77 元/人次，增长 1.4%。

2018 年中国国内旅游抽样调查综合情况如下：

一、2018 年中国国内旅游抽样调查对象和调查方法

2018 年中国居民国内旅游抽样调查的调查对象是我国大陆城乡居民中，不以谋求职业、获取报酬为目的，离开惯常环境 10 公里以外，停留时间超过 6 小时、但不超过 12 个月，从事参观游览、度假休闲、探亲访友、健康疗养、考察、会议等活动，以及从事经济、科技、文化、教育、体育、宗教等活动的人。

鉴于城镇居民和农村居民出游行为及消费习惯差异明显，故将调查总体分为城镇居民和农村居民两个调查子总体，调查频率为季度调查，调查问卷重点关注出游次数、出游目的、出游花费和构成等内容；调查采取计算机辅助电话访谈（CATI）采集数据。根据调查结果，分别测算得出城镇居民国内旅游总体情况、农村居民国内旅游总体情况，再汇总合成全国国内旅游总体情况。

二、2018 年国内旅游总体情况

（一）城镇居民

2018 年，我国城镇居民国内旅游出游人数 41.19 亿人次，出游人次率（以下简称为出游率）534.25%，旅游总花费 42589.99 亿元，游客每次出游人均花费（以下简称人均花费）1033.99 元。

各季度城镇居民国内旅游情况：

一季度全国城镇居民旅游人数 10.82 亿人次，出游率 140.34%，旅游总花费 12005.66 亿元，游客人均花费 1109.58 元。

二季度全国城镇居民旅游人数 9.15 亿人次，出游率 118.68%，旅游总花费 7449.20 亿元，游客人均花费 814.12 元。

三季度全国城镇居民旅游人数 10.89 亿人次，出游率 141.25%，旅游总花费 12204.75 亿元，游客人均花费 1120.73 元。

四季度全国城镇居民旅游人数 10.33 亿人次，出游率 133.98%，旅游总花费 10930.38 亿元，游客人均花费 1058.12 元。

（二）农村居民

2018 年，我国农村居民国内旅游出游人数 14.204 亿人次，出游率 235.49%，旅游总花费 8688.30 亿元，游客人均花费 611.85 元。

各季度农村居民国内旅游情况：

一季度全国农村居民旅游人数 5.50 亿人次，出游率 91.21%，旅游总花费 3507.96 亿元，游客人均花费 637.81 元。

二季度全国农村居民旅游人数 2.79 亿人次，出游率 46.27%，旅游总花费 1510.53 亿元，游客人均花费 541.41 元。

三季度全国农村居民旅游人数 3.08 亿人次，出游率 51.08%，旅游总花费 1806.37 亿元，游客人均花费 586.49 元。

四季度全国农村居民旅游人数 2.83 亿人次，出游率 46.93%，旅游总花费 1863.44 亿元，游客人均花费 658.46 元。

三、2018 年国内旅游抽样调查基本结果

（一）城镇居民

1. 出游人数构成

调查数据显示，一日游游客占 30.1%，过夜游游客占 69.9%；团队游客占 5.8%，散客占 94.2%。

按性别分，男性游客占 51.88%，女性游客占 48.12%。

按年龄分，25~34 岁的出游人数最多，占出游总人数的 32.01%。14 岁及以下的占 7.61%，15~24 岁的占 11.59%，35~44 岁的占 21.28%，45~64 岁的占 22.56%，65 岁及以上的占 4.95%。

按受教育程度分，大学本科、大专程度的游客出游人数最多，占出游总人数的 60.03%。研究生及以上的占 8.73%，高中（中专/职高/技校）的占 14.64%，初中及以下的占 16.59%。

按旅游目的分，观光游览的占 28.7%，度假休闲的占 24.4%，出差开会商务的占 13.3%，探亲访友的占 29.5%，文娱体育健身的占 2.0%，养生保健疗养的占 1.0%，其他旅游目的的占 1.0%。

按出游半径分，本地游占 53.4%，异地游占 46.6%。

2. 游客每次出游人均花费情况

城镇游客每次出游人均花费 1646.6 元。其中，一日游人均花费 478.3 元，过夜游人均花费 2150.6 元。

按性别分，男性游客人均花费 1732.3 元，女性游客人均花费 1554.2 元。

按年龄分，25~34 岁的游客人均花费最高，达 1744.3 元。35~44 岁的人均花费 1713.6 元，45~64 岁的人均花费 1688.6 元，15~24 岁的人均花费 1675.0 元，14 岁及以下的人均花费 1188.8 元，65 岁及以上的人均花费 1172.4 元。

按受教育程度分，研究生及以上的游客人均花费 2280.9 元，大学本科、大专的人均花费 1723.5 元，高中（中专/职高/技校）的人均花费 1421.9 元，初中及以下的人均花费 1233.0 元。出游人均花费与受教育程度呈高度正相关。

按旅游目的分，商务出差的游客人均花费最高，达 2433.0 元；观光游览的人均花费 1695.9 元，度假休闲的人均花费 1627.3 元，养生保健疗养的人均花费 1868.0 元，探亲访友的人均花费 1305.1 元，文娱体育健身的人均花费 1030.9 元，其他旅游目的的人均花费 1302.1 元。

按旅游方式分组，旅行社组织的游客人均花费 2899.4 元，非旅行社组织的人均花费 1440.6 元。

3. 散客每次出游人均花费构成

城镇居民散客的花费构成情况是：交通费占总花费的 35.0%，住宿费占 16.4%，餐饮费占 22.7%，购物费占 16.4%，景区游览费占 5.3%，其他费用占 4.3%。

其中，过夜游散客花费构成情况是：交通费占总花费的 35.4%，住宿费占 18.3%，餐饮费占 21.5%，购物费占 16.0%，景区游览费占 5.0%，其他费用占 3.8%。

一日游散客花费构成情况是：交通费占总花费的 31.9%，餐饮费占 32.8%，购物费占 19.7%，景区游览费占 7.5%，其他费用占 8.1%。

4. 过夜游客平均停留时间

城镇过夜游客每次出游平均停留 3.40 天。其中，停留 1~3 天的占 68.57%，4~7 天的占 25.01%，8~14 天的占 4.25%，超过 14 天的占 2.16%。

（二）农村居民

1. 出游人数构成

调查数据显示，一日游游客占 41.3%，过夜游游客占 58.7%；团队游客占

3.8%，散客占 96.2%。

按性别分，男性游客占 60.05%，女性游客占 39.95%。

按年龄分，25~34 岁的出游人数最多，占出游总人数的 28.89%。14 岁及以下的占 8.41%，15~24 岁的占 9.44%，35~44 岁的占 22.29%，45~64 岁的占 27.17%，65 岁及以上的占 3.80%。

按受教育程度分，大专、大学本科及以上的占 42.67%，高中（中专/职高/技校）的占 21.90%，初中的占 20.33%，小学及以下的占 15.10%。

按旅游目的分，观光游览的占 23.4%，度假休闲的占 14.5%，做生意外出办理公事的占 18.4%，探亲访友的占 34.7%，文娱体育健身的占 1.5%，健康疗养的占 1.8%，其他旅游目的的占 5.8%。

按出游半径分，本地游占 61.5%，异地游占 38.5%。

2. 游客每次出游人均花费情况

农村游客每次出游人均花费 954.9 元。其中，一日游人均花费 376.8 元，过夜游人均花费 1361.4 元。

按性别分，男性游客人均花费 1011.5 元，女性游客人均花费 869.9 元。

按年龄分，15~24 岁的游客人均花费最高，达 1066.5 元。25~34 岁的人均花费 1088.9 元，35~44 岁的人均花费 1036.6 元，45~64 岁的人均花费 846.6 元，14 岁及以下的人均花费 598.9 元，65 岁及以上的人均花费 742.6 元。

按受教育程度分，大专、大学本科及以上的游客人均花费 1142.5 元，高中（中专/职高/技校）的人均花费 930.3 元，初中的人均花费 734.4 元，小学及以下的人均花费 757.5 元。

按旅游目的分，养生保健疗养的游客人均花费最高，达 1409.7 元；做生意外出办理公事的人均花费 1112.4 元，休闲度假的人均花费 1108.1 元，观光游览的人均花费 1112.6 元，文娱体育健身的人均花费 837.3 元，探亲访友的人均花费 741.5 元，其他旅游目的的人均花费 599.1 元。

按旅游方式分，旅行社组织的游客人均花费 1900.2 元，非旅行社组织的人均花费 880.4 元。

3. 散客每次出游人均花费构成

农村居民散客的花费构成情况是：交通费占总花费的 32.8%，住宿费占 12.2%，餐饮费占 24.1%，购物费占 18.1%，景区游览费占 5.3%，其他费用占 7.4%。

其中，过夜游散客的花费构成情况是：交通费占总花费的 33.3%，住宿费占 14.9%，餐饮费占 22.5%，购物费占 17.2%，景区游览费占 5.1%，其他费用占 6.9%。

一日游散客的花费构成情况是：交通费占总花费的 30.7%，餐饮费占 31.3%，购物费占 22.2%，景区游览费占 6.2%，其他费用占 9.6%。

4. 过夜游客平均停留时间

农村过夜游客每次出游平均停留 2.97 天。其中，停留 1~3 天的占 78.07%，4~7 天的占 16.85%，8~14 天的占 2.85%，超过 14 天的占 2.24%。

第二部分　分类数据

一、国内旅游基本情况

1-1 2018 年国内旅游基本情况

	总人数 （亿人次）	出游率* （%）	总花费 （亿元）	人均每次花费 （元/人次）
全国总计	55.39	402.83	51278.29	925.77
城镇居民合计	41.19	534.25	42589.99	1033.99
一季度	10.82	140.34	12005.66	1109.58
二季度	9.15	118.68	7449.20	814.12
三季度	10.89	141.25	12204.75	1120.73
四季度	10.33	133.98	10930.38	1058.12
农村居民合计	14.20	235.49	8688.30	611.85
一季度	5.50	91.21	3507.96	637.81
二季度	2.79	46.27	1510.53	541.41
三季度	3.08	51.08	1806.37	586.49
四季度	2.83	46.93	1863.44	658.46

*出游率：即出游人次率，指城镇居民或农村居民出游人数与其总人口数的比值。

二、城镇居民国内旅游抽样调查数据

1. 2018 年城镇居民国内游客人数调查构成

2-1-1 城镇居民国内游客人数构成
（按旅游方式分组）

单位：%

	人数构成	旅行社组织	非旅行社组织
调查总平均	100.0	5.8	94.2
按性别分组			
男　性	100.0	5.0	95.0
女　性	100.0	6.6	93.4
按年龄分组			
14 岁及以下	100.0	5.7	94.3
15~24 岁	100.0	3.0	97.0
25~34 岁	100.0	3.4	96.6
35~44 岁	100.0	4.7	95.3
45~64 岁	100.0	9.7	90.3
65 岁及以上	100.0	14.4	85.6
按受教育程度分组			
初中及以下	100.0	7.5	92.5
高中(中专/职高/技校)	100.0	9.2	90.8
大学本科、大专	100.0	4.8	95.2
研究生及以上	100.0	2.8	97.2

2-1-2 城镇居民国内游客人数构成
（按旅游目的分组）

单位：%

	人数构成	观光游览	休闲度假	出差开会商务	探亲访友	文娱体育健身	养生保健疗养	其他
调查总平均	**100.0**	**28.7**	**24.4**	**13.3**	**29.5**	**2.0**	**1.0**	**1.0**
按性别分组								
男　性	100.0	27.4	22.4	17.9	27.8	2.3	1.1	1.0
女　性	100.0	30.2	26.6	8.4	31.3	1.7	0.9	1.0
按年龄分组								
14 岁及以下	100.0	38.9	27.7	0.2	28.3	3.1	0.5	1.3
15～24 岁	100.0	29.0	21.2	11.0	33.8	3.1	0.4	1.4
25～34 岁	100.0	26.2	21.9	15.5	33.2	1.7	0.6	0.8
35～44 岁	100.0	25.9	27.7	17.8	25.9	1.4	0.6	0.6
45～64 岁	100.0	28.5	26.0	14.0	26.6	2.1	1.6	1.1
65 岁及以上	100.0	42.1	21.7	2.5	24.9	2.5	4.3	2.0
按受教育程度分组								
初中及以下	100.0	34.4	24.5	5.5	30.0	2.7	1.4	1.6
高中（中专/职高/技校）	100.0	32.3	22.9	10.0	30.3	1.7	1.4	1.5
大学本科、大专	100.0	27.4	25.0	14.7	29.3	1.9	0.9	0.8
研究生及以上	100.0	21.2	23.2	24.7	28.0	2.0	0.6	0.3

2-1-3 城镇居民国内游客人数构成
（按停留时间分组）

单位：%

	人数构成	一日游	过夜游
调查总平均	100.0	30.1	69.9
按性别分组			
男　性	100.0	30.0	70.0
女　性	100.0	30.3	69.7
按年龄分组			
14 岁及以下	100.0	33.7	66.3
15~24 岁	100.0	27.8	72.2
25~34 岁	100.0	27.5	72.5
35~44 岁	100.0	28.2	71.8
45~64 岁	100.0	33.4	66.6
65 岁及以上	100.0	41.1	58.9
按受教育程度分组			
初中及以下	100.0	31.9	68.1
高中(中专/职高/技校)	100.0	35.4	64.6
大学本科、大专	100.0	29.6	70.4
研究生及以上	100.0	22.0	78.0
按旅游目的分组			
观光游览	100.0	36.6	63.4
休闲度假	100.0	32.8	67.2
出差/开会/商务	100.0	20.6	79.4
探亲访友	100.0	23.6	76.4
文娱/体育/健身	100.0	54.8	45.2
养生/保健/疗养	100.0	32.6	67.4
其他	100.0	48.9	51.1

2-1-4 城镇居民国内游客人数构成
（按出游半径分组）

单位：%

	人数构成	本地游	异地游*
调查总平均	**100.0**	**53.4**	**46.6**
按性别分组			
男　性	100.0	52.9	47.1
女　性	100.0	53.9	46.1
按年龄分组			
14 岁及以下	100.0	52.3	47.7
15~24 岁	100.0	54.4	45.6
25~34 岁	100.0	51.3	48.7
35~44 岁	100.0	50.4	49.6
45~64 岁	100.0	56.4	43.6
65 岁及以上	100.0	65.1	34.9
按受教育程度分组			
初中及以下	100.0	57.4	42.6
高中（中专/职高/技校）	100.0	59.2	40.8
大学本科、大专	100.0	52.9	47.1
研究生及以上	100.0	39.1	60.9
按旅游目的分组			
观光游览	100.0	54.7	45.3
休闲度假	100.0	62.8	37.2
出差/开会/商务	100.0	40.9	59.1
探亲访友	100.0	47.6	52.4
文娱/体育/健身	100.0	76.5	23.5
养生/保健/疗养	100.0	68.1	31.9
其他	100.0	59.6	40.4

　　*异地游:指城镇居民离开自己惯常居住城市（以该城市行政地域为界），前往国内其他城市的旅游行为。（下同）

2. 2018 年城镇居民国内游客人均每次花费

2-2-1　城镇居民国内游客人均每次花费

单位：元/人次

	城镇居民国内游客人均每次花费
调查总平均	**1646.6**
按性别分组	
男　性	1732.3
女　性	1554.2
按年龄分组	
14 岁及以下	1188.8
15~24 岁	1675.0
25~34 岁	1744.3
35~44 岁	1713.6
45~64 岁	1688.6
65 岁及以上	1172.4
按受教育程度分组	
初中及以下	1233.0
高中(中专/职高/技校)	1421.9
大学本科、大专	1723.5
研究生及以上	2280.9
按旅游目的分组	
观光游览	1695.9
休闲度假	1627.3
出差/开会/商务	2433.0
探亲访友	1305.1
文娱/体育/健身	1030.9
养生/保健/疗养	1868.0
其他	1302.1

2-2-2 城镇居民国内游客人均每次花费
（按旅游方式分组）

单位：元/人次

	人均每次花费	旅行社组织	非旅行社组织
调查总平均	**1646.6**	**2899.4**	**1440.6**
按性别分组			
男　性	1732.3	3124.8	1478.3
女　性	1554.2	2735.7	1403.5
按年龄分组			
14 岁及以下	1188.8	3319.5	1059.1
15~24 岁	1675.0	3316.0	1609.6
25~34 岁	1744.3	3198.8	1576.3
35~44 岁	1713.6	3913.8	1431.2
45~64 岁	1688.6	2461.7	1408.6
65 岁及以上	1172.4	2034.9	1008.3
按受教育程度分组			
初中及以下	1233.0	2288.5	1086.3
高中（中专/职高/技校）	1421.9	2390.7	1290.2
大学本科、大专	1723.5	3269.4	1512.9
研究生及以上	2280.9	5155.2	1974.7

2-2-3 城镇居民国内游客人均每次花费
（按旅游目的分组）

单位：元/人次

	人均每次花费	观光游览	休闲度假	出差开会商务	探亲访友	文娱体育健身	养生保健疗养	其他
调查总平均	1646.6	1695.9	1627.3	2433.0	1305.1	1030.9	1868.0	1302.1
按性别分组								
男　性	1732.3	1713.3	1581.6	2520.7	1418.6	1004.4	2095.8	1543.8
女　性	1554.2	1678.9	1668.9	2231.7	1196.3	1071.0	1551.3	1035.1
按年龄分组								
14 岁及以下	1188.8	1320.7	1441.0	1035	809.9	812.5	1291.3	1008.8
15~24 岁	1675.0	1973.8	1791.2	1792.0	1345.5	1112.2	2865.0	1621.6
25~34 岁	1744.3	1655.2	1928.4	2358.9	1443.4	1040.7	1695.7	1705.6
35~44 岁	1713.6	1898.7	1562.0	2480.1	1222.2	1037.5	1851.9	751.3
45~64 岁	1688.6	1773.8	1368.9	2781.2	1385.7	1220.8	1844.3	1114.2
65 岁及以上	1172.4	1167.8	1425.4	1822.6	827.1	431.1	1948.4	1250.0
按受教育程度分组								
初中及以下	1233.0	1377.1	1269.2	2211.7	853.6	800.8	2452.5	997.9
高中(中专/职高/技校)	1421.9	1619.0	1374.8	1692.9	1211.7	709.0	1256.4	1306.4
大学本科、大专	1723.5	1755.0	1673.6	2454.2	1414.3	1111.0	1813.9	1507.9
研究生及以上	2280.9	2350.2	2421.5	2941.0	1607.0	1542.9	2213.1	354.6

2-2-4 城镇居民国内游客人均每次花费
（按停留时间分组）

单位：元/人次

	人均每次花费	一日游	过夜游
调查总平均	**1646.6**	**478.3**	**2150.6**
按性别分组			
男　性	1732.3	512.5	2255.7
女　性	1554.2	441.6	2036.9
按年龄分组			
14 岁及以下	1188.8	384.1	1597.4
15~24 岁	1675.0	595.9	2090.4
25~34 岁	1744.3	523.8	2206.9
35~44 岁	1713.6	466.8	2202.4
45~64 岁	1688.6	461.4	2303.3
65 岁及以上	1172.4	309.9	1774.3
按受教育程度分组			
初中及以下	1233.0	376.2	1634.0
高中(中专/职高/技校)	1421.9	453.1	1952.8
大学本科、大专	1723.5	513.6	2231.2
研究生及以上	2280.9	501.3	2781.9
按旅游目的分组			
观光游览	1695.9	418.6	2432.9
休闲度假	1627.3	487.1	2183.0
出差/开会/商务	2433.0	566.6	2917.9
探亲访友	1305.1	516.3	1548.2
文娱/体育/健身	1030.9	594.1	1560.6
养生/保健/疗养	1868.0	611.6	2476.3
其他	1302.1	233.4	2326.3

2-2-5 城镇居民国内游客人均每次花费
（按出游半径分组）

单位：元/人次

	人均每次花费	本地游	异地游
调查总平均	**1646.6**	**867.5**	**2539.0**
按性别分组			
男　性	1732.3	954.9	2605.7
女　性	1554.2	775.1	2465.6
按年龄分组			
14 岁及以下	1188.8	579.8	1856.7
15~24 岁	1675.0	980.6	2503.9
25~34 岁	1744.3	943.1	2589.7
35~44 岁	1713.6	898.7	2541.8
45~64 岁	1688.6	816.5	2815.6
65 岁及以上	1172.4	713.1	2030.0
按受教育程度分组			
初中及以下	1233.0	685.9	1970.7
高中(中专/职高/技校)	1421.9	774.5	2361.9
大学本科、大专	1723.5	925.7	2620.7
研究生及以上	2280.9	1069.0	3058.9
按旅游目的分组			
观光游览	1695.9	773.1	2811.1
休闲度假	1627.3	893.0	2868.9
出差/开会/商务	2433.0	1483.1	3089.5
探亲访友	1305.1	723.7	1833.9
文娱/体育/健身	1030.9	695.6	2123.5
养生/保健/疗养	1868.0	1059.5	3592.8
其他	1302.1	685.5	2210.8

3. 2018 年城镇居民国内散客人均每次各项花费及构成

2-3-1 城镇居民国内散客人均每次各项花费

单位：元/人次

	人均每次花费	交通费	住宿费	餐饮费	购物费	景区游览费	其他
调查总平均	**1440.6**	**504.8**	**235.9**	**326.4**	**236.2**	**75.9**	**61.4**
按性别分组							
男　性	1478.3	510.3	246.8	351.2	235.1	73.3	61.6
女　性	1403.5	499.4	225.2	302.1	237.3	78.4	61.3
按年龄分组							
14 岁及以下	1059.1	390.8	214.4	218.1	123.1	82.1	30.6
15~24 岁	1609.6	529.8	286.7	410.0	250.3	72.6	60.2
25~34 岁	1576.3	555.0	219.8	351.8	308.7	74.1	66.9
35~44 岁	1431.2	512.4	252.3	322.6	194.7	90.2	59.1
45~64 岁	1408.6	499.9	235.3	298.0	237.2	75.6	62.6
65 岁及以上	1008.3	314.6	188.1	287.1	102.5	27.9	88.0
按受教育程度分组							
初中及以下	1086.3	392.3	192.3	226.0	144.8	68.1	62.7
高中(中专/职高/技校)	1290.2	478.0	179.5	299.2	207.7	67.2	58.6
大学本科、大专	1512.9	519.6	245.6	356.3	250.9	79.6	61.0
研究生及以上	1974.7	697.2	366.1	377.3	384.8	82.0	67.3
按旅游目的分组							
观光游览	1540.1	534.3	331.7	313.1	196.0	123.2	41.9
休闲度假	1546.8	498.3	311.1	361.1	223.7	94.4	58.3
出差/开会/商务	2433.0	1300.1	671.6	461.3	—	—	—
探亲访友	1300.4	498.8	99.3	320.0	288.0	25.7	68.6
文娱/体育/健身	936.6	272.0	113.9	205.9	187.6	46.7	110.5
养生/保健/疗养	1738.8	450.2	357.4	345.2	160.5	32.1	393.5
其他	1293.5	586.8	208.0	265.2	185.9	20.0	28.3

　*"出差/开会/商务"未在过夜分组中,且未调查以"出差/开会/商务"为旅游目的的购物费和景区游览费。（下同）

2-3-2 城镇居民国内散客人均每次各项花费构成

单位：%

	人均每次花费	交通费	住宿费	餐饮费	购物费	景区游览费	其他
调查总平均	100.0	35.0	16.4	22.7	16.4	5.3	4.3
按性别分组							
男　性	100.0	34.5	16.7	23.8	15.9	5.0	4.2
女　性	100.0	35.6	16.0	21.5	16.9	5.6	4.4
按年龄分组							
14 岁及以下	100.0	36.9	20.2	20.6	11.6	7.8	2.9
15~24 岁	100.0	32.9	17.8	25.5	15.6	4.5	3.7
25~34 岁	100.0	35.2	13.9	22.3	19.6	4.7	4.2
35~44 岁	100.0	35.8	17.6	22.5	13.6	6.3	4.1
45~64 岁	100.0	35.5	16.7	21.2	16.8	5.4	4.4
65 岁及以上	100.0	31.2	18.7	28.5	10.2	2.8	8.7
按受教育程度分组							
初中及以下	100.0	36.1	17.7	20.8	13.3	6.3	5.8
高中(中专/职高/技校)	100.0	37.0	13.9	23.2	16.1	5.2	4.5
大学本科、大专	100.0	34.3	16.2	23.6	16.6	5.3	4.0
研究生及以上	100.0	35.3	18.5	19.1	19.5	4.2	3.4
按旅游目的分组							
观光游览	100.0	34.7	21.5	20.3	12.7	8.0	2.7
休闲度假	100.0	32.2	20.1	23.3	14.5	6.1	3.8
出差/开会/商务	100.0	53.4	27.6	19.0	—	—	—
探亲访友	100.0	38.4	7.6	24.6	22.1	2.0	5.3
文娱/体育/健身	100.0	29.0	12.2	22.0	20.0	5.0	11.8
养生/保健/疗养	100.0	25.9	20.6	19.9	9.2	1.8	22.6
其他	100.0	45.4	16.1	20.5	14.4	1.5	2.2

2-3-3 城镇居民国内过夜散客人均每次各项花费

	人均每次花费	交通费	住宿费	餐饮费	购物费	景区游览费	其他
调查总平均	1914.6	678.0	350.4	410.9	306.6	95.8	73.0
按性别分组							
男　性	1972.6	687.5	370.0	448.8	300.1	93.1	73.0
女　性	1858.7	668.8	331.4	374.3	312.8	98.4	73.1
按年龄分组							
14 岁及以下	1431.0	525.1	327.8	284.5	160.3	102.9	30.4
15~24 岁	2023.7	670.9	399.6	490.7	311.4	84.8	66.4
25~34 岁	2017.6	718.9	312.1	432.1	390.2	89.0	75.3
35~44 岁	1866.3	672.4	365.8	399.4	244.9	113.7	70.1
45~64 岁	1995.3	721.8	378.0	383.6	324.4	103.8	83.7
65 岁及以上	1591.8	503.1	340.2	436.7	142.7	41.6	127.5
按受教育程度分组							
初中及以下	1450.3	520.7	288.1	286.1	189.4	85.4	80.5
高中（中专/职高/技校）	1806.0	682.3	289.2	382.0	293.8	88.3	70.5
大学本科、大专	1993.0	695.1	362.0	447.3	317.3	100.3	71.1
研究生及以上	2484.3	872.4	491.6	457.1	490.4	97.4	75.3
按旅游目的分组							
观光游览	2281.9	799.0	549.4	426.4	284.7	171.6	50.7
休闲度假	2091.1	686.4	469.7	456.1	286.2	122.6	70.2
出差/开会/商务	2917.9	1545.5	846.0	526.4	—	—	—
探亲访友	1543.9	590.5	130.0	372.8	344.2	29.4	77.0
文娱/体育/健身	1372.4	493.4	260.2	280.4	136.8	67.5	134.1
养生/保健/疗养	2346.6	582.3	553.9	432.2	205.0	47.0	526.2
其他	2323.4	1066.0	410.1	456.6	314.0	36.0	42.1

2-3-4 城镇居民国内过夜散客人均每次各项花费构成

单位：%

	人均每次花费	交通费	住宿费	餐饮费	购物费	景区游览费	其他
调查总平均	100.0	35.4	18.3	21.5	16.0	5.0	3.8
按性别分组							
男　性	100.0	34.9	18.8	22.8	15.2	4.7	3.7
女　性	100.0	36.0	17.8	20.1	16.8	5.3	3.9
按年龄分组							
14 岁及以下	100.0	36.7	22.9	19.9	11.2	7.2	2.1
15～24 岁	100.0	33.2	19.7	24.2	15.4	4.2	3.3
25～34 岁	100.0	35.6	15.5	21.4	19.3	4.4	3.7
35～44 岁	100.0	36.0	19.6	21.4	13.1	6.1	3.8
45～64 岁	100.0	36.2	18.9	19.2	16.3	5.2	4.2
65 岁及以上	100.0	31.6	21.4	27.4	9.0	2.6	8.0
按受教育程度分组							
初中及以下	100.0	35.9	19.9	19.7	13.1	5.9	5.5
高中(中专/职高/技校)	100.0	37.8	16.0	21.1	16.3	4.9	3.9
大学本科、大专	100.0	34.9	18.2	22.4	15.9	5.0	3.6
研究生及以上	100.0	35.1	19.8	18.4	19.7	3.9	3.0
按旅游目的分组							
观光游览	100.0	35.0	24.1	18.7	12.5	7.5	2.2
休闲度假	100.0	32.8	22.5	21.8	13.7	5.9	3.4
出差/开会/商务	100.0	53.0	29.0	18.0	—	—	—
探亲访友	100.0	38.2	8.4	24.1	22.3	1.9	5.0
文娱/体育/健身	100.0	35.9	19.0	20.4	10.0	4.9	9.8
养生/保健/疗养	100.0	24.8	23.6	18.4	8.7	2.0	22.4
其他	100.0	45.9	17.6	19.7	13.5	1.6	1.8

2-3-5 城镇居民国内一日游散客人均每次各项花费

单位：元/人次

	人均每次花费	交通费	餐饮费	购物费	景区游览费	其他
调查总平均	464.2	148.1	152.4	91.2	34.9	37.5
按性别分组						
男　性	488.7	155.6	155.6	105.0	33.7	38.8
女　性	439.1	140.4	149.2	77.2	36.1	36.2
按年龄分组						
14 岁及以下	356.2	137.0	92.7	52.7	42.8	31.1
15~24 岁	558.1	171.6	205.2	95.3	41.6	44.4
25~34 岁	526.5	165.2	160.9	114.9	38.7	46.9
35~44 岁	464.7	157.0	152.0	83.1	38.0	34.6
45~64 岁	440.7	133.8	156.7	93.3	29.0	27.9
65 岁及以上	286.8	81.6	102.2	52.8	11.0	39.1
按受教育程度分组						
初中及以下	355.5	134.6	105.2	55.3	33.4	27.0
高中(中专/职高/技校)	446.5	143.9	163.8	67.1	32.6	39.2
大学本科、大专	500.2	149.4	164.5	110.8	35.9	39.6
研究生及以上	488.5	186.3	144.7	76.6	37.0	44.0
按旅游目的分组						
观光游览	410.0	130.9	140.6	60.7	49.4	28.5
休闲度假	479.7	129.7	174.8	101.1	39.2	34.9
出差/开会/商务	566.6	355.9	210.7	—	—	—
探亲访友	512.7	202.3	149.4	106.0	13.4	41.5
文娱/体育/健身	597.7	99.9	148.0	227.1	30.6	92.1
养生/保健/疗养	633.8	210.1	187.0	79.5	5.0	152.1
其他	233.3	93.5	68.2	54.1	3.5	14.1

2-3-6 城镇居民国内一日游散客人均每次各项花费构成

单位：%

	人均每次花费	交通费	餐饮费	购物费	景区游览费	其他
调查总平均	**100.0**	**31.9**	**32.8**	**19.7**	**7.5**	**8.1**
按性别分组						
男　性	100.0	31.8	31.8	21.5	6.9	7.9
女　性	100.0	32.0	34.0	17.6	8.2	8.3
按年龄分组						
14 岁及以下	100.0	38.5	26.0	14.8	12.0	8.7
15～24 岁	100.0	30.7	36.8	17.1	7.4	8.0
25～34 岁	100.0	31.4	30.6	21.8	7.3	8.9
35～44 岁	100.0	33.8	32.7	17.9	8.2	7.4
45～64 岁	100.0	30.3	35.6	21.2	6.6	6.3
65 岁及以上	100.0	28.4	35.6	18.4	3.8	13.6
按受教育程度分组						
初中及以下	100.0	37.9	29.6	15.6	9.4	7.6
高中(中专/职高/技校)	100.0	32.2	36.7	15.0	7.3	8.8
大学本科、大专	100.0	29.9	32.9	22.2	7.2	7.9
研究生及以上	100.0	38.1	29.6	15.7	7.6	9.0
按旅游目的分组						
观光游览	100.0	31.9	34.3	14.8	12.0	6.9
休闲度假	100.0	27.0	36.4	21.1	8.2	7.3
出差/开会/商务	100.0	62.8	37.2	—	—	—
探亲访友	100.0	39.5	29.1	20.7	2.6	8.1
文娱/体育/健身	100.0	16.7	24.8	38.0	5.1	15.4
养生/保健/疗养	100.0	33.1	29.5	12.5	0.8	24.0
其他	100.0	40.1	29.2	23.2	1.5	6.0

三、农村居民国内旅游抽样调查数据

1. 2018 年农村居民国内游客人数调查构成

3-1-1 农村居民国内游客人数构成
（按旅游方式分组）

单位：%

	人数构成	旅行社组织	非旅行社组织
调查总平均	**100.0**	**3.8**	**96.2**
按性别分组			
男　性	100.0	3.4	96.6
女　性	100.0	4.5	95.5
按年龄分组			
14 岁及以下	100.0	5.0	95.0
15~24 岁	100.0	2.1	97.9
25~34 岁	100.0	2.4	97.6
35~44 岁	100.0	3.5	96.5
45~64 岁	100.0	4.6	95.4
65 岁及以上	100.0	11.4	88.6
按受教育程度分组			
小学及以下	100.0	5.8	94.2
初中	100.0	5.1	94.9
高中(中专/职高/技校)	100.0	3.2	96.8
大专、大学本科及以上	100.0	2.8	97.2

3-1-2 农村居民国内游客人数构成

（按旅游目的分组）

单位：%

	人数构成	观光游览	休闲度假	做生意/外出办理公事等	探亲访友	文娱体育健身	养生保健疗养	其他
调查总平均	**100.0**	**23.4**	**14.5**	**18.4**	**34.7**	**1.5**	**1.8**	**5.8**
按性别分组								
男　性	100.0	22.9	12.7	22.3	33.1	1.7	1.8	5.6
女　性	100.0	24.0	17.2	12.5	37.1	1.2	1.9	6.1
按年龄分组								
14 岁及以下	100.0	39.3	19.7	1.2	32.0	2.5	1.2	4.1
15~24 岁	100.0	24.2	20.1	17.6	30.2	2.1	2.0	3.9
25~34 岁	100.0	23.1	16.5	18.7	34.4	1.4	1.5	4.4
35~44 岁	100.0	21.7	15.0	23.2	32.0	1.0	1.7	5.5
45~64 岁	100.0	19.2	9.2	21.4	39.0	1.4	2.2	7.6
65 岁及以上	100.0	27.8	9.1	6.1	38.5	1.3	3.2	13.9
按受教育程度分组								
小学及以下	100.0	29.4	14.8	9.4	35.8	1.5	2.0	7.1
初中	100.0	24.1	11.5	18.6	35.6	1.0	1.3	7.9
高中（中专/职高/技校）	100.0	22.6	13.5	20.5	35.1	1.2	1.6	5.6
大专、大学本科及以上	100.0	21.2	16.4	20.4	33.6	1.9	2.1	4.4

3-1-3 农村居民国内游客人数构成
（按停留时间分组）

单位：%

	人数构成	一日游	过夜游
调查总平均	**100.0**	**41.3**	**58.7**
按性别分组			
男　性	100.0	42.7	57.3
女　性	100.0	39.1	60.9
按年龄分组			
14 岁及以下	100.0	46.9	53.1
15~24 岁	100.0	29.0	71.0
25~34 岁	100.0	35.5	64.5
35~44 岁	100.0	41.3	58.7
45~64 岁	100.0	48.8	51.2
65 岁及以上	100.0	48.9	51.1
按受教育程度分组			
小学及以下	100.0	47.9	52.1
初中	100.0	48.8	51.2
高中(中专/职高/技校)	100.0	46.9	53.1
大专、大学本科及以上	100.0	32.5	67.5
按旅游目的分组			
观光游览	100.0	48.3	51.7
休闲度假	100.0	42.5	57.5
做生意/外出办理公事等	100.0	42.6	57.4
探亲访友	100.0	33.0	67.0
文娱/体育/健身	100.0	53.7	46.3
养生/保健/疗养	100.0	38.3	61.7
其他	100.0	53.0	47.0

3-1-4 农村居民国内游客人数构成
（按出游半径分组）

单位：%

	人数构成	本地游	异地游*
调查总平均	**100.0**	**61.5**	**38.5**
按性别分组			
男　性	100.0	60.6	39.4
女　性	100.0	62.8	37.2
按年龄分组			
14 岁及以下	100.0	61.0	39.0
15~24 岁	100.0	57.9	42.1
25~34 岁	100.0	58.6	41.4
35~44 岁	100.0	60.6	39.4
45~64 岁	100.0	65.7	34.3
65 岁及以上	100.0	68.9	31.1
按受教育程度分组			
小学及以下	100.0	65.6	34.4
初中	100.0	68.7	31.3
高中(中专/职高/技校)	100.0	66.4	33.6
大专、大学本科及以上	100.0	54.1	45.9
按旅游目的分组			
观光游览	100.0	60.0	40.0
休闲度假	100.0	63.4	36.6
做生意/外出办理公事等	100.0	58.5	41.5
探亲访友	100.0	63.0	37.0
文娱/体育/健身	100.0	72.7	27.3
养生/保健/疗养	100.0	63.8	36.2
其他	100.0	60.0	40.0

　　*异地游:指农村居民离开自己惯常居住县/市(以该县/市行政地域为界),前往本省及其他县/市或外省的旅游行为。(下同)

2. 2018 年农村居民国内游客人均每次花费

3-2-1 农村居民国内游客人均每次花费

单位：元/人次

	农村居民国内游客人均每次花费
调查总平均	**954.9**
按性别分组	
男　性	1011.5
女　性	869.9
按年龄分组	
14 岁及以下	598.9
15~24 岁	1066.5
25~34 岁	1088.9
35~44 岁	1036.6
45~64 岁	846.6
65 岁及以上	742.6
按受教育程度分组	
小学及以下	757.5
初中	734.4
高中(中专/职高/技校)	930.3
大专、大学本科及以上	1142.5
按旅游目的分组	
观光游览	1112.6
休闲度假	1108.1
做生意/外出办理公事等	1112.4
探亲访友	741.5
文娱/体育/健身	837.3
养生/保健/疗养	1409.7
其他	599.1

3-2-2 农村居民国内游客人均每次花费
（按旅游方式分组）

单位：元/人次

	人均每次花费	旅行社组织	非旅行社组织
调查总平均	**954.9**	**1900.2**	**880.4**
按性别分组			
男　性	1011.5	1638.5	951.7
女　性	869.9	2164.0	784.1
按年龄分组			
14 岁及以下	598.9	686.7	587.6
15～24 岁	1066.5	1090.6	1059.1
25～34 岁	1088.9	2256.4	1048.2
35～44 岁	1036.6	2190.9	871.8
45～64 岁	846.6	2415.3	781.0
65 岁及以上	742.6	1292.7	647.1
按受教育程度分组			
小学及以下	757.5	1653.2	686.2
初中	734.4	1631.8	629.2
高中(中专/职高/技校)	930.3	2022.1	841.2
大专、大学本科及以上	1142.5	2274.5	1095.5

3-2-3 农村居民国内游客人均每次花费

（按旅游目的分组）

单位：元/人次

	人均每次花费	观光游览	休闲度假	做生意/外出办理公事等	探亲访友	文娱体育健身	养生保健疗养	其他
调查总平均	**954.9**	**1112.6**	**1108.1**	**1112.4**	**741.5**	**837.3**	**1409.7**	**599.1**
按性别分组								
男　性	1011.5	1166.0	1170.1	1139.0	807.7	871.6	1436.0	622.4
女　性	869.9	1036.1	1039.3	1040.7	652.8	767.8	1373.8	566.8
按年龄分组								
14 岁及以下	598.9	616.9	840.5	1138.1	443.9	1047.8	210.0	159.8
15~24 岁	1066.5	1217.1	1348.4	1098.2	753.8	703.5	1937.2	719.8
25~34 岁	1088.9	1195.2	1313.8	1139.4	917.3	1015.7	1741.8	610.7
35~44 岁	1036.6	1173.4	1063.4	1429.6	690.7	424.4	1283.6	812.8
45~64 岁	846.6	1285.5	853.6	811.2	681.9	929.4	1329.0	516.6
65 岁及以上	742.6	786.7	506.8	1078.5	749.7	82.3	1168.6	601.9
按受教育程度分组								
小学及以下	757.5	893.0	816.1	901.2	649.9	564.6	830.8	448.2
初中	734.4	805.9	919.1	972.5	551.7	1274.1	1350.9	339.2
高中(中专/职高/技校)	930.3	1137.8	1134.6	1130.8	648.1	528.1	1431.3	580.5
大专、大学本科及以上	1142.5	1372.5	1253.4	1198.1	921.8	909.4	1614.6	919.5

3-2-4 农村居民国内游客人均每次花费

（按停留时间分组）

单位：元/人次

	人均每次花费	一日游	过夜游
调查总平均	**954.9**	**376.8**	**1361.4**
按性别分组			
男　性	1011.5	380.8	1482.2
女　性	869.9	370.4	1190.6
按年龄分组			
14 岁及以下	598.9	284.8	876.7
15~24 岁	1066.5	494.7	1300.5
25~34 岁	1088.9	408.6	1462.9
35~44 岁	1036.6	377.0	1501.5
45~64 岁	846.6	329.6	1340.3
65 岁及以上	742.6	560.2	916.9
按受教育程度分组			
小学及以下	757.5	344.0	1138.1
初中	734.4	294.3	1153.7
高中（中专/职高/技校）	930.3	405.3	1393.3
大专、大学本科及以上	1142.5	432.0	1484.5
按旅游目的分组			
观光游览	1112.6	361.4	1813.4
休闲度假	1108.1	401.5	1630.5
做生意/外出办理公事等	1112.4	367.9	1665.1
探亲访友	741.5	415.7	902.3
文娱/体育/健身	837.3	371.2	1378.3
养生/保健/疗养	1409.7	462.5	1996.5
其他	599.1	243.3	1000.0

3-2-5 农村居民国内游客人均每次花费
（按出游半径分组）

单位：元/人次

	人均每次花费	本地游	异地游
调查总平均	**954.9**	**596.2**	**1528.3**
按性别分组			
男　性	1011.5	634.4	1592.0
女　性	869.9	540.6	1426.9
按年龄分组			
14 岁及以下	598.9	401.9	906.6
15～24 岁	1066.5	726.2	1535.3
25～34 岁	1088.9	652.0	1707.6
35～44 岁	1036.6	650.1	1632.0
45～64 岁	846.6	532.2	1448.0
65 岁及以上	742.6	500.6	1279.5
按受教育程度分组			
小学及以下	757.5	498.0	1251.9
初中	734.4	510.6	1226.5
高中（中专/职高/技校）	930.3	611.4	1561.8
大专、大学本科及以上	1142.5	680.4	1687.0
按旅游目的分组			
观光游览	1112.6	601.7	1879.0
休闲度假	1108.1	782.7	1672.3
做生意/外出办理公事等	1112.4	649.3	1766.0
探亲访友	741.5	500.0	1152.0
文娱/体育/健身	837.3	649.3	1338.7
养生/保健/疗养	1409.7	878.4	2344.4
其他	599.1	407.5	886.5

3. 2018 年农村居民国内散客人均每次各项花费及构成

3-3-1 农村居民国内散客人均每次各项花费

单位：元/人次

	人均每次花费	交通费	住宿费	餐饮费	购物费	景区游览费	其他
调查总平均	**880.4**	**289.2**	**107.8**	**212.1**	**159.4**	**46.8**	**65.2**
按性别分组							
男　性	951.7	311.0	118.0	230.6	173.2	44.1	74.9
女　性	784.1	259.8	94.0	187.1	140.8	50.4	52.1
按年龄分组							
14 岁及以下	587.6	196.1	56.1	140.2	127.6	44.0	23.7
15~24 岁	1059.1	370.0	149.3	275.8	144.7	51.4	67.9
25~34 岁	1048.2	314.8	135.5	245.6	201.6	49.7	101.0
35~44 岁	871.8	280.3	110.0	205.8	164.2	53.1	58.5
45~64 岁	781.0	291.0	86.9	185.7	129.6	39.0	48.6
65 岁及以上	647.1	175.9	57.4	197.3	134.7	38.5	43.3
按受教育程度分组							
小学及以下	686.2	223.1	72.2	185.5	127.8	42.5	35.2
初中	629.2	225.7	67.5	150.3	111.5	34.4	39.9
高中(中专/职高/技校)	841.2	289.8	88.6	204.7	158.0	39.4	60.8
大专、大学本科及以上	1095.5	344.8	150.6	255.6	195.2	58.2	91.1
按旅游目的分组							
观光游览	1034.4	339.1	156.8	240.9	168.7	88.1	40.8
休闲度假	1080.3	334.1	178.6	270.2	185.4	67.1	44.9
做生意/外出办理公事等	1112.4	600.0	242.2	270.2	—	—	—
探亲访友	727.9	254.9	50.8	187.4	136.3	20.7	77.7
文娱/体育/健身	849.2	263.9	101.0	171.0	183.1	58.3	71.8
养生/保健/疗养	1400.1	288.9	165.2	231.2	335.9	36.2	342.8
其他	596.2	210.8	83.4	119.7	140.1	3.7	38.5

　　*"做生意/外出办理公事等"未在过夜分组中,且未调查以"出差/开会/商务"为旅游目的的购物费和景区游览费。(下同)

3-3-2 农村居民国内散客人均每次各项花费构成

单位：%

	人均每次花费	交通费	住宿费	餐饮费	购物费	景区游览费	其他
调查总平均	100.0	32.8	12.2	24.1	18.1	5.3	7.4
按性别分组							
男　性	100.0	32.7	12.4	24.2	18.2	4.6	7.9
女　性	100.0	33.1	12.0	23.9	18.0	6.4	6.6
按年龄分组							
14 岁及以下	100.0	33.4	9.5	23.9	21.7	7.5	4.0
15~24 岁	100.0	34.9	14.1	26.0	13.7	4.9	6.4
25~34 岁	100.0	30.0	12.9	23.4	19.2	4.7	9.6
35~44 岁	100.0	32.1	12.6	23.6	18.8	6.1	6.7
45~64 岁	100.0	37.3	11.1	23.8	16.6	5.0	6.2
65 岁及以上	100.0	27.2	8.9	30.5	20.8	5.9	6.7
按受教育程度分组							
小学及以下	100.0	32.5	10.5	27.0	18.6	6.2	5.1
初中	100.0	35.9	10.7	23.9	17.7	5.5	6.3
高中(中专/职高/技校)	100.0	34.5	10.5	24.3	18.8	4.7	7.2
大专、大学本科及以上	100.0	31.5	13.7	23.3	17.8	5.3	8.3
按旅游目的分组							
观光游览	100.0	32.8	15.2	23.3	16.3	8.5	3.9
休闲度假	100.0	30.9	16.5	25.0	17.2	6.2	4.2
做生意/外出办理公事等	100.0	53.9	21.8	24.3	—	—	—
探亲访友	100.0	35.0	7.0	25.7	18.7	2.8	10.7
文娱/体育/健身	100.0	31.1	11.9	20.1	21.6	6.9	8.5
养生/保健/疗养	100.0	20.6	11.8	16.5	24.0	2.6	24.5
其他	100.0	35.4	14.0	20.1	23.5	0.6	6.5

3-3-3 农村居民国内过夜散客人均每次各项花费

单位：元/人次

	人均每次花费	交通费	住宿费	餐饮费	购物费	景区游览费	其他
调查总平均	**1233.6**	**411.0**	**183.8**	**277.9**	**212.4**	**63.1**	**85.3**
按性别分组							
男　性	1368.2	452.7	205.3	307.7	238.0	60.0	104.5
女　性	1060.1	357.4	156.2	239.5	179.5	67.0	60.5
按年龄分组							
14 岁及以下	850.1	278.8	105.5	198.3	179.7	57.9	29.8
15～24 岁	1276.4	454.4	209.0	300.2	168.4	61.7	82.6
25～34 岁	1416.1	426.7	213.2	306.2	265.4	63.8	140.8
35～44 岁	1240.7	398.1	188.2	292.6	220.8	75.0	66.1
45～64 岁	1190.6	460.7	167.5	259.2	188.3	59.8	55.1
65 岁及以上	660.1	213.5	115.2	185.6	72.6	23.8	49.4
按受教育程度分组							
小学及以下	1006.4	321.7	140.7	256.5	189.0	49.1	49.3
初中	982.7	356.8	133.3	218.5	170.4	51.9	51.8
高中（中专/职高/技校）	1197.7	435.9	166.0	281.2	196.3	52.5	65.9
大专、大学本科及以上	1403.6	446.6	221.6	303.9	240.7	75.4	115.5
按旅游目的分组							
观光游览	1712.4	560.5	314.9	361.0	277.0	139.0	60.0
休闲度假	1586.0	497.7	313.0	371.0	247.2	98.5	58.5
做生意/外出办理公事等	1665.1	881.1	421.9	362.1	—	—	—
探亲访友	882.7	317.1	76.0	216.5	158.3	22.3	92.4
文娱/体育/健身	1378.3	437.3	214.7	235.5	263.5	106.5	120.8
养生/保健/疗养	1994.0	416.6	269.8	319.0	505.0	52.5	431.2
其他	1000.0	372.2	177.0	203.0	190.7	6.7	50.4

3-3-4 农村居民国内过夜散客人均每次各项花费构成

单位：%

	人均每次花费	交通费	住宿费	餐饮费	购物费	景区游览费	其他
调查总平均	**100.0**	**33.3**	**14.9**	**22.5**	**17.2**	**5.1**	**6.9**
按性别分组							
男　性	100.0	33.1	15.0	22.5	17.4	4.4	7.6
女　性	100.0	33.7	14.7	22.6	16.9	6.3	5.7
按年龄分组							
14 岁及以下	100.0	32.8	12.4	23.3	21.1	6.8	3.5
15~24 岁	100.0	35.6	16.4	23.5	13.2	4.8	6.5
25~34 岁	100.0	30.1	15.1	21.6	18.7	4.5	9.9
35~44 岁	100.0	32.1	15.2	23.6	17.8	6.0	5.3
45~64 岁	100.0	38.7	14.1	21.8	15.8	5.0	4.6
65 岁及以上	100.0	32.3	17.5	28.1	11.0	3.6	7.5
按受教育程度分组							
小学及以下	100.0	32.0	14.0	25.5	18.8	4.9	4.9
初中	100.0	36.3	13.6	22.2	17.3	5.3	5.3
高中(中专/职高/技校)	100.0	36.4	13.9	23.5	16.4	4.4	5.5
大专、大学本科及以上	100.0	31.8	15.8	21.7	17.2	5.4	8.2
按旅游目的分组							
观光游览	100.0	32.7	18.4	21.1	16.2	8.1	3.5
休闲度假	100.0	31.4	19.7	23.4	15.6	6.2	3.7
做生意/外出办理公事等	100.0	52.9	25.3	21.7	—	—	—
探亲访友	100.0	35.9	8.6	24.5	17.9	2.5	10.5
文娱/体育/健身	100.0	31.7	15.6	17.1	19.1	7.7	8.8
养生/保健/疗养	100.0	20.9	13.5	16.0	25.3	2.6	21.6
其他	100.0	37.2	17.7	20.3	19.1	0.7	5.0

3-3-5 农村居民国内一日游散客人均每次各项花费

单位：元/人次

	人均每次花费	交通费	餐饮费	购物费	景区游览费	其他
调查总平均	**380.0**	**116.6**	**118.9**	**84.3**	**23.7**	**36.6**
按性别分组						
男 性	389.0	119.5	126.5	85.7	22.6	34.8
女 性	367.1	112.4	107.8	82.2	25.4	39.3
按年龄分组						
14 岁及以下	290.2	102.4	74.3	68.5	28.2	16.8
15～24 岁	515.4	158.6	214.7	85.4	25.7	31.1
25～34 岁	406.6	119.5	140.0	90.3	25.3	31.6
35～44 岁	353.1	114.6	83.7	84.6	22.2	47.9
45～64 岁	339.0	107.9	106.4	66.4	16.7	41.5
65 岁及以上	634.2	138.6	209.0	196.3	53.0	37.2
按受教育程度分组						
小学及以下	349.2	119.4	110.7	63.4	35.5	20.2
初中	266.8	91.4	80.3	51.2	16.4	27.6
高中(中专/职高/技校)	433.4	122.7	117.2	114.2	24.3	55.0
大专、大学本科及以上	441.6	128.8	153.2	98.6	21.7	39.2
按旅游目的分组						
观光游览	361.9	119.6	121.7	61.2	37.6	21.8
休闲度假	408.5	116.6	136.3	103.2	25.5	26.9
做生意/外出办理公事等	367.9	221.4	146.5	—	—	—
探亲访友	415.3	129.2	128.7	92.0	17.4	47.9
文娱/体育/健身	378.9	109.8	113.6	111.7	15.5	28.3
养生/保健/疗养	462.5	87.2	92.6	68.9	10.5	203.3
其他	236.4	67.0	45.4	95.0	1.0	28.0

3-3-6 农村居民国内一日游散客人均每次各项花费构成

单位：%

	人均每次花费	交通费	餐饮费	购物费	景区游览费	其他
调查总平均	**100.0**	**30.7**	**31.3**	**22.2**	**6.2**	**9.6**
按性别分组						
男　性	100.0	30.7	32.5	22.0	5.8	8.9
女　性	100.0	30.6	29.4	22.4	6.9	10.7
按年龄分组						
14 岁及以下	100.0	35.3	25.6	23.6	9.7	5.8
15~24 岁	100.0	30.8	41.7	16.6	5.0	6.0
25~34 岁	100.0	29.4	34.4	22.2	6.2	7.8
35~44 岁	100.0	32.5	23.7	24.0	6.3	13.6
45~64 岁	100.0	31.8	31.4	19.6	4.9	12.3
65 岁及以上	100.0	21.9	33.0	30.9	8.4	5.9
按受教育程度分组						
小学及以下	100.0	34.2	31.7	18.2	10.2	5.8
初中	100.0	34.2	30.1	19.2	6.1	10.4
高中(中专/职高/技校)	100.0	28.3	27.0	26.4	5.6	12.7
大专、大学本科及以上	100.0	29.2	34.7	22.3	4.9	8.9
按旅游目的分组						
观光游览	100.0	33.0	33.6	16.9	10.4	6.0
休闲度假	100.0	28.6	33.4	25.3	6.2	6.6
做生意/外出办理公事等	100.0	60.2	39.8	—	—	—
探亲访友	100.0	31.1	31.0	22.1	4.2	11.5
文娱/体育/健身	100.0	29.0	30.0	29.5	4.1	7.5
养生/保健/疗养	100.0	18.9	20.0	14.9	2.3	44.0
其他	100.0	28.3	19.2	40.2	0.4	11.8

责任编辑：王　军

责任印制：冯冬青

图书在版编目（CIP）数据

旅游抽样调查资料. 2019 ／ 中华人民共和国文化和
旅游部编. — 北京：中国旅游出版社，2019. 12
ISBN 978-7-5032-6383-5

Ⅰ. ①旅…　Ⅱ. ①中…　Ⅲ. ①旅游业—抽样调查统计
—统计资料—中国—2019　Ⅳ. ①F592-66

中国版本图书馆 CIP 数据核字（2019）第 271784 号

书　　名：旅游抽样调查资料 2019

作　　者：中华人民共和国文化和旅游部编
出版发行：中国旅游出版社
　　　　　（北京建国门内大街甲 9 号　邮编：100005）
　　　　　http：//www. cttp. net. cn　E-mail：cttp@ mct. gov. cn
　　　　　营销中心电话：010-85166536
排　　版：北京旅教文化传播有限公司
经　　销：全国各地新华书店
印　　刷：北京工商事务印刷有限公司
版　　次：2019 年 12 月第 1 版　2019 年 12 月第 1 次印刷
开　　本：787 毫米×1092 毫米　1/16
印　　张：21
字　　数：600 千
定　　价：120. 00 元
ＩＳＢＮ　978-7-5032-6383-5